UNIVERS PORT-ROYAL
sous la direction de Jean Lesaulnier
39

Correspondance de l'abbé Grégoire avec son clergé du Loir-et-Cher

Tome III

Abbé Grégoire

Correspondance de l'abbé Grégoire

avec son clergé du Loir-et-Cher

Tome III

1798-1800

Édition critique par Jean Dubray

PARIS
CLASSIQUES GARNIER
2019

Jean Dubray, docteur en philosophie, en lettres et en théologie, a étudié particulièrement la personne et l'œuvre de l'abbé Grégoire. Il est l'auteur, entre autres, de *La Pensée de l'abbé Grégoire. Despotisme et liberté* et de *Pascal et Baudelaire*. Il collabore, en outre, à la *Revue philosophique de la France et de l'étranger* et à la *Revue d'histoire de l'Église de France*.

ISBN 978-2-406-09348-0 (livre broché)
ISBN 978-2-406-09349-7 (livre relié)
ISSN 1636-7332

ABRÉVIATIONS

A.R.	Annales de la religion
Arch. dép.	Archives départementales de Blois
Arch. dioc.	Archives diocésaines de Blois
Arch. dioc. Gallerand 18	Archives diocésaines, Gallerand, carton 18
Ét. hist. rel. Rév. fr.	*Études sur l'histoire religieuse de la Révolution française*, d'A. Gazier (A. Colin, 1887)
GR (1000 ou 4000) ms	*Manuscrit Grégoire de la Bibliothèque de Port-Royal*
LCST	*Les cultes sous la Terreur en Loir-et-Cher*, de J. Gallerand, Grande Imprimerie de Blois, 1929
L. 323 (ou tout autre chiffre)	Liasse 323 des archives départementales du Loir-et-Cher
MS	Manuscrit
S.d.	Sans date
Vol.	Volume

Le sigle #, utilisé par les divers correspondants, correspond à l'unité monétaire de la livre tournois.

RÈGLES D'ÉDITION

ORTHOGRAPHE ET SYNTAXE

L'orthographe a été, dans l'ensemble, modernisée, mais nous avons laissé subsister, ici ou là, quelques archaïsmes. Ainsi, Grégoire emploie facilement « plutôt » à la place de « plus tôt », expression que nous avons, chaque fois, rectifiée.

Les noms de personnes et de lieux ont été normalisés, autant qu'il a été possible, car, s'agissant des noms de famille, ils concernent des individualités quasi inconnues. Non seulement Grégoire, (qui n'est pas natif de la région), mais aussi ses correspondants paraissent particulièrement insoucieux d'une exactitude littérale dans ce domaine.

PONCTUATION

La ponctuation a été largement introduite, car elle est souvent inexistante dans les lettres et parfois fantaisiste.

LOCALISATION

Le lieu de rédaction du document est précisé quand celui-ci en porte la mention explicite. En ce qui concerne Grégoire, il n'est presque jamais énoncé, même si ses courriers sont expédiés, soit de son domicile parisien, soit de son bureau de l'Assemblée.

TERMINOLOGIE

Les termes suivants interviennent fréquemment dans ce volume et réclament une brève élucidation :

- Abdicataires : ce terme renvoie à la catégorie de prêtres, assez nombreux, qui surtout au cours de l'An II ont renoncé à exercer leurs fonctions, en cédant aux pressions populaires ou administratives. Leur démarche peut être assimilée à une démission.
- Traditeurs : ce mot (dont l'origine remonte aux premières persécutions chrétiennes) renvoie à la même catégorie de prêtres mais qui ont franchi un pas supplémentaire par rapport aux précédents, en remettant à l'autorité civile les lettres authentiques et officielles, émanant de la hiérarchie ecclésiastique et attestant de leur ordination sacerdotale. La signification de cette démarche, exigée de l'administration révolutionnaire, reste difficile à apprécier théologiquement, mais doit être considérée comme un acte plus grave que la simple abdication.
- Incardination : le terme désigne l'opération administrative effectuée par la hiérarchie ecclésiastique (l'évêque et son conseil) consistant à intégrer officiellement dans les rangs du clergé diocésain un prêtre venu d'ailleurs et qui en fait la demande.

INTRODUCTION

Ce tome III de la Correspondance de Grégoire avec son clergé du Loir-et-Cher fait suite aux deux précédents et regroupe les courriers échangés durant la période qui va de 1798 à 1800. Ces trois années constituent une époque-charnière entre la Révolution française et le futur Concordat. L'entrée en vigueur du décret sur la liberté des cultes commence à produire ses premiers effets, non sans rencontrer, sur le terrain, de multiples difficultés d'application. Nombre de curés naviguent à vue face à une situation globale très mouvante et leurs lettres se font souvent l'écho de leurs doutes et de leurs plaintes. Faut-il sonner les cloches pour annoncer les offices ? Peut-on accompagner processionnellement les défunts au cimetière ? Le mariage religieux, consécutif à l'union civile, doit-il se dérouler à l'intérieur ou à l'extérieur des églises ? Comment concilier, en outre, dans le même édifice, la célébration du décadi et celle du dimanche chrétien ? Ce dernier jour, redevenu ouvrable, peut-il continuer d'être observé par les fidèles et dans quelles conditions ? Les réglementations officielles restent généralement vagues et leur mise en œuvre se révèle souvent confuse, voire chaotique. Les évêques et les prêtres constitutionnels, en butte par ailleurs à l'hostilité permanente des réfractaires, se trouvent confrontés à un problème grave : celui de leurs ressources matérielles et de leurs moyens de subsistance. L'État, désormais, « ne salarie aucun culte » et le clergé ne peut compter que sur les pensions versées en compensation de la nationalisation des biens ecclésiastiques de 1790 et sur la générosité des fidèles. Or, les pensions, d'un montant assez faible, ne parviennent qu'irrégulièrement à leurs bénéficiaires ; quant à la générosité des fidèles, elle n'est encore ni encadrée ni structurée et reste tributaire de la condition sociale, souvent précaire, des potentiels donateurs. Ces lettres se font l'écho, quoique digne et discret, de cette détresse matérielle et morale. L'Église de France expérimente, au cours de ces années, une effective et officielle séparation de l'Église et de l'État, à laquelle rien ne la préparait directement, même si le décret avait été voté sur son initiative. Anticipation prophétique de la loi de 1905, cette situation semble en écrire, à l'avance, les pages d'un analogue scénario.

La situation personnelle de Grégoire n'a guère évolué par rapport au tome précédent. Il reste toujours, en raison de son mandat politique, éloigné de son diocèse. Toutefois, comme nous l'avons déjà signalé, d'autres obligations le retiennent à Paris. Il fait partie du groupe des « évêques réunis », chargés de ré-organiser les différents diocèses de France et de pourvoir, en observant la loi élective, aux sièges vacants des évêchés. De toutes parts affluent vers eux des demandes, des informations mais aussi des doléances relatives à la situation religieuse du pays tout entier. Avec le concours de ses confrères, Grégoire tente de régler, à distance et par lettres, nombre de problèmes de nature juridique et canonique, tout en encourageant ses correspondants. Son rôle de législateur lui permet aussi d'intervenir, auprès des Comités de Salut public ou de Sûreté générale, pour faire cesser, si nécessaire, certains abus de pouvoir ou régler des conflits particuliers, comme il l'avait fait, plusieurs années plus tôt, en faisant libérer les prêtres des pontons de Rochefort. Il renouvellera, en 1798, la même démarche, en faveur de Jacques Villain, prêtre insermenté de Blois. Bref, ses responsabilités politiques et religieuses nationales requièrent plus que jamais sa présence dans la capitale. Cette conjoncture exceptionnelle qui heurte de front les principes de la Constitution civile du clergé, très formelle sur le devoir de résidence des évêques, paraît avoir été peu à peu comprise par les prêtres blésois, sans éviter parfois regrets et plaintes, notamment de la part du premier vicaire Dupont. Pendant l'absence de l'évêque, l'Église du Loir-et-Cher fait, alors, l'expérience inédite d'une administration collégiale, animée par une petite dizaine de curés, gouvernant le diocèse en l'absence de son chef. De ce point de vue, les années 1798-1800 s'inscrivent dans le sillage des précédentes.

En ce qui concerne Grégoire lui-même, son rôle et son statut vont évoluer sensiblement durant cette période et même connaître plusieurs changements importants. Au début de l'année 1798, et depuis son élection en octobre 1795, il siège au Conseil des Cinq-Cents. Mais en avril 1798, il n'est pas réélu par le département du Loir-et-Cher. À cette date et jusqu'au 14 septembre 1799, c'est-à-dire environ un an et demi, il se trouve donc dépourvu de revenus stables. C'est l'époque où, selon le récit de ses *Mémoires*, (éd. Santé, p. 150), il en est réduit à vendre une partie de sa bibliothèque. Nommé le 14 septembre 1799, grâce à François de Neufchâteau, conservateur de la Bibliothèque de l'Arsenal, avec les émoluments correspondants, il sera désigné par les sénateurs membre du Corps législatif puis élu sénateur lui-même sous le Consulat et l'Empire. Ces diverses promotions le mettent à l'abri du besoin et les ennuis financiers ne s'abattront à nouveau sur lui que sous la Restauration. Sur le plan religieux, celui qui avait été, en 1797, la cheville ouvrière du premier concile national, lance deux nouveaux chantiers majeurs d'action pastorale : le synode diocésain de Blois et le concile métropolitain de Bourges, auxquels il va donner une impulsion déterminante. Ces événements permettent de cerner chronologiquement les deux derniers séjours – ou le dernier selon le mode de calcul retenu – que Grégoire va effectuer dans son diocèse. Parti de Paris aux environs du 25 août 1800, il arrive à Blois le 28 août (après une halite à Orléans) et il y demeure jusqu'au synode diocésain des 2, 3, 4 septembre, qu'il préside. Quelques jours après, il se met en route vers Bourges pour participer au concile métropolitain qui s'y déroule du 14 au 21 septembre. Contrairement à ce que croyait A. Gazier, il ne prend pas aussitôt la direction de la capitale, mais retourne à Blois aux environs du 25 et y demeure jusqu'au 7 octobre (voir la lettre de Chenu en GR 4776, p. 195). C'est là son quatrième et dernier séjour (ou bien le troisième, si l'on fait l'économie de son déplacement à Bourges). Cela représente deux fois trois semaines ou six semaines en tout.

Cet ensemble de lettres nous permet de suivre pas à pas non seulement les principales étapes d'une destinée individuelle très singulière au demeurant, mais aussi celles plus insaisissables d'une destinée collective, à travers les vicissitudes d'un groupe social précis, confronté à une conjoncture historique inédite et à des mutations socio-politiques sans précédent. Grâce à ces courriers, ses principaux membres sortent d'un injuste anonymat et apportent par leur témoignage une touche supplémentaire et discrète à l'immense fresque de l'histoire générale de la Révolution française.

Je tiens à remercier particulièrement M. Bernard Gazier, arrière petit-fils d'Augustin Gazier, qui m'a permis d'utiliser les notes manuscrites de celui-ci, ainsi que Valérie Guittienne-Mürger et Fabien Vandermarcq qui m'en ont facilité la consultation.

Un vif merci aussi à Bruno Guignard, bibliothécaire-paléographe de la ville de Blois, à J.-P. Sauvage, archiviste diocésain de la même ville, à Brigitte Lagarde, qui m'ont activement secondé dans mes recherches, ainsi qu'à Anne-Marie Latapie pour l'aide précieuse apportée à ce travail.

CORRESPONDANCE DE L'ABBÉ GRÉGOIRE

avec son clergé du Loir-et-Cher, 1798 (An 6)

GR 2083 ms

Grégoire Henri

Paris, 7 janvier 1798, l'an 6 de la Rép[ublique]

Au Conseil épiscopal

Très chers et estimables coopérateurs,

Je vous envoie ci-jointe une lettre concernant une demande de dispenses sur laquelle votre sagesse statuera.

J'ignore si le cit[oyen] Rebour aura envoyé au dépôt de Blois des exemplaires de la circulaire des évêques réunis à Paris sur l'impossibilité de transférer le dimanche au décadi ; je vous annonce qu'il en a fait un tirage à part, outre l'insertion dans les *Annales de la Religion*[1].

On va imprimer une autre Lettre pastorale pour exhorter les fidèles à concourir par leurs dons aux frais que nécessite la prolongation de la guerre contre le gouvernement anglais ; vous y verrez que nous profitons de toutes les occasions pour tonner contre les persécuteurs[2].

---

1 Cette protestation, particulièrement courageuse et inspirée largement par Grégoire, porte le titre suivant : *Réflexions nouvelles sur la translation du dimanche au décadi* par les évêques réunis à Paris. Elle est signée par Grégoire (Blois), Royer J.B. (Belley), Wandelaincourt A.H. (Langres), Saurine J.P. (Dax), Clément A.J.Ch. (Versailles), Jacquemin N. (Cayenne) et publiée dans les *Annales de la religion* (N° 2, mai 1798, t. VII, p. 65-76). Elle se termine ainsi : « Toujours prêts à obliger nos ennemis et nos bourreaux, notre tête ne se courbera que devant la loi ou sous le fer des supplices ; l'essentiel pour nous n'est pas de vivre, mais de vivre sans remords… » (p. 75).

2 Il s'agit de la *Lettre pastorale des évêques réunis à Paris pour exhorter les catholiques à concourir par des dons patriotiques aux frais de la descente en Angeterre.* Elle est signée par

Bientôt nous imprimerons la pastorale pour le Carême[3].

Les mardi et vendredi les évêques ont des assemblées régulières, outre celles de la Société de philosophie chrétienne, le jeudi[4]. Comme la majeure partie de la besogne retombe sur moi, il en résulte l'inconvénient de ne pouvoir servir régulièrement la correspondance. Heureusement pour ce qui concerne mon diocèse, j'ai l'avantage d'avoir en vous de respectables coopérateurs. Je vois que Dieu bénit vos travaux et ceux du Concile ; les nouvelles qui nous arrivent de toutes parts, de l'intérieur et de l'étranger attestent le bien qu'a produit cette sainte assemblée. Je suis chargé d'en rédiger l'histoire et je comptais la commencer ce mois-ci, mais la tourmente et l'étendue des affaires m'en empêche[nt] et recule[nt] ce travail d'un mois au moins. On commence l'impression de la collection des décrets que je vous adresserai officiellement pour le diocèse avec une circulaire relative à leur publication.

Je suis charmé de voir les archiprêtrés s'organiser. Le retour du Carême, la perspective de la Pâque stimuleront le zèle et des pasteurs et des paroissiens. Il serait bien à désirer que les archiprêtres pussent s'occuper de quelques visites. Dès qu'il me sera possible, je rédigerai

---

Sermet A.P.H. (Toulouse), Grégoire H. (Blois), Desbois E.M. (Amiens), Royer J.B. (Belley), Wandelaincourt A.H. (Cambrai), Thuin P. (Meaux), Raymond H. (Grenoble), Clément A.J.Ch. (Versailles), Jacquemin N. (Cayenne), Lacombe D. (Bordeaux). Cette lettre vise à dissiper tout soupçon d'incivisme envers les catholiques et tend à montrer au pouvoir politique qu'ils se comportent, en réalité, en citoyens exemplaires. La contrepartie vraisemblablement espérée est que le gouvernement cessera sa politique vexatoire à l'encontre de l'exercice public du culte (obligation du décadi, interdiction des processions et des sonneries de cloche...). Un passage du texte justifie ainsi leur démarche : « À Dieu ne plaise que nous voulions jamais aigrir vos cœurs, ni alimenter ces haines nationales, qui sont en opposition avec l'esprit de l'Évangile : il s'agit ici non d'un peuple, mais d'un gouvernement tyrannique »...(p. 218). Comme on le sait depuis la loi du 18 janvier 1798, autorisant la saisie de tout bateau neutre transportant des marchandises anglaises, le projet d'un débarquement en Angleterre fut abandonné par le Directoire, sous la pression de Bonaparte au profit d'une expédition en Égypte (23 février 1798).

3 *Instruction pastorale de plusieurs évêques réunis à Paris pour le Saint temps de Carême 1798 ; sur la confession sacramentelle.* Cette instruction sera publiée le 11 février 1798 (23 Pluviôse an VI). Elle compte 54 pages et paraîtra en extraits dans le N° 9 des *Annales de la religion* (t. VI, p. 425-436).

4 Ce passage fournit quelques détails précieux sur la périodicité des séances de travail des « évêques réunis » d'une part et de la « société de philosophie chrétienne » d'autre part. Des recherches d'archives complémentaires se révéleraient nécessaires en vue d'en retrouver procès-verbaux ou comptes rendus.

une circulaire concernant leurs fonctions et d'ici à trois semaines, je tâcherai de saisir un moment pour cet ouvrage[5].

Je reviens à l'Église gallicane en général pour vous dire que, presque partout, il y a une impulsion marquée vers tout ce qui tient à la réorganisation du culte. Voilà l'évêque de Bordeaux élu. Nancy, Sedan, S[aint-]Flour, Bayeux... etc... etc... et même Paris vont s'occuper d'élections[6].

Je suis enfin parvenu à obtenir la formation d'un presbytère à Moulins ; mais Bourges, Guéret me donnent bien de l'embarras. L'arrondissement métropolitain du Centre est le plus abandonné, le plus difficile[7].

Je n'ai jamais pu obtenir de la classe des sciences physiques et mathématiques de l'Institut qu'on me fît un rapport sur le mémoire

---

5 Ce travail réflexif devait trouver son achèvement quelques mois plus tard dans l'*Instruction sur les fonctions des archiprêtres, envoyée par les évêques réunis à Paris à leurs véritables coopérateurs dans le Saint ministère*, publiée dans les *Annales de la religion* du 2 mai 1798 (t. VII, p. 49-61). On a vu, dans le tome II, l'importance qu'attachait Grégoire à ce ministère pastoral.

6 Au siège épiscopal de Bordeaux, laissé vacant par Pierre Pacareau, décédé le 5 septembre 1797, sera élu Lacombe Dominique, sacré à Paris le 4 février 1798. À Nancy, la succession de Lalande F., démissionnaire, se révéla plus délicate à régler. C'est seulement à la fin de 1799 que Nicolas François fut choisi pour le remplacer. Monin Joseph succéda le 1er juillet 1798 à l'évêque des Ardennes Philbert Nicolas, décédé le 22 juin 1797. Élu dans des conditions difficiles, Bertin Louis succéda seulement en 1800 à Thibault Anne-Alexandre, définitivement sécularisé, au siège de Saint-Flour. Après le décès subit de Duchemin Julien, c'est Bisson Louis, Charles qui sera sacré évêque de Bayeux, le 6 octobre 1799. Quant à Paris, l'élection du remplaçant de Gobel se vit parasitée par de nombreuses intrigues, au cœur desquelles Grégoire se trouva involontairement placé. Une partie du corps électoral soutenait sa candidature, quoiqu'il l'ait officiellement rejetée. Finalement, c'est Royer J.B., jusqu'ici évêque de Belley, qui fut élu le 22 mai 1798.

7 Après l'abdication et la sécularisation de l'évêque constitutionnel de Moulins, c'est Butaud-Dupoux Antoine qui assura la succession à l'évêché de l'Allier. Très apprécié des évêques réunis, il exerça sa charge jusqu'en 1801, date à laquelle il donna sa démission. Il mourut l'année suivante. Le cas de Guéret se révélait plus problématique. Le titulaire désigné en 1791, Huguet Marc-Antoine, avait suivi une carrière politique tumultueuse au point de fomenter une insurrection le 10 septembre 1796 contre le Directoire, ce qui lui avait valu l'arrestation et la condamnation à mort. Le métropolitain du Centre ne parvint pas à rétablir la situation, qui perdura jusqu'au Concordat. À Bourges, cependant, la solution trouvée fut l'élection de Dufraisse Michel, Joseph, ex-jésuite, ancien professeur d'université, suivie de son ordination le 28 octobre 1798 à Paris. Devenu le métropolitain de Grégoire, il entretint avec lui une vaste correspondance, publiée en 1962 par M. Vaussard. C'est entre ses mains que Grégoire remettra sa démission en 1801.

du cit[oyen] Ferrouillat, concernant l'électricité ; cependant, des commissaires étaient nommés et, dans ce nombre, étaient Charles et Hauÿ ; veuillez bien le lui dire en le saluant de ma part ; certes, il n'y a pas de ma faute[8].

Je vous ai demandé depuis longtemps une réponse que je puisse adresser au cit[oyen] Le Grand, curé de Beauchêne.

Quand vous écrivez à quelques pasteurs au diocèse, veuillez bien être près d'eux l'interprète de mon tendre attachement.

J'ai eu soin de recommander particulièrement la pétition de la citoyenne Duprat que le Conseil des 500 a renvoyée au Directoire ; j'ignore si elle aura reçu quelque réponse à cet égard ; je la prie de vous le dire. Si j'étais moins accablé d'affaires, je lui aurais répondu directement ; elle voudra bien m'excuser et recevoir ici, ainsi que « la société des dames chrétiennes », mes compliments affectueux[9].

Le citoyen Boucher me témoigne le désir que j'aille à Blois ; certes, le désir de le voir, de vous voir tous, de vous embrasser, est aussi vif chez moi ; mais en ce moment, c'est chose impossible, car ma bourse me défend la moindre dépense et vous savez combien les voyages de ce genre sont dispendieux. Si, une fois, nous parvenons à organiser complètement le diocèse et que les volontés du Concile soient exécutées, si, d'un autre côté, les fidèles sentent l'indispensable nécessité de concourir aux dépenses diocésaines, je pourrai suivre le vœu de mon cœur. J'aspire à ce moment. Mon attachement pour mes diocésains, pour les pasteurs, pour vous surtout, chers coopérateurs, est aussi vif que durable.

+ H. Grégoire, Év[êque]. de Blois.

Nous allons essayer la correspondance avec les évêques et autres ecclésiastiques des îles ci-devant vénitiennes, et dévolues à la République française par le traité de Campo-Formio. Il est important de leur faire aimer la République en les attachant à l'Église gallicane ; une circulaire

---

8 Nous avons consacré à l'affaire Ferrouillat une longue note dans le tome II, en GR 4432, p. 179, n. 51.

9 La citoyenne Duprat fait partie comme les citoyennes Guérin et Buache du réseau des femmes fidèles au clergé constitutionnel, regroupées dans une association pieuse, « la Société des dames chrétiennes », sur laquelle nous ne possédons, jusqu'à présent, aucun document d'archive.

développée doit leur être adressée et c'est encore moi qui suis chargé de cette besogne[10]. Plaignez-moi et aidez-moi de vos prières.

Profitez de toutes les occasions de personnes sûres qui viendront à Paris ; indiquez-les moi afin qu'à leur retour, je puisse vous envoyer des imprimés. Parmi les circulaires du Concile, il en est une qui a pour objet de faire sentir aux paroissiens l'indispensable obligation de subvenir à l'entretien des pasteurs. Je voudrais bien que vous pussiez la faire passer aux respectables curés de Beauchêne et Épuisay qui sont dans l'indigence[11]. Lors de mon voyage à Blois, j'espère que nous tiendrons un synode général.

GR 2084 ms

Grégoire Henri
Au citoyen Boucher
Près la cathédrale à Blois
Loir-et-Cher
Le Conseil épiscopal

Paris, 15 Pluviôse, l'an 6
[3 février 1798]

Chers et estimables coopérateurs,

Je ne sais par quelle fatalité a été oublié dans mes papiers l'acte de confirmation de l'archiprêtre de Montrichard que je vous transmets ci-joint[12]. Vous pardonnerez cette inattention à un homme accablé d'affaires.

---

10 Nous rappelons ici que le traité de Campo-Formio avait été signé le 17 octobre, an VI (1797) entre le Directoire et l'Autriche. Si cette dernière nation conservait Venise, en revanche la Belgique, la Rive gauche du Rhin et les Iles ioniennes étaient attribuées à la France. L'archipel se composait des îles de Corfou, Leucade, Ithaque, Céphalonie et Zante. Les troupes françaises les occupèrent de 1797 à 1799 et de 1800 à 1807. Le projet évoqué par Grégoire devait trouver sa forme définitive dans la Lettre des *évêques soussignés, réunis à Paris, aux vénérables archevêques, évêques et à tous les pasteurs des îles de Corfou, Zante, Céphalonie, Sainte-Maure, Cérigo, Malte et réunis récemment à la République française*, datée du 16 Nivôse an VII (15 janvier 1799), signée de Saurine J.P. (Dax), Grégoire H. (Blois), Desbois E.M. (Amiens), Jacquemin N. (Cayenne) et publiée dans les *Annales de la religion* du 11 avril 1799 (t. VII, p. 127-131).

11 Il s'agit de Le Grand, Pierre, Louis, Théodore et de Guillet François-Marie.

12 Jusqu'en 1799, c'est Burget Paul qui occupe ce poste. Il a même été élu, en 1797, par ses pairs archiprêtre de Montrichard (voir sa lettre, GR 1695, t. II, p. 255). Toutefois en

On imprime la collection des décrets du Concile ; elle paraîtra dans le temps du Carême. J'attends cette époque pour vous les adresser officiellement avec une circulaire.

Vous avez dû recevoir par le fils du cit[oyen] Baignoux un paquet contenant des exemplaires de la circulaire sur la translation du dimanche en décadi et sur la descente en Angleterre[13].

Aujourd'hui, nous allons sacrer les évêques de Cayenne et de Bordeaux[14] ; celui-ci dans une quinzaine doit passer à Blois ; je l'ai déjà prévenu afin qu'il voulût bien se charger de quelques exemplaires d'un opuscule assez singulier que je vais imprimer, à moins que je [ne] trouve des occasions plus tôt.

Le cit[oyen] Monrocq, curé de Mer, me parle de l'indiscrétion de quelques curés qui s'exhalent en plaintes indiscrètes et capables de les compromettre. Engagez-les, je vous prie, à supporter en esprit de patience les peines qui pèsent sur eux ; ne fournissons pas à nos ennemis acharnés des prétextes d'exercer une nouvelle persécution contre des hommes qui ont fait tout pour la religion et la République[15].

J'ai écrit dernièrement au citoyen curé de S[aint-]Nicolas, j'imagine qu'il aura reçu ma lettre ; il y avait un article concernant le citoyen Sauvageau, neveu de notre brave collègue, le citoyen Boucher.

---

l'an VIII (1799) c'est Riffault Jean-François qui lui succède. S'agit-il de la confirmation du premier, qui paraît assez tardive ? Nous ne saurions l'affirmer.

13 Le patronyme désigne vraisemblablement une autre personnalité que celle du curé Baignoux Paul, Philippe, évoqué dans le tome II (GR 2202, p. 148, n. 296). Il pourrait s'agir du père de l'intéressé : Baignoux Pierre-Philippe (1752-1848). Né à Blois, il fait partie de l'administration judiciaire et publie des travaux de géographie. Monarchiste libéral, il adhère à la Révolution et est élu à l'assemblée législative en 1791. Législateur zélé, il prend part à plusieurs débats importants et termine sa longue carrière de juge à Tours.

14 L'évêque choisi pour le diocèse de Cayenne est Jacquemin Nicolas (1727-1819). Originaire de Sedan, ancien professeur, il avait été missionnaire en Guyane, pendant vingt ans. Les dates semblent correspondre pour le sacre, encore que le dictionnaire Pisani retienne celle du 4 février 1798. Nicolas Jacquemin donna sa démission au moment du Concordat et se retira à Balbey, en Seine-et-Marne jusqu'à sa mort. Quant au siège de Bordeaux, nous avons précisé dans une note antérieure (p. 17, n. 6) que Lacombe Dominique y avait succédé à Pacareau Pierre, décédé en 1797. Personnalité importante du clergé constitutionnel, il se refusera, au moment du Concordat, à toute rétractation de ses serments. Très apprécié, semble-t-il, des évêques réunis, il sera un des vice-présidents du concile de 1801.

15 Nous n'arrivons pas à détecter, dans l'ample correspondance de Monrocq, la trace de ces critiques. Peut-être l'allusion renvoie-t-elle à la lettre du 18 octobre 1797 qui contient une véritable diatribe contre les dissidents (t. II, GR 1718, p. 262) ou alors à une autre missive qui ne nous est pas parvenue.

Je pars vite pour aller à la cathédrale, j'embrasse avec les sentiments de la plus tendre amitié tous les membres du Conseil[16].

+ H. Grégoire, Év[êque] de Blois.

Après-demain, j'écrirai à l'administration si j'ai quelques nouvelles du changement opéré dans les administrations municipales, d'après les notes que j'ai déposées au ministère de l'Intérieur.

Tâchez d'accélérer la nomination d'archiprêtres dans les cantons de Mondoubleau et autres adjacents.

GR 4734 ms
(56342)

Dubois François-Charles

Ce correspondant est un prêtre originaire de la commune de Bréviaire dans le Calvados. Nous savons peu de choses à son sujet, sinon qu'il est élu très tôt curé de Saint-Rimay, où il se maintient, semble-t-il, de l'an II jusqu'en l'an V. Durant la Terreur, il aurait exprimé aux autorités locales son désir de regagner sa région d'origine, le Calvados. En fait, il semble qu'il se soit maintenu sur place jusqu'à sa mort, le 22 Floréal an VII (12 mai 1799).

[7 février 1798]
Aujourd'hui 19 Pluviôse an 6 de
la République française

Les citoyens curés desservants des communes de St Rimay, Villavard, Houssay, les Roches, Montoire, Lavardin et Lunay canton de Montoire, n'ayant rien de plus à cœur que de seconder les vues de leur digne prélat et le persuader de leur respectueux attachement ont, dans l'assemblée qu'ils ont tenue à cet effet, élu et nommé archiprêtre du canton de Montoire, le citoyen Tabareau desservant de la dite commune.

16 Grégoire s'apprête, à ce moment-là, à se rendre à la cérémonie du sacre de Jacquemin et de Lacombe, qui aura lieu à Notre-Dame de Paris, à laquelle il participera, comme co-consécrateur de l'évêque Saurine.

Fait et arrêté en la maison du citoyen Tabareau les jours et an que dessus.

C. Dubois
Prieur, curé de St Rimay
Meusnier[19]
Desservant de Lavardin
Tabareau[20] dess. de
Montoire.

Augis[17], curé de Villavard
Buisson[18] prêtre
desservant de Houssay

GR 2085 ms

Grégoire Henri

Paris, 22 Pluviôse an 6
[10 février 1798]

Le Conseil épiscopal

Chers et estimables coopérateurs,

Vous avez dû recevoir une collection d'imprimés dont je vous parle dans une lettre que je vous ai écrite il y a environ 8 jours. Avant-hier, j'ai reçu une charmante épître du citoyen curé de S[aint-]Nicolas[21]. Je vois avec grand plaisir que la sagesse de l'administration a pris des mesures pour que l'accomplissement des exercices du culte, d'une part, de l'autre les exercices des fêtes décadaires eussent toute facilité sans se gêner pour les heures et les locaux.

Je serais curieux d'avoir au plus tôt une notice sûre et détaillée de ce qui s'est passé dans le diocèse concernant les prêtres réfractaires,

17 Voir la lettre écrite par lui à Grégoire, t. II, GR 1699, p. 33-34 et la note 27 p. 169.

18 Buisson Moïse. D'abord vicaire à La Madeleine de Vendôme, il est élu en 1791 curé de Coulommiers. Il figure, d'après J. Gallerand, parmi les quelques prêtres regroupés à Vendôme par Garnier de Saintes; il réclama et obtint un délai de deux jours avant de choisir une future profession (LCST, p. 445). Nous ne savons pas exactement pour laquelle il opta, mais il occupa, après 1795, plusieurs postes, pour se fixer définitivement à Houssay. Il décède en 1819.

19 Voir la note explicative le concernant, t. II, GR 1695, p. 246.

20 Voir les notes le concernant, t. II, p. 34, 160, 186, 187, 246.

21 La dernière lettre connue, émanant de Chenu Ange, Gabriel, curé de Saint-Nicolas, date du 1er juin 1797. Elle figure dans le tome II en GR 1729 (p. 204-206). L'allusion vise vraisemblablement un courrier plus récent dont nous n'avons pas retrouvé trace.

surtout dans la commune d'Averdon. Le cit[oyen]-curé de S[aint-]Nicolas n'avait pas encore recueilli tous les renseignements relatifs à cette affaire, lorsqu'il m'a écrit.

Vous avez dû recevoir également la confirmation de l'archiprêtre de Montrichard[22]. Je voudrais bien que le citoyen évêque de Bordeaux pût s'arrêter un dimanche à Blois, mais, s'il part, comme il est probable, par les voitures publiques, il est douteux qu'il le puisse. C'est un homme d'un mérite éminent[23].

Les évêques s'assemblent régulièrement deux fois la semaine. Quelques ouvrages nouveaux se préparent et seront insérés dans les *Annales*, quoique les évêques réunis ne soient pas, ni collectivement ni individuellement, responsables de la totalité de ce qui s'insère dans cet ouvrage.

Mes réponses antérieures concernant la place laissée vacante par l'estimable Baignoux vous sont connues ; je n'ai pu répondre en détail aux citoyens Lecomte, Boillot, Riffault notaire, Baignoux[24], Lulaire[25] [Lutaine ?] ; mais sans doute vous aurez été l'interprète de mes sentiments. Du reste, j'entends faire ici l'éloge du directeur actuel. Vous trouverez ci-jointe une lettre du citoyen Feuillet[26]. Je vous prie de

---

22 Le procès-verbal de l'élection de Burget Paul, comme archiprêtre de Montrichard, avait été adressé à Grégoire, en date du 16 octobre 1797 et figure dans le tome II (GR 1735, p. 273). C'est donc cette désignation que l'évêque ratifie ici.

23 L'allusion désigne Lacombe Dominique, que nous avons déjà évoqué. Successeur de Pacareau Pierre, il venait d'être sacré le 4 février 1798, à la cathédrale Notre-Dame de Paris. Il se préparait donc à retrouver son nouveau siège. Nous ne pouvons retracer ici sa biographie complète, et renvoyons aux différents dictionnaires historiques qui en traitent. Nous rappelons simplement qu'avant la Révolution il avait exercé le professorat, pour devenir, ensuite, principal du collège de Guyenne à Bordeaux. Entré dans la Congrégation des Doctrinaires, il en fut, un temps, maître des novices. Ouvert aux idées nouvelles, orateur éloquent, il était particulièrement estimé de Grégoire, qui avait participé à son sacre. Lors du Concordat, il sera retenu comme évêque d'Angoulême tout en refusant énergiquement de rétracter tous ses serments. Le dictionnaire Pisani le traite avec une sévérité proche de l'injustice.

24 Baignoux Paul, Philippe, probablement, qu'il ne faut pas confondre avec le citoyen Baignoux, laïc, plusieurs fois mentionné. En dépit d'un itinéraire très singulier, ce prêtre semble être devenu un membre fidèle du clergé grégorien. Voir à son sujet en GR 2202, tome II, n. 296, p. 148. Toutefois, les noms étant très incorrectement transcrits, on pourrait proposer de lire : Baignoux-Lutaine ; auquel cas nous aurions affaire à un jacobin local, décrit par Dufort de Cheverny comme « âme damnée de Robespierre » (*Mémoires II*, p. 389). Notre hypothèse reste très conjecturale.

25 Dans cette liste de noms de laïcs blésois, certains nous sont connus, d'autres ne le sont pas. Leur rôle restant très discret nous renvoyons à nos index.

26 Personnalité non identifiée.

décider sur sa demande, de me marquer quel parti vous aurez pris. Je m'en réfère entièrement à la décision du conseil ; mes compliments au citoyen Fernet[27].

J'ai reçu une lettre du citoyen curé d'Onzain à qui je répondrai le plus tôt possible[28].

J'ai écrit dans les bureaux du Directoire pour avoir une réponse concernant la citoyenne Duprat : je n'ai pas de réponse. La lenteur des affaires a quelquefois et souvent pour cause leur multiplicité ; quelquefois aussi on se dispense de répondre. Elle doit être bien sûre de l'intérêt qu'elle m'inspire ; si elle juge à propos de faire une nouvelle pétition en l'adressant au ministère, je la remettrai[29].

J'ai reçu la lettre de la citoyenne Buache ; j'ai remis à son neveu celle qui lui est destinée, il désirerait trouver une occasion sûre pour lui faire passer des fonds. Si elle trouve cette occasion, elle peut l'adresser au cit[oyen] Buache[30]. Présentez-lui mes sentiments du plus sincère attachement, ainsi qu'à son aimable et respectable société.

Salut, estime et attachement,

H. Grégoire, Év[êque] de Blois.

Réflexion faite, j'écris un mot au citoyen Feuillet ; la lettre est ci-jointe, vous verrez s'il est à propos de l'envoyer. Si le pensionnat du cit[oyen] Amant est bien monté et que Pontlevoy puisse avoir un bon pasteur, ce sera un grand bien. Je vous invite, chers coopérateurs, à vous en occuper le plus tôt possible.

---

27 Personnalité non identifiée.

28 Le curé d'Onzain devait être, à cette époque, Morel Urbain, auquel nous avons consacré une notice et dont nous avons publié une lettre dans le tome I (GR 1723, p. 126-127).

29 Il paraît difficile d'identifier la personne et de préciser la nature de la pétition en question. Dans les *Procès-verbaux du Comité d'Instruction publique*, édités par J. Guillaume, il est fait mention au nom de Duprat (sans prénom) d'une demande d'emploi dans un bureau d'interprètes ou de relations extérieures et renvoyée à Ginguené. Mais elle date du 3 Brumaire an IV (1795). Une relation serait-elle à établir également avec Duprat Pierre-Louis (1760-1840), juriste et avocat à Tarbes, élu député au Conseil des Cinq-Cents et qui se signala, à cette époque, par une demande de libération des prêtres détenus sans motif de droit ?

30 Ce passage se révèle quelque peu énigmatique. Le citoyen Buache pourrait être Jean-Nicolas (de la Neuville) neveu de Philippe et conservateur des cartes de la Marine et du bureau des Longitudes (1741-1825).

GR 4735 ms
(56343)

Dupont Claude [13 février 1798]
Blois, 24 Pluviôse an six de la République française

Dupont, administrateur du département du Loir et Cher, au citoyen J.R. Bazin, rédacteur de la *Chronique du Mans*[31].

Citoyen,

Si votre journal n'était répandu que dans le Département du Loir-et-Cher, ou ne circulait que dans les bureaux des ministres, les notes que vous y avez inscrites à mon sujet ne serviraient qu'à anéantir la confiance de ceux qui vous y seraient abonnés; mais puisqu'il en est autrement, je dois vous déclarer que, depuis le 7 Brumaire an 6 que je suis entré au département, jusqu'au 4 Pluviôse, date de la lettre que vous avez transcrite dans votre journal, il n'est pas de délibérations, de requêtes ni de lettres qui n'aient été revêtues de ma signature. Les 33 cantons de ce département et les ministres ne peuvent donc douter de la ponctualité de ma résidence à mon poste; ainsi votre abonné, vous faisant dire que je donnais quatre jours à l'administration départementale et trois jours à mon ministère en qualité de vicaire épiscopal du citoyen Grégoire, a renouvelé son hommage ordinaire au mensonge et à l'imposture; il a sans doute oublié qu'un administrateur, qu'au surplus il va reconnaître républicain, ne divise son temps que par décade et non par semaine, dont le nom est civilement proscrit, ainsi que la qualification de Monsieur

31 Ce destinataire est certainement Bazin Jacques-Rigomer (1771-1820). Natif du Mans, il participe très tôt aux événements révolutionnaires. Arrêté pour des sympathies robespierristes supposées, il reste détenu au Mans de 1794 à 1795. Libéré, il reprend ses activités et fonde le 28 septembre 1796, *La Chronique de la Sarthe* (et non celle du Mans). Après le 18 Fructidor 1797, le journal appartient à l'opposition néo-jacobine au Directoire. Il est supprimé en mars 1798 (Germinal an VI) parce qu'il soutient les candidats de l'opposition de gauche aux élections. Bazin créera, par la suite, *Le Démocrate ou le défenseur des principes*, aussi éphémère que le précédent. Auteur de différents ouvrages et même de pièces de théâtre, il est mêlé à plusieurs intrigues politiques pour finir par rallier la cause de Napoléon, aux Cent-Jours. Ayant publié quelques écrits politiques hostiles à la Restauration et s'adonnant toujours à la littérature dramatique, il est à nouveau emprisonné, puis libéré (en 1817). À l'issue de la représentation d'une de ses pièces, en 1820, il est provoqué en duel et blessé mortellement. Sa production littéraire, assez abondante, reste marquée par un esprit anti-aristocratique et anti-clérical.

qu'il affecte de lui attribuer pour donner plus de crédit à son assertion et pour l'intérêt de nos administrés[32]. Votre correspondant eût donc dû indiquer les trois jours de vacances qu'il me fait dérober à la chose publique, mais on ne prévoit pas tout : du reste, aucun d'eux n'a eu à se plaindre d'avoir fait des voyages rendus inutiles par le fait de ma prétendue absence et la grande majorité des citoyens de Blois sait que l'heure m'a toujours sonné au poste du devoir.

Je sais cependant gré à votre annotateur de la justice qu'il me rend en avouant au surplus que je suis républicain. Cet aveu qui, sans doute, lui [a] échappé doit rassurer nos administrés sur nos principes et justifie le choix du Directoire, qui m'a honoré de sa confiance.

Je vous avouerai que votre abonné, par son procédé, me donne lieu de croire qu'il ne connaît de républicain que le nom et c'est peut-être en effet tout ce qu'il en a. Pour moi et mes collègues sur lesquels s'étend sa satire, également jaloux de la confiance du Directoire et de nos administrés, nous ne nous étudions à connaître du républicain que la chose, et tant que nous serons en place, les dénominations ne seront pas assez puissantes pour nous la faire négliger, comme le soldat servant sa patrie et mourant pour elle n'a fait qu'acquitter sa dette. L'administration républicaine acquitte la sienne en sacrifiant son repos, ses loisirs, ses talents, sa santé même à la chose publique. Je serais bien vengé de votre annotateur satirique s'il pouvait et voulait se pénétrer de ces principes. Nous n'aurions pas journellement la disgrâce de voir la République exposée au mépris dans la personne de ses agents les plus zélés et les plus fidèles, et de la part du royaliste qui veut décidément son anéantissement et de la part du républicain irréfléchi qui n'est pas assez clairvoyant pour s'apercevoir que par ses mensonges et par ses impostures, il fait cause commune avec le royaliste[33].

Quant aux observations qui vous sont faites sur la ci-devant cathédrale de Blois, elles sont vraies. La propreté, la décence et la décoration,

---

32 On ne peut que souligner, ici, l'habileté de l'argumentation. En effet, le clergé reste dans l'ensemble et surtout dans la personne de Grégoire hostile au transfert du dimanche au décadi, mais déclare respecter le culte officiel décadaire, pour mieux sauvegarder le dimanche, consacré à la religion chrétienne. La confusion commise par l'adversaire de Dupont entre la semaine et la décade vise à le faire passer pour un mauvais adepte du nouveau calendrier et, partant, médiocre républicain.

33 Là encore, l'argument du journaliste est retourné avec habileté. La critique portée contre un fonctionnaire civil assimile son auteur aux opposants royalistes désireux de saper les fondements de l'État.

tant en tableaux qu'en statues, nous feraient oublier les dévastations de nos vandales modernes, si un coup de baïonnette donné dans un de ces tableaux, le 21 Janvier dernier, ne nous forçait de reconnaître qu'il est encore quelques rejetons de ces êtres destructeurs.

Ce qui a échappé à votre observateur et ce que je dois vous dire, c'est que cette fête du 21 Janvier a été célébrée par le concours du peuple parmi lequel il était facile de remarquer le grand nombre des amis de cette religion qui est professée dans la ci-devant cathédrale, où on recommande avec constance la soumission aux lois, le respect aux autorités constituées et où on préconise comme vertu religieuse l'amour sincère de la patrie. Également voués à l'exécration des réfractaires et des rétractés, le ministre de la religion publique et ceux qu'ils dirigent, plaignent constamment leurs détracteurs et n'ont aucun rapport avec eux. Il n'est pas vrai que le citoyen Dupont ait célébré le 21 Janvier une messe de mort, ainsi que l'observe l'annotateur ; ce qui est vrai c'est qu'à 9 heures, l'office paroissial célébré par son collègue était fini et que l'édifice était parfaitement libre, tant on a à cœur de n'obstacler en quoi que ce soit les cérémonies civiques ; ainsi le renouvellement du serment a-t-il été fait avec toute la liberté et toute la pompe dont cet acte est susceptible[34].

Quant au décadi, les autorités constituées ont déterminé dans leur sagesse le mode de le célébrer et ont fixé le lieu du rassemblement. Les citoyens vraiment religieux ne sont point indifférents à tout ce qui peut régénérer les mœurs, raviver l'esprit public et rattacher des enfants égarés à leur mère commune qui les recherche avec tendresse et ils se feront un devoir d'assister à ces fêtes publiques[35].

Citoyen rédacteur, si vous êtes ami de la vérité, comme j'aime à le croire, vous insérerez dans votre prochain numéro mes observations en

---

34 La date indiquée dans ce passage, n'est pas une date quelconque, mais celle de l'anniversaire de la mort de Louis XVI (21 janvier 1793). L'accusation portée se révélerait, dans ce cas, particulièrement grave, le camp royaliste ayant eu à cœur, très tôt, de célébrer une messe funèbre commémorative en ce jour anniversaire. Sans pouvoir mener une enquête sur ce point, il reste peu probable que Dupont, républicain convaincu, ait pris le risque d'une telle cérémonie à la cathédrale, ouverte, en outre, au culte décadaire.

35 Là encore, l'argumentation mérite d'être soulignée. Le clergé constitutionnel non seulement refuse de condamner le culte décadaire, dont, sur le plan de la morale et du civisme, Grégoire fait même l'éloge dans l'*Histoire des sectes* mais il tient à le distinguer du dimanche, réservé au culte chrétien, même s'il se déclare prêt à transiger quant au caractère chômé de ce jour-là.

réponse à toutes les diatribes répandues contre moi dans votre journal. Les mépriser, c'est en faire justice. Vous auriez pu être trompé, vous pouvez l'être de nouveau. Puisse cette explication franche et loyale et républicaine, connue de vos annotateurs les rendre plus circonspects, ils serviront plus utilement la République et se montreront vraiment dignes de ses bienfaits.

Je vous salue fraternellement.

Dupont administrateur du département
Certifié conforme à l'original adressé au rédacteur par la poste et chargé

Dupont adm[inistrateur][36].

(Le texte suivant est de la main même de Dupont, le précédent visiblement retranscrit par un secrétaire).

Copie de la lettre d'envoi

Citoyen,

En votre qualité de rédacteur de la *Chronique du Mans*, vous avez inséré dans votre journal quelques anecdotes qui me présentent à l'opinion publique sous un rapport, s'il était vrai, qui me forcerait de renoncer à la confiance du Directoire et des administrés du département de Loir et Cher. Comme la République ne pourrait qu'être mal gouvernée, si des administrateurs ne se consacraient qu'à demi à son service, et qu'il m'importe de prévenir vos abonnés contre les suggestions mensongères et perfides de quelques-uns de vos annotateurs, je vous invite au nom de la chose publique à leur donner un désaveu formel, en insérant dans votre prochain numéro la ci-incluse ou à me donner avis de votre disposition contraire.

Je vous salue fraternellement.

Dupont, adm[inistrateur].

Certifié conforme à l'original. Dupont adm[inistrateur].

36 Les Assemblées départementales ont été créées en 1790 par la Constituante, en vue d'administrer les départements. Composées de 36 membres, élus pour quatre ans, renouvelables par moitié tous les deux ans par les mêmes électeurs que ceux des assemblées primaires (français de nationalité, âgés de 25 ans, soumis aux règles des impôts), elles comprenaient un Conseil et un Directoire de 8 membres. Dupont, membre de cette assemblée, ne précise pas s'il y conserve ou non une attribution particulière.

GR 2086 ms

Grégoire Henri

Paris, 28 Pluviôse an 6
[16 février 1798]

(à Dupont sans doute)

Cher et estimable coopérateur,

Les journaux vous auront appris que nous tissons la toile de Pénélope ; on fait, on défait, on refait des résolutions. Au moment où l'on croit qu'une décision rejetée ne sera pas reproduite, elle se montre sous une forme nouvelle ; telle est celle qui concerne les assemblées électorales. Une discussion ultérieure vous en apprendra le succès. Vous recevrez aujourd'hui, ainsi que l'administration, un exemplaire de la *Journée du 18 Fructidor*[37].

Le cit[oyen] Guillon qui sort de chez moi s'est chargé d'un paquet de brochures pour le citoyen Chevalier[38].

Je réclame votre zèle pour un objet essentiel. Chargé provisoirement de mon arrondissement républicain, je sens toute l'étendue des obligations qu'impose ce fardeau. Le presbytère de Moulins est organisé, mais je ne sais comment ré-organiser le clergé du Cher et de la Creuse[39]. Quelques correspondances isolées et que j'ai entretenues soigneusement n'ont pas

37 Il existe, en effet, une brochure parue sous le titre de la *Journée du 18 Fructidor*, qui a pour auteur un certain Nestor Regnard « d'après Barbier ». Elle a été publiée en Pluviôse an VI (1798) chez l'éditeur-imprimeur de la République.

38 Peut-être s'agit-il de Guillon Étienne-Jacques, curé assermenté de Vouzon et qui serait alors de passage à Paris. Nous lui avons consacré une notice dans le tome II (GR 1728, p. 57). Il existe, en outre, un citoyen Chevalier (prénom inconnu) membre du district de Blois, exerçant, par ailleurs, la profession de cordonnier, dont parle, à plusieurs reprises, l'historien J. Gallerand. Ce dernier lui attribue un rôle important de surveillance sur des prêtres détenus, en 1794, à la prison des Capucins de Blois (LCST, p. 227, 228).

39 Grégoire revient à nouveau sur le problème difficile de la succession épiscopale des diocèses de Bourges et de Guéret, qui mobilisait, à ce moment-là, toutes les énergies des « évêques réunis ». C'est seulement le 28 octobre 1798 que l'ex-jésuite Dufraisse Michel, Joseph acceptera d'être sacré et d'occuper la charge pastorale du diocèse de Bourges. Le titulaire de la Creuse (Guéret), Huguet Marc-Antoine, avait abdiqué ses fonctions et était revenu à l'état laïc. Instigateur, en outre, avec plusieurs autres, d'une rébellion contre le gouvernement du Directoire, il avait été fusillé à Grenelle le 15 Vendémiaire an V (5 octobre 1796). C'est seulement le 29 Fructidor an VIII (16 septembre 1800) qu'un successeur lui sera trouvé en la personne de Py Jean-Baptiste, originaire du diocèse de Clermont-Ferrand.

encore pu me procurer la consolation de voir établir des administrations ecclésiastiques dans ces deux diocèses. Vous avez conservé sans doute quelques relations à Bourges et dans les environs, secondez-moi, de grâce ; si vous le désirez, je vous enverrai le peu de renseignements que j'ai recueilli sur ce diocèse[40].

Le cit[oyen] évêque de Bordeaux consentirait à s'arrêter à Blois 24 ou 48 heures, s'il était sûr d'y trouver une voiture, une diligence, dans laquelle il trouverait (à partir de Blois) une place pour Bordeaux ; mais la chose est-elle possible ? En cas d'affirmative, marquez-le moi, car je voudrais qu'il pût se trouver un dimanche au milieu de vous[41]. J'ai reçu la dernière lettre du conseil signée de vous et du citoyen Boucher en date du 18. Ma lettre est commune aux membres du conseil que j'embrasse cordialement.

+ H. Grégoire, Év[êque] de Blois.

Ci-joint l'acte de confirmation de la nomination du respectable curé d'Épuisay[42].

Je voulais répondre à une dernière lettre du citoyen Gillot, desservant de Mondoubleau[43]. D'après ce que vous me marquez en général, j'attendrai votre réponse à son sujet ; veuillez bien m'en écrire le plus tôt possible. J'ai reçu une lettre du cit[oyen]-curé de Villavard, le connaissez-vous[44] ?

Le cit[oyen] Pioche est le seul, dites-vous, de son canton et vous pensez que je pourrais le nommer d'office. Certainement c'est un bon choix et, comme il faut tout organiser, vous pourriez rédiger en conséquence un acte de nomination conçu de manière à motiver cette nomination d'office sur l'état de son canton, qui est abandonné, sur la nécessité d'y répandre les bienfaits du ministère ecclésiastique et sur le mérite du cit[oyen] Pioche, indiqué pour archiprêtre, etc…, etc.[45] Je m'en réfère à

40 Comme on le voit, la question de la vacance de ce siège métropolitain dont Grégoire n'est que le suffragant, demeure la préoccupation la plus vive des évêques réunis.

41 Grégoire espère sans doute que, lors de ce passage à Blois, son confrère Lacombe, qu'il estime beaucoup, pourra accomplir quelques actes cultuels et rehausser de sa présence telle ou telle célébration liturgique.

42 Guillet François-Gervais, cité à plusieurs reprises dans le tome II (voir index).

43 Voir, notamment, sa lettre à Grégoire, au tome II (GR 1687, p. 256) et dans ce volume (GR 4746, p. 96).

44 Il s'agit de Louis Augis. Voir notre notice et sa lettre, au tome II (GR 1699, p. 33-34).

45 Pioche François-Marie. Figure marquante du clergé blésois, récemment élu délégué au Concile national de 1797. Voir notamment la note le concernant au tome I, p. 190.

votre prudence pour la rédaction et vous auriez la complaisance de me l'envoyer le plus tôt possible.

Je croyais que le curé de Noyers près S[aint]-Aignan était encore à son poste[46].

Vous aurez sous huit jours la lettre pour le Carême. Ordinairement, je suis le rédacteur des Lettres pastorales qu'impriment les évêques réunis, mais celle-ci n'est pas de ma main ; elle a surtout pour objet la confession, mais on aurait pu tirer mieux parti d'un si beau sujet. Quoi qu'il en soit, vous l'aurez et cependant j'espère qu'elle produira quelque bien[47].

Bien des choses amicales de ma part aux dignes curés de Beauchêne et d'Épuisay[48]. Je rédigerai le plus tôt possible la circulaire pour les archiprêtrés.

GR 2087 ms

Grégoire Henri

Paris, 30 Pluviôse an 6
[18 février 1798]

Au citoyen Boucher
vicaire épiscopal,près
la cathédrale à Blois
Loir-et-Cher

Chers et estimables coopérateurs,

Je reçois en ce moment une lettre de notre collègue le citoyen Dupont, et c'est avec peine que j'apprends que sa santé s'est altérée. Faut-il que d'impudents journalistes viennent encore aggraver sa peine en outrageant et lui et tous les membres d'une administration patriote ? Je ferai sa commission[49].

---

46 Durozier Jean-Baptiste. L'historien J. Gallerand souligne à son égard que, durant la persécution, il livra l'argenterie de son église (LCST, p. 363). Visiblement, il a repris l'exercice du culte et décèdera à son poste aux environs de 1801.

47 Cette lettre, déjà citée s'intitule : *Instruction de plusieurs évêques réunis à Paris pour le Saint temps de Carême*, parue le 11 février 1798.

48 Le curé de Beauchêne est Le Grand Pierre, Théodore. Nous le citons abondamment dans le tome I et le tome II (voir les index).

49 Visiblement, seule une partie de la lettre de Dupont nous est parvenue, celle que nous avons reproduite plus haut et qui contient son énergique protestation auprès du directeur de *La Chronique du Mans*.

Je profite d'une occasion que me fournit l'estimable citoyen Buache, qui va voir sa respectable tante, pour vous envoyer trente exemplaires de la Lettre pastorale sur le Carême ; je vous en ai parlé dans ma dernière lettre[50]. Il n'y en avait pas davantage d'exemplaires prêts. Je tâcherai, au premier jour, d'en envoyer d'autres, en vous priant de mettre au compte du citoyen Rebour ceux que vous pouvez lui faire payer. Les non valeurs seront à mon compte.

J'embrasse en vous tous mes frères et chers coopérateurs.

+ H. Grégoire, Év[êque] de Blois.

Rév. 1544

Grégoire Henri

Ce document ne fait pas partie de la correspondance du Loir-et-Cher, mais se trouve dans les archives personnelles de Grégoire, conservées à la Bibliothèque de Port-Royal. Comme elle date de la même année, nous avons cru utile de la faire figurer ici. Elle est adressée au gouvernement et permet à Grégoire de poursuivre un combat qui lui est cher, celui engagé contre l'Inquisition. Le fameux tribunal restait encore actif, notamment en Espagne. C'est au cours de l'année 1798, quelques jours avant cette lettre, qu'était parue la *Lettre du citoyen-évêque de Blois à don Ramon-Joseph de Arce, archevêque de Burgos, grand Inquisiteur d'Espagne*, imprimée dans les *Annales de la religion* (n° 8 du 22 février 1798, t. VI, p. 373-396). Le retentissement de cet écrit fut, au dire de l'auteur, considérable. Voici en quels termes il en parle : « Des milliers d'exemplaires de l'ouvrage traduit en espagnol, franchirent les Pyrénées, furent envoyés aux Philippines, à Saint-Domingue, aux Caraques, à La Havane, etc... Et avec un autre écrit de moi intitulé : *Observations sur les reservas en Espagne [...].* Ces ouvrages causèrent une telle sensation que, suivant la remarque du savant Munter de Copenhague, l'Inquisition fut forcée à faire ce qu'elle ne faisait jamais, c'est-à-dire de répondre. Elle y répondit par un sermon prêché contre moi dans la cathédrale de Séville et par trois prétendues réfutations, dont une est de Blanco, bibliothécaire du roi [...] les deux autres, l'une anonyme, par Riesco, inquisiteur à Valladolid, l'autre pseudonyme par Villa-Nueva, qui avait pris le nom de Lorenzo Astengo. Je joue à ces messieurs le mauvais tour de les nommer ». (*Mémoires*, éd. Santé, p. 142).

50 Ce passage nous renseigne peut-être plus précisément sur les liens de parenté de la citoyenne Buache, évoquée souvent dans la correspondance de Grégoire, avec le citoyen Buache Jean-Nicolas, dont nous avons traité dans une note précédente (voir GR 2085, p. 24, n. 30). Quant à la lettre pastorale sur le Carême, voir ce tome, p. 16, n. 3.

Paris, 7 Ventôse l'an
6 de la République
[25 février 1798]

Aux directeurs exécutifs

Citoyens directeurs,

L'Inquisition d'Espagne, non contente d'outrager tous les principes vient encore d'outrager un gouvernement fondé sur ceux de la justice et de la liberté ; c'est-à-dire la République française. Dans le *Diaro* de Madrid du 9 Xbre [décembre] dernier (vieux style) est insérée une liste d'ouvrages condamnés par l'Inquisition. Elle censure, entre autres, un écrit que je ne connaissais pas intitulé : *État moral, politique et physique de la maison de Savoie*, comme présentant une série de propositions « contraires à la souveraineté, la noblesse et le clergé de Savoie ». Certainement l'Inquisition n'ignore pas que le nom de Savoie n'appartient plus qu'à l'histoire, que ce pays, sous le nom de département de Montblanc, est réuni à la République française, que des corporations y sont détruites... etc... Et comme les censures de l'Inquisition sont proclamées dans les églises, on peut regarder cet article comme un moyen de jeter de l'odieux sur la nation française. J'ai cru devoir vous dénoncer l'attentat de cette abominable Inquisition contre laquelle je viens encore de publier un écrit[51].

Salut et fraternité.

Grégoire,
membre du Conseil des Cinq-Cents.

51 Il s'agit peut-être de l'écrit cité ci-dessus : *Observations sur les reservas en Espagne*. Il existe aussi, dans les archives personnelles de Grégoire, conservées à la Bibliothèque de Port-Royal, une longue lettre inédite plus tardive adressée à l'évêque luthérien Munter de Copenhague et classée sous la même cote que ci-dessus (Rév. 1544). Écrite de Paris et datée du 20 Pluviôse an VII (8 février 1799), elle contient un véhément réquisitoire contre l'Inquisition.

GR 2088 ms

Grégoire Henri

Paris, 8 Ventôse, l'an 6 de la République
[26 février 1798]

Au citoyen Boucher, vicaire
épiscopal près la cathédrale à
Blois
Loir-et-Cher
Le Conseil épiscopal

Chers et estimables coopérateurs,

Hier, le citoyen Buache m'a remis la lettre de notre collègue, le citoyen Boucher. Je vous envoie l'acte de nomination du citoyen Pioche aux fonctions et à la qualité d'archiprêtre de S[aint]-Aignan[52]. Je désire bien que les archiprêtres s'occupent avec zèle de leurs arrondissements respectifs. Ils sont tous attachés à la religion et à la République et leurs visites peuvent, à ce titre-là, faire beaucoup de bien. Vous m'avez marqué que Montoire était le seul archiprêtré à nommer, je viens, en conséquence, d'écrire au citoyen Augis, curé de Villavard, dont le citoyen Bastard m'a fait l'éloge ; le connaissez-vous[53] ?

Avez-vous des nouvelles du citoyen Guillon, curé de Vouzon ? Il y a très longtemps qu'il m'a écrit[54].

Je crois qu'il est nécessaire de rappeler à ses devoirs le cit[oyen] Gillot de Mondoubleau ; et comme peut-être il serait peiné que je fusse instruit de sa conduite, à la distance où je suis, croyez-vous qu'il ne serait pas plus utile que le Conseil lui écrivît une lettre pleine de charité ? Cependant, à cet égard, je m'en réfère à ce que désirera le Conseil, et s'il croit plus utile que je lui écrive, je le ferai. Je vous prie de me donner là-dessus votre avis par le prochain courrier[55].

52 Cette décision confirme l'hypothèse émise dans la lettre précédente (GR 2086, p. 30, n. 45).

53 Augis Louis. Voir la notice et la lettre adressée par lui à Grégoire au tome II, GR 1699, p. 33.

54 Guillon Étienne-Jacques. Voir la notice le concernant et la lettre écrite par lui au tome II (GR 1728, p. 57).

55 Gillot Louis, Jacques, François, souvent rencontré dans le tome II. Nous publions plusieurs lettres de lui (p. 276-277 et p. 289-291) et une note en GR 1695, p. 244. Originaire du

Si d'autres exemplaires de la Lettre pastorale pour le Carême vous sont nécessaires, marquez-le moi également.

Je vois avec plaisir que la santé du citoyen Dupont se rétablit ; je l'invite à la ménager : elle est précieuse aux amis de la piété et de l'ordre public.

Qui est-ce qui dessert la paroisse de Contres et celle de Soings[56] ?

Le citoyen évêque de Bordeaux sera sensible à votre invitation réitérée plusieurs fois ; je lui ai exprimé le désir de le voir passer quelques jours à Blois, mais je vois qu'à raison des voitures cela sera difficile ou plutôt impossible[57].

J'ai écrit au citoyen Dupont concernant le diocèse de Bourges ; j'attends sa réponse quand sa santé lui permettra d'écrire. Je vous embrasse tous, mes chers coopérateurs, de tout mon cœur.

+ H. Grégoire, Év[êque] de Blois.

J'ai perdu la liste complète des archiprêtrés, veuillez bien me l'envoyer. Mes compliments à l'ordinaire.

---

diocèse de Chartres, il est nouveau venu dans celui de Blois et nous savons peu de choses le concernant. En la circonstance, nous ignorons la nature des griefs portés contre lui par le Conseil épiscopal.

56 Le curé de Contres, élu en 1791, était Petit Claude qui exerce encore en 1796. Nous avons publié une lettre de lui, précédée d'une notice dans le tome I, p. 72-74. Le curé de Soings n'était autre jusque là que François Augé, très âgé mais très apprécié de Grégoire sur lequel nous avons publié une notice accompagnée d'une longue lettre dans le tome I, p. 72-73. On le dit décédé en 1797. Pour diverses raisons, ces deux titulaires pourraient ne plus être en mesure d'exercer leur charge, d'où la question de Grégoire.

57 Concernant Lacombe Dominique et ce projet, voir la note 41 en GR 2086, p. 30 de ce tome.

GR 2089 ms

Grégoire Henri

Paris, 19 Ventôse l'an 6 de la République
[9 mars 1798]

Au citoyen Boucher, vicaire épiscopal, près la cathédrale, à Blois
Le Conseil épiscopal

Chers et estimables coopérateurs,

Le citoyen Lacombe, évêque de Bordeaux part pour son diocèse : je n'ai pas été prévenu à temps du moment précis afin de vous l'annoncer. J'aurais été très aise qu'il pût rester un jour à Blois, surtout un dimanche, pour officier et parler aux fidèles, mais je vois avec peine que cela n'aura pas lieu. Le citoyen évêque vous rassurera sur les absurdes nouvelles imprimées dans une foule de journaux relativement à l'élection projetée à Notre-Dame. Il est vrai que le presbytère qui a passé trente mois sans rien faire et quelques mois à faire des sottises avait annoncé cette élection. Elle devait s'opérer d'après un mode éclos du cerveau de je ne sais quel individu et ce mode n'était pas exactement celui qu'a déterminé le concile. Ils avaient même imprimé un résultat du scrutin préparatoire opéré entre les prêtres et d'après lequel on m'avait porté en tête de la liste comme ayant le plus de voix. Il est bon de savoir au reste que, quand je dis le presbytère de Paris, cela signifie, je crois, trois ou quatre mauvaises têtes ; les autres membres, gens très respectables, s'étaient retirés de ce tripot et il paraît qu'on va re-composer le presbytère d'après ses véritables éléments. Les évêques ont fait leur possible pour empêcher par des conseils sages l'équipée de ces trois ou quatre obstinés qui s'intitulent presbytère ; la police a eu raison de les contrecarrer, mais cela n'a pas empêché les plats gazetiers de nous mettre sur le dos une aventure que nous avions désapprouvée[58].

58 Cette philippique se révèle intéressante à plus d'un titre car les faits évoqués ont trait à l'histoire mouvementée du diocèse de Paris, après la mort de son dernier pasteur, Gobel, guillotiné le 13 avril 1794. Un presbytère s'était peu à peu mis en place, en vue d'assumer le gouvernement de l'Église parisienne, privée de son chef suprême. L'historien R. Dean relate minutieusement les étapes de la formation de cette nouvelle instance et les problèmes aigus qu'elle dut rapidement affronter, dans son livre intitulé : *L'abbé Grégoire et*

Quant à moi, chers coopérateurs, soyez bien sûrs et dites bien à mes diocésains que je ne passerai jamais du siège de Blois sur aucun autre. Je n'ai cessé de le répéter à Paris et je suis surpris que, malgré cette annonce, on s'obstine à diriger sur moi des suffrages qui seront certainement très inutiles. Je vous embrasse de tout mon cœur.

+ H. Grégoire, Év[êque] de Blois.

---

l'Église constitutionnelle (Paris, R. Dean, 2008) particulièrement dans le chapitre 3, des pages 99 à 130. Il est hors de question d'en retracer toutes les péripéties dans le cadre de cette simple note. Toutefois, il est utile de remarquer que les difficultés rencontrées par les curés parisiens, regroupés au sein d'un presbytère, avaient commencé bien avant l'année 1798. C'est en 1795 que trois d'entre eux avaient tenté de former l'embryon d'une instance dirigeante du diocèse, privé d'évêque et leurs noms se maintiendront jusqu'au dénouement de la crise : Brugières Paul, curé de Saint-Paul, Clausse Pierre, Eugène, curé de Saint-André-des-Arcs et Leblanc de Beaulieu, curé de Saint-Séverin, puis de Saint-Étienne-du-Mont. Ils obtinrent assez vite l'ouverture de l'église Saint-Médard et celle de la cathédrale Notre-Dame, procédèrent à l'examen canonique des prêtres traditeurs et essayèrent de fédérer autour d'eux les curés parisiens restés encore en place. Ils butèrent, alors, sur nombre d'obstacles : les relations avec les insermentés et la reconnaissance – difficile – de leur autorité par les autres assermentés. Ils connurent des relations tumultueuses avec l'évêque de l'Ain, réfugié à Paris, Royer Jean-Baptiste (membre des « évêques réunis »), dont ils avaient besoin pour l'accomplissement des principaux actes sacramentels. Finalement, au début de 1797, le siège de Paris restait toujours vacant. / C'est dans ce contexte troublé que s'inscrit cette charge satirique de Grégoire. Une étude encore non publiée de l'historien R. Dean montre que plusieurs groupes opposés s'étaient formés ayant pour cible sa personne. Mahieu curé de Saint-Sulpice, Audrein, futur évêque du Finistère, et Le Coz, évêque de Rennes soutenaient ostensiblement la candidature de Grégoire. Clausse, devenu le président du presbytère parisien soulevait l'objection de la translation. En effet, transférer un évêque d'un diocèse dans un autre restait une pratique condamnée, en principe, par l'Église ancienne et que le concile de 1797 venait de raviver solennellement. Plusieurs consultations partielles avaient cependant placé Grégoire en tête du scrutin, mais elles n'avaient pas encore le caractère d'une élection générale. Celle-ci se montrait, d'ailleurs, difficile à organiser, la cathédrale Notre-Dame ne présentant pas les conditions d'accès et d'utilisation idéales, car l'édifice était partagé alors avec les théophilanthropes, (lesquels comptaient bien s'immiscer dans le scrutin). De son côté, Grégoire avait manifesté à plusieurs reprises, son hostilité au principe même de la translation, malgré les observations de plusieurs de ses amis, dont Le Coz, qui lui faisaient remarquer qu'en cas de nécessité cette règle n'était pas intangible. Toutefois son attitude restait empreinte d'attentisme silencieux et il évitait toute déclaration officielle, confirmant ou infirmant sa candidature. Cette apparente inertie qui pouvait passer pour un désaveu à l'égard de l'agitation électorale suscitée sur sa personne favorisa finalement l'émergence du nom de Royer, évêque de l'Ain, et qui, en dépit de l'objection de la translation, finit par être élu au siège de Paris.

GR 4736 ms
(56344)

Guillet François-Gervais
Au citoyen, citoyen Grégoire,
Évêque de Blois et député au Conseil
des Cinq-Cents – à Paris

14 Mars an 6
[14 mars 1798]

Très cher et Révérendissime Évêque,

Avez-vous entièrement oublié nos contrées ? Les pasteurs de Beauchêne et d'Épuisay vous seraient-ils aujourd'hui indifférents[59] ? L'attachement inviolable qu'ils vous ont voué et l'un et l'autre leur serait inutile ? Nous ne pouvons, cependant, nous le persuader ; et n'attribuons votre silence qu'à vos très grandes occupations.

Ah ! mon cher prélat, que nous aurions cependant grand besoin, de temps en temps, d'un moment de consolation de votre part. L'aristocratie lève, tous les jours, sa tête altière dans nos contrées. Si on la détruit quelque temps pendant le jour, elle renaît dans la nuit. Il faut que mon voisin de Beauchêne et moi ayons un courage héroïque pour pouvoir y résister. Encore si nous ne mourions pas de faim, malgré toutes nos peines [?] ... Eh ! quand votre auguste corps législatif jettera-t-il donc un regard tendre et paternel sur toutes nos misères et nous donnera-t-il du pain ? Nous ne recevons que du papier que nous ne pouvons mettre [lacune] ... Nous ne sommes cependant pas la cause, il s'en faut bien, de tous les troubles que causent aujourd'hui les prêtres réfractaires et méritons, l'un et l'autre, qu'on ait quelques égards pour nous, ainsi que pour nos semblables[60].

J'ai reçu de votre part mon installation pour l'archiprêtré. Cette petite gloriole sera un second aiguillon pour ranimer encore davantage mon zèle pour le bien de la religion et affermira mon respect et mon attachement à votre égard. Nous avons été obligés de rompre avec le desservant de Mondoubleau. Mr Boucher vous en aura sans doute marqué les raisons. Une telle conduite fait horreur. Qu'en va penser le

---

59 Le curé de Beauchêne est Le Grand Pierre, Théodore, déjà rencontré, et celui d'Épuisay est Guillet François (ou François-Gervais), l'auteur même de la lettre.

60 Les plaintes exprimées ici sur la condition misérable des prêtres constitutionnels consonnent avec tous les écrits déjà rencontrés et que nous avons signalés.

peuple s'il en a connaissance ? On a raison de dire que l'abomination de la désolation est aujourd'hui à son comble. Aussi n'en ressentons-nous que trop les tristes effets. Je ne suis point étonné qu'on n'en ait plus voulu dans son ancienne paroisse[61].

Que vous nous feriez grand plaisir, mon cher prélat, si vous aviez la complaisance de nous donner des nouvelles sûres du *pape*, s'il est vraiment parti pour *Malte*, si beaucoup de cardinaux ont trempé dans la conjuration, principalement le cardinal Maury [?]. Enfin, si Rome est tranquille actuellement et s'il n'y a rien à craindre pour la religion[62].

On renverse nos croix. Nous n'avons pas même la permission de faire sonner trois coups pour avertir notre peuple que nous allons commencer l'office. Enfin nous sommes aussi malheureux que du temps de la Terreur. Cela vient-il du corps législatif ou bien de nos administrateurs ? Et n'y aurait-il rien à craindre à faire sonner ? Car je vous assure que ce défaut empêche la plupart de notre peuple qui est de loin [*sic*] de se trouver au service à l'heure dite[63]. Les confessions, pour la Pâque, vont comme l'année passée : beaucoup de femmes et très peu d'hommes. Les villes perdent tout et les soldats qui arrivent encore davantage.

Est-il vrai, mon cher prélat, que vous êtes nommé métropolitain de Paris, pour servir de boussole pendant l'éclipse du pape ? Eh quoi ?

---

61 Le curé en question n'est autre que Gillot Louis, Jacques, nouveau venu dans le diocèse et sur lequel nous ne possédons que des informations fragmentaires. Les accusations reprennent et amplifient les critiques déjà formulées par Grégoire dans sa lettre du 26 février 1798 (GR 2088, p. 34), sans nous livrer la moindre explication sur le fond. Les imputations portées contre Gillot semblent cependant d'une exceptionnelle gravité.

62 Ce passage se fait l'écho de rumeurs sur l'actualité politique du moment qui apparaissent plus ou moins fondées. Il est, cependant, utile de rappeler ici qu'un mois avant cette lettre – le 15 février 1798 – à la suite d'événements dramatiques survenus à Rome, les troupes françaises, présentes dans la péninsule, avaient occupé la Ville Éternelle et, sous les auspices de Berthier, y avaient proclamé la première République romaine. Dix jours plus tard, le pape Pie VI, dépossédé de son pouvoir temporel, quittait sa capitale et commençait une errance qui devait le conduire de Florence à Turin pour se terminer à Valence, dans la Drôme, lieu de sa mort (29 août 1799). Le nom propre du cardinal, mentionné dans le texte, se révèle malaisément déchiffrable. Nous suggérons celui de Maury, sans en être totalement sûr. S'il s'agit de ce dernier, nous rappelons que ce représentant du clergé réfractaire, ancien constituant, émigré en 1791, occupait, à cette époque, le poste d'ambassadeur de Louis XVIII auprès du Saint-Siège. Intrigant notoire, son nom seul pouvait donner corps aux plus extravagantes rumeurs.

63 Cette restriction apportée à la liberté des cultes récemment promulguée, à l'initiative de Grégoire, provoque, on le voit, le mécontentement des populations rurales, privées de repères.

aurions-nous le malheur de vous perdre[64] ?... Mr le prieur de Beauchêne arrive pour me demander la soupe. Il joint son respect à celui de votre très humble et tout dévoué serviteur.

Guillet, curé d'Épuisay.

GR 2090 ms

Grégoire Henri

Paris, 5 Germinal, l'an 6
[25 mars 1798]

Le citoyen Boucher
vicaire épiscopal

Cher et estimable coopérateur,

Il y a longtemps que nous n'avons causé ensemble. Vous trouverez ci-jointe une longue lettre pour le conseil. Outre cela, j'écris au citoyen Dupont dont la santé a beaucoup souffert et dont j'ai appris avec plaisir la convalescence[65].

C'est vous, je crois, qui dirigez la conscience de Mme Buache ; son neveu, en louant sa piété, craint que l'excès de l'abstinence et du jeûne ne nuise à la santé de sa respectable tante[66]. Certes, je suis bien éloigné de vouloir relâcher la sainte austérité des règles de l'Église, mais aussi l'Église est une mère tendre qui veut qu'on se mortifie et non pas qu'on se rende malade. C'est à vous, cher ami, à faire de cette observation l'usage que la prudence chrétienne vous suggérera à l'égard de la respectable Mme Buache, que je salue,

64 Nous avons déjà signalé les manœuvres du presbytère de Paris et l'irritation de Grégoire provoquée par cette affaire (GR 2089, p. 36, n. 58).

65 Nous manquons d'éléments d'information directs et notamment d'une lettre de l'intéressé, concernant cette question.

66 Nous renvoyons aux notes consacrées à cette personne, notamment en GR 2087, p. 32, n. 50. Grégoire, quant à lui, observait rigoureusement les règles du jeûne et de l'abstinence en temps de Carême et prêchait d'exemple en la matière. On peut citer à cet égard le témoignage d'H. Carnot, qui l'a fréquenté durant la dernière période de sa vie : « Pendant le Carême, il observait un jeûne sévère ne mangeant qu'à midi un peu de pain et quelques fruits : à dîner, son potage et un plat maigre. Mais cette rigidité n'était que pour lui-même, et il y avait toujours sur sa table des plats au goût de ses convives » (H. Carnot, *Notice historique*, éd. Santé, p. 303).

ainsi que la Société des dames. J'espère trouver bientôt l'occasion d'envoyer à Blois des graines de plantes, les unes d'utilité, les autres d'agrément.

Écrivez-moi souvent et longuement et comptez sur mon inviolable et sincère attachement.

+ H. Grégoire, Év[êque] de Blois.

GR 2091 ms

Grégoire Henri

Paris, 5 Germinal, l'an 6
[25 mars 1798]

Le Conseil épiscopal

Chers et estimables coopérateurs,

Ces jours derniers est passé chez moi le citoyen Cordienne, qui était curé à Saint-Lubin de Landes[67]. Il désire rentrer dans le ministère et m'a parlé de la nécessité de le relever de l'irrégularité encourue. Il m'a exhibé des lettres de plusieurs citoyens de Landes qui le réclament ; je lui ai promis de vous écrire à son sujet : voyez s'il est propre aux fonctions du ministère, si ses mœurs, que je crois pures, ne l'en éloignent pas, s'il peut opérer du bien dans cette paroisse ; je m'en réfère entièrement à la décision du conseil sur *tout* ce qui le concerne.

Puisque vous croyez le curé de Villavard propre à remplir les fonctions d'archiprêtre, je vous prie de lui écrire au plus tôt à cet égard ; rédigez sa nomination dans la même forme que celle de S. Aignan, je la signerai. Je lui ai écrit dernièrement en réponse à une lettre qu'il m'avait adressée ; je serais curieux de savoir si ma réponse lui est parvenue[68].

67 Toponyme mal orthographié dans le manuscrit. Saint-Lubin était le nom d'une des paroisses de Landes-le-Gaulois, dans le district de Blois. Nous savons peu de choses sur Cordienne Nicolas, venu de Besançon et donc étranger au diocèse. J. Gallerand le présente comme rétracté en 1795. Cela paraît peu probable, puisqu'il offre ses services, en 1798, à l'évêque constitutionnel et qu'il exercera, effectivement, le ministère dans sa paroisse jusqu'en 1802.

68 Le curé de Villavard est Augis Louis. Voir la notice le concernant et sa lettre dans le tome II, en GR 1699, p. 33-34. Quant au curé de Saint-Aignan, nouvellement promu archiprêtre, il s'agit de Pioche François-Marie, très présent dans cette correspondance. (Voir les index des tomes I et II, notamment la n. 179 du tome I, p. 190).

Je viens d'écrire une lettre détaillée au respectable curé d'Épuis[ay] qui m'avait écrit. Le citoyen Burget, archiprêtre de Montrichard me marque qu'il a fait des visites dans son arrondissement. J'espère que ces visites feront du bien et contribueront puissamment à réorganiser le diocèse[69].

Il y a longtemps que je n'ai reçu de nouvelles de Villiers, Naveil, Vendôme, Romorantin ; comment vont les choses dans ces contrées ? Je vous invite à écrire au cit[oyen] curé de Vouzon. Avez-vous des nouvelles de celui de Saint-Cyr-Semblecy ? Le desservant de Mondoubleau a-t-il répondu à la lettre que vous lui avez écrite[70] ?

Une idée qui m'occupe sans cesse, c'est la nécessité d'avoir des pasteurs pour nous succéder. À Paris, nous avons vu encore un certain nombre d'ordinations. Des médecins, des avocats, … etc…, célibataires ou veufs, se sont dévoués au ministère et ont reçu les saints ordres ; je voudrais bien que, dans mon diocèse, nous en trouvassions qui fussent pénétrés des mêmes dispositions[71].

Le cit[oyen] Rebour a expédié depuis longtemps le nombre supplémentaire d'exemplaires de la Lettre pastorale, conformément à la demande du citoyen Boucher.

Une des raisons pour lesquelles m'a écrit l'estimable archiprêtre d'Épuis[ay], c'est sur l'inquiétude que lui et son voisin de Beauchêne

---

69 Le curé d'Épuisay est Guillet François-Gervais (voir l'index du t. II). Quant à Burget Paul, il est fréquemment évoqué dans les tomes I et II (voir les index).

70 Le desservant de Villiers est Brisard Aignan, celui de Naveil Buron Louis, celui de Vendôme, vraisemblablement Noirot Claude, celui de Romorantin Biet Pierre-Mathieu, celui de Vouzon, Guillon Étienne-Jacques, celui de Saint-Cyr-Semblecy (La Ferté Saint-Cyr) Leroy Urbain, celui de Mondoubleau, qui fait l'objet des inquiétudes de ses supérieurs dans les pages précédentes : Gillot Louis-Jacques. (Voir les index les concernant dans les tomes I et II).

71 Le problème crucial de la carence des vocations sacerdotales est posé ici avec clarté et en des termes que ne désavoueraient pas les spécialistes modernes de la sociologie religieuse. De nombreux facteurs expliquent cette situation : la nécessité de remplacer les insermentés, cachés ou émigrés, les désertions ou abandons dus à la persécution, la fermeture plus ou moins totale des séminaires… Placés devant un véritable vide, les constitutionnels cèdent là encore à une sorte d'utopie rétrospective : le recours au modèle institutionnel de l'Église primitive. Le choix des responsables pastoraux, dans les premiers siècles chrétiens, incombait aux communautés elles-mêmes. Elles désignaient, par élection ou acclamation, parmi les plus recommandables des laïcs (parfois pères de famille), les évêques ou les prêtres chargés de les gouverner. Plusieurs clercs de cette époque et non des moindres comme Chenu Ange-Gabriel et Saillant Charles, médecin versaillais, connaîtront ce type d'accession aux ordres. La référence à la formation en séminaire, issue du Concile de Trente et que les temps rendaient difficile, n'est pas ici mentionnée.

avaient conçue relativement à ma prétendue nomination à l'évêché de Paris. Je suis peiné qu'une telle nouvelle mise en circulation tende à atténuer l'affection de mes dignes coopérateurs à leur Évêque. Détruisez, je vous en prie, ce mensonge. Quoique beaucoup de membres du Concile, de prêtres et de fidèles de Paris aient manifesté leur désir à cet égard, assurez tout le monde que j'ai déclaré à quiconque a voulu l'entendre que jamais je ne quitterai le siège de Blois pour passer à un autre[72].

Le temps pascal va vous accabler d'occupations, j'espère aussi qu'il vous donnera des consolations. J'engage nos collègues les citoyens Dupont et Chenu, l'un consolant l'autre, dont la poitrine est faible, à se ménager; puissiez-vous tous, chers coopérateurs, conserver les forces nécessaires pour continuer l'œuvre du Seigneur. Je voudrais pouvoir rajeunir les vénérables frères Vallon, dont le zèle et les lumières, unis au zèle et aux lumières de vous tous, ont maintenu la piété à Blois et dans le diocèse. Soyez sûrs que, comme vous, fixant les yeux sur Jésus-Christ, l'auteur et le consommateur de notre foi, je n'aspire qu'à remplir le reste de ma carrière par des travaux utiles à la gloire de la religion et au bonheur de la patrie. Je vous embrasse de tout mon cœur.

+ H. Grégoire, Év[êque] de Blois.

Avignon et Perpignan viennent d'élire leurs évêques; d'autres nominations se préparent[73]. Avez-vous des nouvelles du cit[oyen] Suzor, évêque de Tours?

J'ai écrit de nouveau au ministre pour obtenir le paiement des sommes dues aux citoyens cordonniers de Blois. Veuillez bien prévenir les citoyens Denis, Besse, Bidon... etc... qui m'ont écrit.

Le cit[oyen]-curé de Saint-Nicolas me parle de ceux qui ont travaillé au dépôt des chevaux à Blois. Je l'invite à faire faire au plus tôt une pétition en double exemplaire que je m'empresserai de faire parvenir au ministre en la recommandant. J'aurai sous peu une occasion pour vous

---

72 La déclaration de Grégoire vise, par sa netteté, à démentir les rumeurs qui couraient sur son possible transfert à Paris. Voir à ce sujet la note précédente en GR 2089, p. 36, n. 58.

73 Après la renonciation du titulaire Rovère Siméon, c'est Étienne François que les fidèles du Vaucluse élirent, le 8 mars 1798. Il est l'auteur de nombreuses lettres adressées à Grégoire. À Perpignan, il fallait remplacer Deville Gabriel mort le 18 mai 1796. Le choix se porta sur Villa Dominique, Paul, ancien professeur d'université, le 25 février 1798. Il exerça la charge épiscopale jusqu'au Concordat de 1801.

envoyer diverses choses, entr'autres une lettre du citoyen Cinqpeyres, ci-devant curé de Gombaut, actuellement à Lorières et ma réponse[74].

GR 4737 ms
(56345)

Morel Urbain
Au citoyen, citoyen Grégoire — Blois, le 9 Germinal an 6
Député à l'Assemblée législative — [29 mars 1798]
Rue S. Guillaume – n° 1142
à Paris — rép[ondu]

Très cher et respectable évêque,

J'ai l'honneur de recevoir votre dernière avec bien du plaisir : je l'ai communiquée à tous mes bons habitants qui ont été ravis de recevoir de vos chères nouvelles. Tous m'ont chargé de vous témoigner leur reconnaissance. La famille du citoyen Boucher et ma sœur particulièrement, tout se prépare pour la Pâque, de manière à faire espérer que les paroles divines qui ont été semées pendant la quarantaine ne sont pas tombées dans les ronces ; j'aurai le plaisir de vous en rendre compte après les fêtes. Je ferai aussi la visite de mon arrondissement et je vous rendrai compte du résultat[75]. Qu'il me soit permis de vous faire part du présent que l'on vient de me faire, ainsi qu'à tous mes confrères du département qui sont instituteurs. C'est une circulaire du commissaire exécutif près l'administration centrale, adressée au commissaire du pouvoir exécutif près les administrations municipales du département de Blois le 27 Ventôse an 6 de la Rép[ublique] fr[ançaise].

Le Commissaire du pouvoir exécutif près l'administration centrale département du Loir-et-Cher

Au commissaire du canton d'Onzain

74 Il existe bien une commune de Laurières dans la Haute-Vienne, mais nous ne trouvons pas trace de la première, sans doute mal identifiée. Quant au nom propre Cinqpeyres (que Grégoire orthographie plus loin : Cinqperrey), il reste inconnu dans les archives.

75 Ce projet de visite pastorale de l'arrondissement rappelle qu'Urbain Morel avait été élu, le 7 août 1797, archiprêtre du secteur d'Onzain (voir t. II, GR 1695, p. 241).

Il s'est élevé un abus dans plusieurs cantons du département, citoyen, qu'il importe de réprimer au plus tôt, puisqu'il compromet et entrave l'éducation du peuple et qu'il est contraire à la Constitution.

Plusieurs ministres du culte catholique ont surpris aux jurys d'instruction des places d'instituteurs, les uns guidés par le désir de conserver un presbytère, les autres par l'ambition de faire prépondérer un genre exclusif d'éducation, qui tendrait à bercer la jeunesse de vieux préjugés que les principes républicains proscrivent ; cependant, citoyen, les places d'instituteurs primaires et de ministres d'un culte quelconque sont incompatibles et de même que vous devez me proposer la destitution d'instituteurs qui abuseraient de leurs fonctions pour corrompre les mœurs de la jeunesse, de même aussi vous devez obliger les prêtres à opter entre leurs fonctions et celles d'instituteurs.

Je vous recommande expressément l'exécution de ces dispositions et vous observe que les instituteurs ont le droit d'occuper les presbytères non vendus. Consultez pour cet objet la loi du 26 Fructidor an 5 et empressez-vous de faire évincer les presbytères des prêtres [*sic*] qui lorsqu'ils ne sont pas vendus ou destinés à l'être, sont réservés aux seuls instituteurs primaires.

Je vous recommande de nouveau l'arrêté du directoire exécutif du 17 Pluviôse dernier. Ce n'est qu'en [l']observant rigoureusement que l'on parviendra à faire prévaloir l'instruction républicaine.

Pour copie conforme[76].

Tel est, mon respectable évêque, le nouveau genre de tracasserie qu'on nous suscite. On emploie l'arbitraire et la calomnie accompagnés des compliments d'usage. Je vous assure, cela ne laisse pas de bien inquiéter nos confrères. Je ne vis point dans le presbytère de la

---

76 Ce document officiel confirme et souligne les difficultés matérielles innombrables, rencontrées sur le terrain, par des prêtres constitutionnels, même après la reprise du culte, officiellement reconnu par le décret du 3 Ventôse 1795. Nombre d'églises et de presbytères ont été aliénés et donc inutilisables par le clergé et les fidèles. Par ailleurs, les mesures administratives prises contre les prêtres, les privant de tout exercice d'une fonction publique, aboutissent, comme nous le soulignons dans l'introduction du tome I (p. 36) à une forme injuste de relégation sociale. On peut supposer que l'affaire du 18 Fructidor 1797 avait aggravé les soupçons sur l'ensemble du clergé, accusé à tort de royalisme. Les curés constitutionnels qui ne cessent de proclamer leur loyauté à la République se sentent frustrés et peinent, on le voit, à faire reconnaître leur civisme. À plusieurs reprises, Grégoire dénoncera l'injustice de leur sort, soumis qu'ils étaient aux pressions constantes de deux puissances opposées : les réfractaires et les autorités légales.

paroisse, heureusement pour moi, je n'aurai pas la peine de déloger. J'ai l'honneur d'être

Mon respectable évêque,

Votre très humble coopérateur.

Morel, curé d'Onzain,

Pour ce moment, chez Mr Boucher.

P.S. Ajout de la main de Mr Boucher.

Un moment de réponse, je vous en supplie, pour relever le courage de nos prêtres vraiment patriotes, pour les autres, de les abandonner à la sagesse de notre gouvernement, qui ne peut en faire trop prompte justice.

Permettez-moi aussi de vous prier de consacrer un calice que le citoyen Rebour doit vous présenter sous peu de la part de cette commune.

Boucher, vic[aire] épis[copal].

GR 2092 ms

Grégoire Henri

Paris, 11 Germinal, l'an 6
[31 mars 1798]

Le Conseil épiscopal

Chers coopérateurs,

Je vous ai écrit, il y a quelques jours, une lettre très détaillée ; je vous prie de me répondre sur tous les articles qui en sont susceptibles, c'est par cette communication habituelle que nous pourrons plus efficacement opérer le bien[77].

Je vous ai parlé du cit[oyen] Augis, curé de Villavard. Je viens de recevoir de lui une lettre par laquelle il m'annonce que lui et ses confrères se sont réunis pour nommer archiprêtre le cit[oyen] Tabareau, desservant de Montoire ; cette élection est un heureux présage en faveur du cit[oyen] et alors il est doux de penser qu'une grande et belle paroisse comme Montoire est desservie par un prêtre estimable. Je vous envoie un

77 Cette lettre pourrait être celle du 25 mars 1798. Voir ci-dessus GR 2091, p. 41.

paquet contenant des opuscules pour le cit[oyen]-curé de Villavard[78]. Je vous prie de les lui transmettre par une voie sûre ; l'assemblée électorale vous fournira des occasions.

Vous pourrez vous servir de la même voie pour transmettre à Saint-Laurent-des-Eaux une réponse ci-jointe pour le cit[oyen] Guillot de Saint-Laurent-des-Eaux[79].

Il y en a une autre pour le cit[oyen] Le Tourneur ; j'ignore sa demeure à Paris (car on m'assure qu'il y est) mais son épouse étant à Blois, on pourra la lui remettre.

Ci-joint est une lettre déjà ancienne pour le cit[oyen] Cinqperrey que je ne me rappelle pas d'avoir connu ; elle est décachetée et j'y joins celle qu'il m'a écrite. Vous verrez s'il convient de lui transmettre ma réponse et vous statuerez, chers coopérateurs, d'après votre sagesse ce que vous jugerez convenable sur sa demande[80].

Il y a très longtemps que j'ai écrit et de plus fait écrire au cit[oyen] Brisard, curé de Villiers, relativement à des pétitions qu'il m'avait adressées[81]. J'ignore si les lettres lui sont parvenues ; veuillez bien vous en informer, car je n'ai pas reçu ultérieurement de ses nouvelles.

Ci-jointe est une autre lettre en réponse à celle que j'ai reçue des pasteurs des paroisses de Blois et des représentants des fidèles.

Je vous envoie quelques exemplaires de ma *Lettre au Grand Inquisiteur*. Vous pourrez en faire passer un à Mr de Pilos (Olavide) à Cheverny[82].

---

78 Cette mention est quelque peu surprenante. La lettre apparemment récente d'Augis Louis nous reste inconnue. En revanche, dans un courrier daté de Villavard, 23 mars 1796, le même Augis avait déjà informé Grégoire de la désignation de Tabareau Jean, curé de Montoire, comme archiprêtre. Voir le tome II, GR 1699, p. 34, n. 25.

79 Cette commune a fusionné au XXe siècle avec celle de Nouan-sur-Loire. Il existe bien dans le clergé blésois un Guillot Claude mais l'état récapitulatif de J. Gallerand le désigne comme curé de Meusnes.

80 S'agirait-il d'un prêtre étranger au diocèse et désireux de s'y intégrer ? Nous ne retrouvons pas son nom dans les archives diocésaines (voir n. 74, p. 44).

81 Concernant cette personne, voir notre note introductive et sa lettre au tome II, p. 258.

82 L'histoire des rapports de Pablo de Olavide, comte de Pilos (1725-1803) avec Grégoire se révèle assez complexe. Homme d'État espagnol, très en faveur à la cour du roi Charles III, il exerça plusieurs charges importantes dont celle d'intendant en Andalousie. Mais ses liaisons avec les philosophes français ainsi que son hostilité envers les ordres religieux attirèrent sur lui l'attention du Saint-Office. Dénoncé, il fut condamné à huit ans de réclusion. Il réussit néanmoins à s'échapper et vint se réfugier en France. Un de ses abris fut, un moment, la localité de Cheverny, située dans le diocèse de Blois. Grégoire, informé, fit tout pour assurer sa protection. Il le déclare explicitement dans sa *Notice raisonnée concernant la religion et le clergé* (Paris, Impr. chrét., 1797, dans *Annales de la religion*,

En conséquence, je joins ici un exemplaire en espagnol ; cependant je subordonne cet envoi à votre décision, car peut-être est-il royaliste et voué aux réfractaires. Est-il vrai qu'il travaille à un ouvrage sur la religion ? Cela m'a été dit par le cit[oyen] Bourgoing, ci-devant envoyé en Espagne[83].

J'aurais désiré que le Conseil me communiquât ses vues sur ce qui peut rendre plus fructueuses les fonctions des archiprêtres.

À l'entrée de cette sainte quinzaine, je forme des vœux pour que vous recueilliez les consolations du ministère. J'aurais voulu la passer au milieu de vous mais, outre que ma fortune m'interdit un voyage dispendieux, les méchants n'auraient pas manqué de dire que j'aspirais à me faire réélire, attendu ma sortie du corps législatif.

Salut et embrassement amical.

+ H. Grégoire, Év[êque] de Blois.

Je vous envoie des paquets de graines de plantes céréales, légumineuses et de fleurs. Le cit[oyen] Dupont puisera dans cette collection ; ensuite je vous prierai de répartir les autres au cit[oyen] de l'Arche [ou Delarche] à Mer, au cit[oyen] Besnier curé de Lestiou et à différents cultivateurs sur divers points du département ; car c'est par des expériences faites à des expositions diverses et dans des sols différents que l'on peut obtenir des résultats positifs. Vous saurez les distribuer aux cultivateurs présumés devoir en faire un bon usage. Une autre année, je pourrai en procurer davantage[84].

(Tournez)

---

tome 4, p. 578). C'est sans doute, en plus ample informé, qu'il exprime ses interrogations et ses doutes dans ce courrier, postérieur d'un an à la Notice. Il est vrai que Pilos de Olavide était un ami très proche de Dufort de Cheverny, qui le cite abondamment et élogieusement, dans ses *Mémoires* ; il paraît donc lié au milieu aristocratique blésois.

83 S'agirait-il de Bourgoing Jean-François ? (1745-1811). Les dates, en tout cas, semblent concorder. Né baron, il embrasse la carrière militaire, sous l'Ancien Régime, et est nommé en 1788 ministre de la France à Hambourg. Le régime révolutionnaire l'envoie en mission diplomatique en Espagne. Après le 9 Thermidor, il négocie le traité de Bâle en 1795. Il se ralliera, ensuite, à Napoléon.

84 Comme on le voit, Grégoire évêque n'en reste pas moins homme des Lumières, passionné des questions liées à l'arboriculture et à l'agriculture. Il est l'auteur, entre autres, d'un *Essai historique sur l'état de l'Agriculture en Europe au XVIe siècle*, Paris, Huzard, an XII.

12 Germinal [1er avril]

Je viens de recevoir la lettre du conseil en date du 9 courant et je vois que vous n'avez pas encore reçu l'acte de nomination de l'archiprêtre de Montoire. Je suis charmé de ce que vous me dites du zèle des pasteurs de Vendôme, Villiers, Naveil… etc…, mais affligé de ce qui concerne Vouzon[85]. Cependant, assurez-vous du fait ; je lui ai écrit.

Je vous ferai passer des saintes huiles, mais il faut une autre occasion que celle que j'attends et qui doit partir demain, c'est la veuve Nouël.

Quant à l'article qui concerne le cit[oyen] Roulier [ou Roullier], je vous observe d'abord que j'ignore comment il a répondu à l'examen qu'il a subi sur les matières qu'on lui avait assignées ; les détails que vous me donneriez à cet égard ne me donneraient pas la mesure de son aptitude avec le degré de précision qu'ont obtenu ceux qui l'ont examiné et qui ont pu l'apprécier[86]. À cet article il faut joindre ses mœurs et l'ensemble des notions qui le concernent. Convenez, chers coopérateurs, qu'à la distance où je suis, je ne puis juger cette cause avec la connaissance et la justesse que le conseil mettra. Que dois-je faire et que me prescrit la sagesse ? C'est de m'en référer au jugement du conseil, je suis pénétré de confiance et d'estime pour tous les membres qui le composent. S'il y a divergence dans les sentiments concernant le cit[oyen] Roulier, la majorité des suffrages forgera la décision.

+ H. Grégoire, Év[êque] de Blois.

---

85 Le curé de Vouzon est, rappelons-le, Guillon Étienne-Jacques (voir, à son sujet, la notice et sa lettre du 16 juin 1796, tome II, GR 1728, p. 57). Nous ignorons la nature des reproches formulés ici.

86 L'affaire Roulier continue de plus belle. Ce prêtre, originaire du Mans, s'était introduit, de son propre chef, semble-t-il, dans la paroisse de Saint-Denis-sur-Loire (voir tome II, GR 4441, p. 195, n.93). Il paraît vouloir apporter quelques titres et garanties à sa demande d'incardination.

GR 2093 ms

Grégoire Henri

Paris, 12 Germinal, l'an 6
[1er avril 1798]

Le cit[oyen] Boucher
vicaire épiscopal

Cher coopérateur,

Je reçois, en ce moment, vos lettres du 9 Germinal, celle que j'ai écrite hier au Conseil n'est pas encore partie, j'y joindrai une addition.

Je vois que vous n'avez pas encore reçu le procès-verbal d'élection de l'archiprêtre de Montoire ; le cit[oyen] Augis, curé de Villavard, m'a annoncé qu'ils avaient fait choix du cit[oyen] Tabareau desservant à Montoire[87].

Je ne conçois pas cette lenteur des Messageries pour le transport des effets ; je vais en parler au cit[oyen] Rebour ; désormais il faut qu'il s'adresse au cit[oyen] Coutil, les envois seront plus prompts et plus sûrs.

Je suis charmé qu'on ait réélu l'administration municipale de Blois : ce choix honore les électeurs et les élus et prouve qu'on veut sincèrement opérer le bien.

On publie, dites-vous, que je dois encore rester un an au Corps législatif. Ceux qui débitent ce mensonge sont bien imprudents, puisqu'ils savent que je suis du dernier tiers conventionnel qui sort, mais ce dernier tiers est rééligible et les royalistes me détestent. Tant pis pour eux. Quant à moi, étranger à toute cabale et ne consultant que mes devoirs, je tâche partout de les remplir. La Providence veille sur tout, je m'en réfère à ses décisions[88].

L'affaire du cit[oyen] Maudru a été jugée à un 1er tribunal, il y a appel. J'espère que tout ira bien. C'est un des hommes les plus attachés à la République[89]. Le cit[oyen] Dubois et son épouse sont très

87 Voir l'index des noms propres dans le tome II et la note concernant Tabareau Jean, p. 34 du même tome.

88 Les élections pour le renouvellement du Conseil des Cinq-Cents auxquelles fait allusion, ici, Grégoire sont, en effet, imminentes et se dérouleront du 9 au 18 avril 1798. Son intuition se vérifiera, puisqu'il ne sera pas reconduit dans ses fonctions par les électeurs du Loir-et-cher. Nous reviendrons, plus loin, sur cet épisode de sa vie.

89 Maudru Jean-Antoine (1748-1820). Personnalité particulièrement estimée de Grégoire. Évêque de Saint-Dié, il refusa d'abdiquer ses fonctions en 1793 et fut pour cela arrêté

sensibles au souvenir amical de l'estimable citoyen Boucher ; ils me chargent de vous saluer cordialement, comme moi, ils ont éprouvé bien des peines.

Donnez-moi d'amples détails sur la piété qui, dans ce saint temps, aura éclaté à Blois et dans le diocèse.

Je vous embrasse de tout mon cœur. + H. Grégoire, Év[êque] de Blois.

J'aurai soin de consacrer le calice dès qu'il me sera remis par le cit[oyen] Rebour.

Je répondrai le plus tôt possible au brave curé d'Onzain et je vais m'occuper de ce qui l'inquiète[90].

Quant à la pétition du cit[oyen] Corneville, curé du Poislay, je vous observe que vous m'envoyez une pétition adressée aux administrateurs, tandis qu'il en faudrait une adressée au Directoire[91]. Que feriez-vous si on vous envoyait une lettre qui ne s'adresse pas à vous ? Vous l'enverriez à son adresse. En second lieu, il faudrait y joindre les pièces qui établissent sa justification, car, dans aucun tribunal, dans aucune administration, on ne décide que sur pétition et sur preuves. Du reste, avec ces considérations, je ferai tout mon possible pour lui être utile.

---

et emprisonné. L'événement du 9 Thermidor lui sauva la vie. De retour à son poste, il tenta de réorganiser son diocèse et participa au Concile de 1797. Une nouvelle embûche judiciaire lui fut alors tendue. Un des mandements qu'il avait diffusé contrevenait sur plusieurs points aux lois en vigueur. À nouveau emprisonné, il risquait la déportation. On attribue à l'influence de Grégoire et de Saurine sa libération au bout de quelques mois.

90 Ce curé est Morel Urbain, déjà rencontré. Voir à son sujet la notice le concernant et sa longue lettre à Grégoire au tome I, p. 126-127.

91 Corneville Jacques est, en effet, curé du Poislay. L'historien J. Gallerand le cite comme une des victimes des retombées politiques du 18 Fructidor 1797. Plusieurs curés constitutionnels ont été alors suspectés d'œuvrer en faveur d'un retour à l'ancien état de choses. Quelques-uns d'entre eux, en effet, dont Brix Jean-François, militaient auprès de leurs confrères pour la rétractation des serments prêtés (J. Gallerand, LCST, p. 574). Il semble bien que Corneville ait effectué cette démarche. Un arrêté du Directoire, daté du 18 Ventôse an VI (8 mars 1798) le condamne alors à la déportation en Guyane. Elle eut lieu le 2 août 1798. C'est donc, vraisemblablement, avant son embarquement pour Cayenne, que Corneville adresse une pétition à Grégoire, espérant sans doute que son intervention fasse annuler les mesures le concernant. Nous n'avons pas retrouvé trace de cette pétition et, de toutes façons, Corneville avait alors rejoint le camp des insermentés, se mettant ainsi hors-la-loi. J. Gallerand nous apprend que, libéré par la suite, il s'est fixé en Martinique aux environs de 1802.

Vous pourrez distribuer dans le diocèse, les divers exemplaires de la *Lettre au Grand Inquisiteur*[92]. La citoyenne veuve Nouel, qui sort de chez moi à l'instant se charge des graines, des brochures... etc... Elle partira jeudi prochain, ainsi mes lettres précèderont son arrivée.

GR 2094 ms

Grégoire Henri

Paris, 14 Germinal, l'an 6 de la Rép[ublique]
[3 avril 1798]

Le Conseil épiscopal à Blois

Chers coopérateurs,

Le même jour, vous recevrez deux lettres de moi, celle-ci est la seconde. Je viens d'en recevoir une du citoyen Biet, desservant de Romorantin[93]. Il me donne des détails assez consolants de l'état du culte dans cette grande paroisse. Il n'a point encore fait ses visites en qualité d'archiprêtre ; il se propose de les faire après la quinzaine, mais il est peiné de n'avoir pas eu de réponse sur plusieurs articles pour lesquels il avait écrit à Blois (sans doute ses lettres auront été égarées).

Il désire avoir la liste des paroisses sur lesquelles s'étend l'exercice de ses fonctions comme archiprêtre ; cette demande est juste et je pense, chers coopérateurs, qu'il est indispensable que chaque archiprêtre ait, au plus tôt, une liste de ce genre, afin que les démarches soient bien établies. D'ailleurs, elles leur sont d'autant plus nécessaires qu'après avoir épuisé le travail du temps pascal dans leurs paroisses respectives, ils iront, sans doute, porter les secours spirituels aux paroisses veuves.

Le citoyen Biet demande en outre pour lui et pour ses deux collègues voisins de Veilleins et de Villeherviers l'institution canonique en qualité

92 Nous avons déjà évoqué la *Lettre du citoyen, évêque de Blois, à Don Ramon de Arce, archevêque de Burgos, Grand Inquisiteur d'Espagne* (22 février 1798, *A.R.*, t. VI, p. 373-396). Comme on le voit, Grégoire n'hésite pas à diffuser lui-même ce réquisitoire sévère contre le célèbre tribunal.

93 Nous avons publié plusieurs lettres de Biet Pierre, Mathieu, dans le tome II (p. 175-177, p. 197-199, p. 210-212, p. 260-262) et la notification officielle de sa désignation comme archiprêtre de Romorantin, p. 251.

de curés[94]. Cette demande me paraît encore de toute justice et d'ailleurs il serait assez étrange qu'un homme eût la qualité d'archiprêtre, sans avoir seulement celle de curé.

Il a consulté, en outre, sur l'admission des femmes de prêtres à la participation aux sacrements. Quand elles ont apporté à cette participation toutes les dispositions préliminaires dont la sagesse chrétienne aura déterminé l'étendue, certes, il ne faut pas abandonner ces âmes au désespoir[95]. Veuillez bien, chers coopérateurs, répondre le plus tôt possible au citoyen Biet et satisfaire à ses demandes, à moins que vous n'ayez des raisons assez graves pour ne pas y accéder. Je vous invite à répondre aux divers articles consignés dans mes deux lettres.

Je vous réitère mes tendres embrassements.

+ H. Grégoire, Év[êque] de Blois.

GR 4738 ms
(56346)

Monrocq Michel, Charles, François

Mer, 5 Floréal, an 6 Répub[lique]
[24 avril 1798]

Cher et vénérable prélat,

Je n'ai reçu qu'avant-hier votre lettre datée du 26 Germinal et je l'ai reçue sous le timbre de Blois. Il paraît que le Commissionnaire aura oublié de me la remettre en passant à Mer et qu'il l'a mise à la poste

94 À Veilleins, c'est le citoyen-curé Reuilly (prénom inconnu) qui succède à Menier Charles abdicataire et marié (tome I, p. 179, n. 144). À Villeherviers c'est Dumans René, jeune prêtre ordonné par Grégoire, qui succède à Lefèvre Jean-François, rétracté et déporté en Guyane. Dumans sera, par la suite, curé de Renay.

95 Nous avons longuement expliqué dans l'introduction du tome I (p. 32-39) la discipline pratiquée par l'Église constitutionnelle à l'égard des prêtres mariés. La question a d'ailleurs fait l'objet d'un livre de la part de Grégoire : *Histoire du mariage des prêtres en France particulièrement depuis 1789* (voir bibliographie). Les unions civiles contractées par les prêtres sont considérées comme valides, si elles sont conclues dans les formes légales et en dehors de toute contrainte. Comme le célibat n'est pas lié intrinsèquement au sacrement, les clercs fautifs ont besoin uniquement de l'absolution d'un confesseur mais ne peuvent, en aucun cas, réintégrer le ministère. A fortiori, la même faculté d'absolution et de retour aux sacrements est-elle offerte à l'épouse du prêtre.

de Blois. J'ai reçu, dans deux de vos lettres, les deux lettres du citoyen Le Tellier, Commis au ministère de l'Intérieur. Le citoyen Durand m'a proposé la place de Blanchon[96]. Je le présume d'après une lettre de ce dernier à notre administration et dans laquelle il est question de Mont et de Roc pour confondre et anéantir les projets des contre-révolutionnaires du pays[97]. Ma qualité de prêtre est un terrible préjugé contre moi et il pourrait arriver que je n'aurais rien.

La fameuse dénonciation contre moi a été colportée de maison en maison. Quelques aristocrates n'ont pas voulu la signer. Je ne suis pas sûr qu'elle ait été envoyée, mais si elle n'a pas été envoyée, la rage de mes persécuteurs n'est que suspendue[98].

---

96 Cette correspondance, conservée un certain temps, sans doute, dans les papiers de Monrocq, ne nous est pas parvenue et n'a pas fait l'objet, semble-t-il, d'une demande de restitution de la part de Grégoire. Comme, pour d'autres destinataires, elle peut être considérée comme perdue, sauf découverte imprévue. Le premier nom cité pourrait désigner Durand Bernard (1769-183(). Né à Romorantin, devenu avocat en cette ville, il fut nommé en l'an V commissaire près de l'administration centrale du département, puis, le 26 Germinal, an VII, élu du Loir-et-Cher au Conseil des Cinq-Cents. Sa carrière législative se poursuivit encore sous Napoléon. Au cours de la mission d'épuration menée, en 1794, par Garnier de Saintes, on signale l'action déterminante conduite par un de ses adjoints, l'agent municipal Durand, qui essaierait de rallier, selon J. Gallerand, le maximum de partisans aux nouveaux cultes révolutionnaires. Il renouvelle la même campagne, en 1797, en faveur du décadi, tout en reconnaissant l'insuccès rencontré sur le terrain et soulignant le fort attachement des populations à l'observance du dimanche (J. Gallerand, LCST, p. 708). S'agit-il de la même personne ? Nous ne saurions l'affirmer.

97 Quant à Blanchon (prénom inconnu), autre agent national, il joue un rôle important, en 1794, dans l'arrestation de Louis Buron, curé de Conan, coupable d'avoir continué le culte catholique, en dépit de la fermeture des églises. C'est également lui qui obtient, sous la menace, l'abdication du jeune prêtre Ange-Gabriel Chenu, dont nous avons abondamment parlé (J. Gallerand, LCST, p. 526). « Déchristianisateurs acharnés », selon l'historien pré-cité, les deux fonctionnaires pouvaient se montrer en même temps, face à la résurgence du mouvement royaliste, de 1797, de farouches républicains. Si cette identification se révèle exacte, on pourrait en déduire que Monrocq, dont on connaît les sentiments très républicains, cherche à postuler, ne serait-ce que pour des raisons économiques, un emploi équivalent à celui des deux agents dans l'administration. À cette époque, toutefois, il est déjà commissaire du pouvoir exécutif à Mer. Désirerait-il une nouvelle promotion ? En tout cas, cette alliance objective n'était pas propre à lui attirer les faveurs du clan aristocratique. / Ces allusions brèves évoqueraient-elles des localités précises ? Il existe en effet une commune dans le Loir-et-Cher appelée Mont[Chambord] et deux autres auxquelles pourrait bien renvoyer l'orthographe défectueuse du texte : Roches ou Rocé. Nous manquons d'éléments pour discerner la nature précise des problèmes qui leur sont liés.

98 Une enquête menée sur le plan local pourrait peut-être identifier ces documents et ces signatures, s'ils existent encore.

Un arrêté du Directoire exécutif relatif à la rigoureuse observance du Calendrier républicain pour les actes civils, les foires, marchés, danses publiques etc… fait bondir de joie tous nos aristocrates, ils ne peuvent en contenir leur féroce jubilation. L'un d'eux, Julien, Directeur de la poste aux lettres, attaqua plus de 200 patriotes à la porte de l'église, le lundi de Pâques ; leur annonça que leur culte allait être proscrit sous quinze jours et leur dit formellement *qu'il viendrait un temps où ils se souviendraient d'avoir été du parti brigand.* Le prophète contre-révolutionnaire allait être mis en pièces, si deux hommes prudents ne l'eussent arraché du groupe et renfermé dans sa maison. D'après l'extension que les Chouans donnent à l'arrêté du Directoire, le peuple se croit reporté aux plus brillantes époques du règne de Robespierre et se livre aux plus cruelles alarmes.

Je gagerais 100.000 contre 0 que grand nombre d'administrations vont abuser de cet arrêté pour persécuter. J'aurais désiré dans cet arrêté un « *sans préjudice de la liberté des cultes* ». Que ces mots auraient été rassurants pour le peuple dont la propriété la plus chère et la plus sacrée dépend du caprice des autorités secondaires ! Ô gouvernement ! Veux-tu donc sérieusement la République[99] ?

Le c[itoy]en Lionnet rappelle son affaire à votre bienveillance. Sa pétition est au bureau de la gendarmerie.

Le c[itoy]en Delarche et son épouse vous disent mille choses les plus honnêtes. Je vais mettre cette lettre à la poste de S[t] Dyé, où je vais prêcher la fête patronale.

Je vous remercie, cher et vénérable prélat, de toutes les démarches que vous avez bien voulu faire pour moi. Ma reconnaissance n'aura pas plus de bornes que l'attachement et la tendresse que vous m'avez inspirés.

M.C.J. Monrocq.

---

99 Cette diatribe décrit assez précisément le caractère délicat de la situation des prêtres constitutionnels, obligés, d'une part, de justifier le calendrier révolutionnaire, incluant le jour férié du décadi et, d'autre part, de faire respecter le dimanche, devenu, selon la loi civile, jour ordinaire non chômé. Certes, la messe dominicale restait, en principe, permise, mais cette réforme passait mal auprès des populations attachées au dimanche. D'où le succès, sur ce point, de la propagande royaliste.

GR 4739 ms

Chenu Ange, Gabriel Blois, 5 Floréal, l'an 6 de la République [24 avril 1798]

Cher et respectable prélat,

Les services innombrables que vous avez rendus à une infinité de citoyens de notre département m'engagent à vous prier de vous intéresser pour le citoyen Bernier, créancier de la République, comme vous pouvez le voir par la pièce ci-incluse[100]. C'est un parfait honnête homme que les malheureuses circonstances que nous avons traversées ont réduit à la plus affreuse détresse, suivant le témoignage qui m'en a été rendu par de respectables personnes de ma paroisse. Veuillez bien, mon cher et digne évêque, présenter vous-même ce certificat au ministre qui, d'après votre recommandation, ne manquera sûrement pas d'y faire droit. Pressez, sollicitez, je vous en conjure, c'est la justice et l'humanité que vous servirez et, par ce moyen, vous procurerez à un malheureux un allègement au milieu de la plus cruelle infortune dont la connaissance ne pourrait que froisser votre âme belle et sensible, qui ne goûte de vraies jouissances que lorsqu'elle peut obliger.

La quinzaine a été consolante pour moi. Tous les jours mon troupeau augmente. Pourvu que la liberté des cultes ne soit point illusoire, je n'ai que des consolations à espérer dans ma paroisse. J'aime à croire que le gouvernement dans sa sagesse opposera une barrière impénétrable aux projets liberticides d'une poignée de factieux qui ne veulent la liberté que pour eux et l'esclavage pour tous ceux qui ne partagent pas leur opinion monstrueuse[101]. Avec le temps, la justice recouvrera ses droits et l'on cessera de faire un crime de ce qui a le plus servi à l'établissement et au maintien du gouvernement républicain. Oserai-je me flatter d'une prompte réponse de votre part, tant pour ma propre satisfaction que pour la tranquillité du brave citoyen pour lequel je vous écris ? J'aimerais à lire, dans votre réponse que j'attends avec impatience, que

100 Personnalité non identifiée.

101 Allusion probable aux tenants de l'Ancien Régime, encore nombreux et qui défendent farouchement les privilèges « de classe ». L'adhésion à la République impliquait, entre autres, l'égalité officielle de tous devant la loi.

bientôt nous aurons le bonheur de vous voir dans votre diocèse, où vous êtes ardemment désiré. Il me serait bien doux de vous serrer entre mes bras et de vous assurer de nouveau que je suis pour la vie avec le plus tendre attachement,

Votre tout dévoué,

Chenu, pr[ê]tre Curé de St Nicolas.

Le citoyen pour lequel je vous écris vous est recommandé par l'estimable famille Gendrier, qui vous prie de recevoir l'assurance de son respect et qui vous aura une entière reconnaissance des démarches que vous voudrez bien faire à ce sujet[102].

GR 4740 ms

Chenu Ange, Gabriel

Blois, 10 Floréal l'an 6 de la République [29 avril 1798]

Cher et digne évêque

La semaine dernière, j'ai jeté sur le papier quelques réflexions incohérentes et sans suite que j'ai débitées le jour de la Pentecôte dans [*sic*] un auditoire assez nombreux. Des personnes qui me sont attachées m'ont prévenu que, parmi ceux qui m'ont entendu, il en est qui ont prétendu que j'ai passé les limites tracées par la Constitution. Je vous les fais passer, persuadé que vous me direz ce que vous en pensez, non que je craigne certains êtres qui ont cru se reconnaître dans le tableau que j'ai fait ; jamais leurs vociférations délirantes ne me feront rétrograder dans mes principes religieux et politiques.

– ° –

« *Emitte Spiritum tuum et creabuntur, et renovabis faciem terrae* ».

---

102 Vit à Blois, à cette époque, un certain Charles, Jacques Gendrier, ingénieur du département du Loir-et-Cher en 1791 et dont le mariage avec Marie-Cécile Guérin fut béni par Claude Dupont lui-même, le 10 juillet 1792. Il était le fils de Charles-Jean Mathieu Gendrier, architecte de la ville de Blois et de Rose-Élisabeth Tournion (Renseignements aimablement communiqués par M. Bruno Guignard, bibliothécaire-paléographe de la ville de Blois).

« Seigneur vous enverrez votre esprit et ils seront créés et vous renouvellerez la face de la terre. » Ps. 103-V-10[103].

Vos promesses sont infaillibles, Dieu tout-puissant, vos arrêts sont irrévocables : douze hommes, autrefois si chancelants et si timides à la vue du moindre danger, aujourd'hui revêtus de cette force miraculeuse contre laquelle viendront se briser tous les efforts humains, vont prêcher et établir une doctrine étrangère aux passions, rebutante à la nature, n'offrant que des larmes, des croix et des privations. L'univers entier est le vaste champ où ils vont exercer leur zèle et assurer la conquête de leur divin Maître sur les débris de l'idolâtrie. Ils font entendre leur voix avec cette onction touchante, avec cette énergie persuasive, qui ne peut éprouver aucune résistance, et déjà la Synagogue chancelle et s'ébranle pour tomber bientôt aux pieds de l'Église de Jésus-Christ. En deux prédications de St Pierre, huit mille Juifs se convertissent et pleurant leur déicide sont lavés dans le sang qu'ils avaient répandu. D'autre part, à la voix de ces hommes évangéliques, la superbe Jéricho tombe, leurs temples sont sans autels, leurs autels sans victimes, les victimes sans sacrificateurs, le paganisme sans dieux : un nouveau monde sort enfin du sein des ténèbres, pour être éclairé par la seule et véritable lumière et ce nouveau monde est un monde chrétien, c'est-à-dire un monde composé d'hommes qui savent tout sacrifier pour les intérêts du Ciel, qui s'attirent des prosélytes par la régularité de leurs secours, par leur dévouement à obliger les malheureux, par cette union, par cette douceur incomparable qui leur gagne l'estime et l'admiration de leurs plus acharnés ennemis, qui expirent au milieu des supplices plutôt que de jeter des semences de division et de révolte et de causer la plus légère mortification à quiconque les abreuverait de calomnies, d'ignominies et d'outrages. Voilà la religion qu'ont prêchée et fondée ces apôtres qui, soutenus par un bras invisible, ont convaincu les plus grands génies par la force de leurs raisonnements, ont bravé les menaces des tyrans et ne se sont ouvert un chemin à la Céleste Patrie que par les tourments les plus affreux et les morts les plus sanglantes[104].

---

103 C'est donc le texte même de son homélie que Chenu soumet au discernement de Grégoire. Comme on l'observe chez les prédicateurs de l'époque classique (notamment Bossuet), il était d'usage de commencer le propos par une citation biblique en latin.

104 Ce long exorde vise, bien entendu, les débuts de la prédication apostolique par les douze apôtres. Faibles numériquement, démunis financièrement, ils furent les pionniers d'une évangélisation qui devait se propager sur la terre entière. Le parallélisme avec la situation

Tels sont les prédicateurs que nos philosophes modernes traitent si gratuitement de fanatiques, de superstitieux, d'intolérants et de barbares... Les disciples de Jésus-Christ fanatiques et superstitieux ! Quelle inculpation ! Comme elle est dénuée de fondement ! Quoi ! On sera fanatique et superstitieux parce qu'on prêche la morale la plus épurée et que, pour la faire observer, on n'emploie d'autres moyens que ceux que permettent la douceur, la vérité et les persuasions. On fera ces reproches à la religion chrétienne parce qu'elle a aboli les sacrifices humains, parce qu'elle a rappelé à l'adoration du vrai Dieu [des] aveugles mortels qui se prosternaient devant les ouvrages de leurs mains. Avant le moment heureux où son divin flambeau eût éclairé l'univers enfoncé dans les plus épaisses ténèbres, que d'horreurs ont désolé et ensanglanté la terre ! Combien de peuples plongés dans une ignorance ancienne vivaient sans culte, sans temple, sans autel et par conséquent sans Dieu. Dans ce monde, comme parle St Paul, l'insecte dans la fange, le prince sur le trône avaient également des adorateurs. La terre était inondée d'un déluge d'iniquités. L'amour impur avait partout des temples, l'amour conjugal n'en avait aucun : les autels n'étaient que pour les vices. Pour s'enhardir au crime, on en était venu jusqu'à encenser des dieux criminels. Dans ces jours de péché, tout était vertu, excepté la vertu même. À la vue de ces désordres, les apôtres ressentent ces frémissements de zèle qu'éprouvait S. Paul parmi les Athéniens : ils parlent, ils tournent, ils foudroient, ils bouleversent tous les idéaux, ils annoncent de nouvelles richesses et une nouvelle pauvreté, un royaume à venir et des habitants qu'on ne connaissait pas, une vie nouvelle et une nouvelle mort ; ils prêchent l'humilité dans les grandeurs, la pénitence dans les plaisirs, le dénuement de toutes choses dans l'assistance de tous les biens... Fasse le Ciel que ce fanatisme et cette superstition se perpétuent et se cimentent de plus en plus et ce monde sera l'asile des jouissances les plus pures qui assureront à chacun la couronne de l'immortalité[105].

On accuse les apôtres et leurs vrais successeurs d'intolérance et de barbarie. Quelle fausseté ! Quel aveuglement ! La religion qu'ils viennent prêcher est inconnue à l'univers entier. S'ils eussent été intolérants, auraient-ils

des constitutionnels parle de lui-même. Le message d'unité et de paix reste, aux yeux du prédicateur, la seule arme dont ils puissent disposer et le seul rempart contre la double persécution subie : celle des tenants de l'Ancien Régime et celle de certains fonctionnaires publics.

105 Le discours apologétique vise, ici, à renverser les préjugés anti-chrétiens en cours dans certains milieux jacobins radicaux : l'obscurantisme et la superstition. C'est une thématique récurrente, que l'on retrouve chez les constitutionnels et Grégoire en particulier.

pu gagner des disciples à leur divin Maître, puisque l'intolérantisme est le sentiment de ceux qui ne veulent souffrir d'autre religion que la leur. En vérité ne faut-il pas être dépourvu de bon sens pour jeter un tel odieux sur une doctrine qui veut qu'on sauve les âmes sans tuer les corps et qui défend la moindre insulte envers celui qui ne l'a pas encore embrassée. Son divin Fondateur n'a-t-il pas dit : « Je suis envoyé pour les brebis perdues de la maison d'Israël, pour éclairer et sauver tous les peuples et pour les ranger sous les étendards du vrai Dieu ». Or, mes frères, l'intolérance sacrifie indistinctement quiconque ne partage pas son opinion. Mais les apôtres, loin de sacrifier ceux qui gémissent dans les ténèbres de l'ignorance leur prêchent la vérité avec cet esprit de douceur qui les soutenait et les fortifiait dans une entreprise qui aurait bientôt été renversée si elle n'avait été dirigée que par la main et la puissance des hommes. Ils ne paraissent point à la tête des armées pour faire des conquêtes à leur divin Maître. On ne les voit point le fer à la main intimider les peuples, troubler le repos des voisins, diviser les familles, divorcer les ménages, dresser des pièges aux puissances de la terre[106]. Non, mes frères, ce n'est point en donnant la mort à ceux qui refusent la nouvelle religion, qu'ils la persuadent aux Juifs et aux Gentils. Mais c'est en mourant eux-mêmes pour sa défense qu'ils en font voir la vérité aux plus aveugles ; ce n'est point en commettant des injustices qu'ils s'attirent des prosélytes, mais en souffrant eux-mêmes la perte de leurs biens et de leur honneur. Ils vont, selon que le Sauveur leur avait prédit, comme des agneaux au milieu des loups : et ces hommes sans forces, sans armes, sans crédit font plus de conquêtes à J[ésus]-C[hrist], que n'en feraient, à la tête de leurs armées, les plus puissants conquérants, et cependant leurs mains innocentes ne versent pas une seule goutte de sang étranger pour soutenir leurs autels ébranlés. Ils ne s'arment que pour s'arracher des mains de leurs persécuteurs qui leur font endurer les plus cruels supplices ; au contraire ils forment les vœux les plus ardents, ils élèvent des mains suppliantes vers le Ciel pour la conversion de leurs bourreaux dont ils ne se vengent que par un sincère et généreux pardon... À la vérité, parmi ceux qui ont professé la religion chrétienne,

---

106 La convergence se révèle manifeste entre ce discours et la position officiellement défendue par Grégoire en moult circonstances, notamment la fameuse distinction opérée par lui entre l'intolérance religieuse et la tolérance civile. (Voir à ce sujet Jean Dubray, *La pensée de l'abbé Grégoire. Despotisme et liberté*, p. 136-137).

il s'en est trouvé et il s'en trouve encore, c'est un aveu qu'il faut faire, il s'en est trouvé, dis-je, qui ont déshonoré le beau nom dont ils étaient revêtus, et qui n'ont pas rougi, au nom d'un Dieu de paix et de charité de se couvrir de déshonneur et d'infamie, de se rendre coupables des plus noirs attentats, mais la religion les condamne et les abhorre, elle les voue à l'exécration ; elle lance sur eux les plus terribles anathèmes[107].

Mais, mes frères, si des êtres qui sont entrés dans la famille chrétienne ont abusé de ce qu'il y a de plus saint et de plus respectable pour assouvir leurs passions fougueuses, pour désoler et ensanglanter la terre, faut-il pour cela détruire la religion qui ne les reconnaît plus pour ses enfants ? Non, s'il en était ainsi, s'il fallait détruire une chose par l'abus qu'on en a fait, je dirais à ceux qui travaillent à l'extinction du christianisme en France : pendant deux années, des hommes de sang, au nom de la République qu'ils outrageaient, ont couvert notre infortunée patrie de deuil, de carnages, de massacres et d'ossements, faut-il détruire le gouvernement établi, parce que des scélérats forcenés vendus à tous les crimes ont commis en son nom les forfaits les plus inouïs ? Non sans doute ; nous ne serons pas assez injustes que de reprocher à la République des horreurs qu'elle a en exécration. Eh chrétiens ! Ce qui surprend et ce qui révolte davantage, c'est que ceux qui aujourd'hui crient et s'élèvent avec le plus d'acharnement contre le catholicisme qui condamne leurs excès honteux, se sont rendus coupables, en dix-huit mois, de tant d'atrocités qu'elles surpassent peut-être de beaucoup le nombre de celles dont la religion n'a été que le prétexte depuis quinze cents ans. Si dans notre patrie ou dans les gouvernements qui l'avoisinent il se fait une insurrection et que quelques prêtres, oubliant la grandeur et la dignité de leur ministère, abandonnent lâchement l'autel pour s'immiscer dans les affaires du siècle et, au nom de Dieu, exciter à la révolte des gens trop faibles, trop crédules et trop ignorants, à l'instant, les impies font entendre leurs plaintes, ils vocifèrent contre la religion qui

---

107 Là encore, la référence, quoique implicite, à tous les actes d'oppression commis par l'Église, au cours de son histoire, rejoint les développements de Grégoire sur le même sujet. Ce dernier n'hésitera pas, par exemple, à flétrir, a posteriori, l'odieux massacre de la Saint-Barthélémy, commis deux siècles plus tôt et dont le souvenir restait brûlant dans la conscience collective, ravivé en outre constamment par la phraséologie révolutionnaire. De même, prétend-il, qu'on ne peut confondre la philosophie avec ses abus, on ne doit assimiler le christianisme à ses errements. (Voir *La pensée de l'abbé Grégoire. Despotisme et liberté*, *op. cit.*, p. 137).

condamne jusqu'au désir, jusqu'à la pensée du crime méchant et insensé qu'ils font ! Rejeter sur la religion des actions qui la plongent dans la désolation et les gémissements et qui font l'ouvrage de l'hypocrisie et de l'intrigue serait la même chose que d'attribuer à la République les horreurs que commettent en son nom certaines autorités subalternes. Porter un jugement de cette nature serait le renversement du bon sens et le comble de l'ignorance la plus crasse.

Ainsi donc, mes frères, d'après cet exposé marqué au coin de la plus exacte vérité, les reproches que l'on fait à la religion chrétienne n'ont aucun fondement. Reste donc à conclure qu'elle n'est propre qu'à consolider le bonheur des peuples et qu'il n'y a que des hommes criminels et honteusement passionnés qui puissent se révolter contre la morale qu'un Rousseau lui-même, dont les maximes sont si bien suivies aujourd'hui, a préconisée, dans ses écrits, dont chaque page offre, pour ainsi dire, des contradictions révoltantes[108].

Pour nous tous, chrétiens, qui sentons tout le prix d'appartenir à Dieu dans le sein et la pratique d'une religion qui est son ouvrage, travaillons à nous rendre dignes de recevoir cet esprit sanctificateur qui soutenait les apôtres dans la prédication de l'Évangile, cet Esprit-Saint à qui seul appartient d'opérer les prodiges les plus surprenants, de dissiper les nuages, de détruire les erreurs, d'ouvrir la bouche des muets, de délier la langue des enfants, de tirer la lumière du sein des ténèbres. Appuyés de son secours et éclairés par son flambeau, nous prouverons aux incrédules que les vrais disciples de J-C sont les ennemis déclarés des haines, des vengeances, des dissensions, des révoltes, des injustices, de l'effusion du sang, en un mot de tous les crimes qui affligent la société. Puisse cet esprit qui nous donne part à l'adoption des enfants de Dieu, qui prie en nous par d'ineffables gémissements, qui répand, avec ses divines mains, la charité dans nos âmes, nous recueillir tous dans le sein de sa gloire !

Recevez, cher évêque, l'expression du plus tendre attachement.

Chenu, prêtre, curé de St Nicolas.

---

108 Là encore, l'auteur recoupe les observations de Grégoire à propos de Rousseau. Quoiqu'il admire le philosophe genevois qu'il a beaucoup lu, l'évêque de Blois n'hésite pas à le critiquer à plusieurs reprises, notamment à propos de sa conception du christianisme comme étant une religion nécessairement intolérante. (Voir *La pensée de l'abbé Grégoire. Despotisme et liberté*, *op. cit.*, p. 155).

GR 2096 ms

Grégoire Henri

Conseil des Cinq-Cents
Paris, 22 Floréal, an 6
[11 mai 1798]

Au citoyen Boucher,
vicaire épiscopal, près la
cathédrale, à Blois

Cher coopérateur,

Comme nous approchons de Prairial, à la fin de ma carrière politique, la besogne s'est tellement accumulée que j'en suis écrasé[109]. Je suis arriéré sur beaucoup de réponses à nos estimables Dupont, Chenu, Pioche… etc… Je dois aussi beaucoup de réponses aux citoyens Chevalier, Desfray, Lecomte… etc… Veuillez bien dire partout que je répondrai le plus tôt possible.

J'envoie ci-joint, signé de ma main, l'acte de confirmation de l'archiprêtre de Montoire[110] ; j'y joins la lettre de son élection : conservez soigneusement dans les archives du diocèse ces deux pièces.

---

109 Cet aveu marque un tournant important dans la vie de Grégoire. Quelques jours avant cette date, il avait présenté à la tribune du Conseil des Cinq-Cents, son deuxième *Rapport sur le Conservatoire des Arts et Métiers* et demandé pour la réalisation de ce projet l'affectation des bâtiments de l'ancienne abbaye Saint-Martin-des-Champs. C'est un dessein qui lui tenait vraiment à cœur. Il terminait son intervention en évoquant la fin de sa carrière politique : « Citoyens législateurs, en finissant ce rapport, si vous permettez à un homme qui arrive au terme de sa carrière politique de vous parler un instant de lui-même, à un homme qui a, sans relâche, combattu les oppresseurs et défendu les opprimés, à un homme qui, invariable dans ses principes et sa conduite, n'éleva jamais la voix qu'en faveur de la vertu, de la liberté, de la *tolérance* et des arts, je vous dirais qu'après avoir, dans l'espace de neuf ans, occupé huit ans le siège législatif, en le quittant je conserverai un tendre attachement pour des collègues avec lesquels j'ai concouru à fonder la République. L'harmonie entre les deux Conseils et le Directoire exécutif, l'union entre les citoyens, l'attachement à la Constitution de l'an III, la soumission aux lois, l'amour de la patrie, le désir de coopérer à son bonheur, tels sont les sentiments qui m'animeront toujours, et si j'osais interpréter ceux *de nos autres collègues qui, comme moi, rentrent dans la classe de simples citoyens*, je n'exprimerais que faiblement ce que tous sentent avec énergie ». (*Rapport sur le Conservatoire des Arts et Métiers*, 17 Floréal an VI [6 mai 1798] dans *L'abbé Grégoire, évêque des Lumières* de F.P. Bowman, p. 173-174). Les scrutins en vue d'assurer le renouvellement du tiers restant du Conseil des Cinq-Cents se sont déroulés du 9 au 18 avril 1798. Visiblement, Grégoire n'en connaît pas le résultat. Nous en reparlerons.

110 Tabareau Jean. Voir tome II, p. 34, n. 25.

Le cit[oyen] Rebour a fait remettre de ma part au cit[oyen] Daridan les saintes huiles pour mon diocèse ; c'est lui qui a fait les déboursés.

Sans doute vous aurez demandé au cit[oyen] Rebour des exemplaires de la collection des décrets du Concile pour faciliter la diffusion dans le diocèse. Vous savez qu'une des déterminations du Concile est l'obligation de faire le *prône* en français. Sans doute, le Conseil a pris des mesures pour répandre dans tout le diocèse la formule du prône traduite[111].

Certes, mon estimable coopérateur, je voudrais bien être à portée d'appeler à la table sainte les enfants que vous avez préparés à cette action sainte ; ne le pouvant pas, j'espère qu'un jour j'aurai l'avantage de les admettre à la Confirmation. Uni d'esprit et de cœur à mes vénérables coopérateurs, à mes diocésains, je les porte dans mon cœur, je les aime.

Écrivez, je vous en prie, à Vouzon ; je vous ai dit que j'avais reçu de ses nouvelles. Votre correspondance embrasse, sans doute, l'étendue entière du diocèse.

Salut cordial à tous les membres du Conseil. Vous savez, estimable coopérateur, combien je les aime, ainsi que vous.

+ H. Grégoire, Év[êque] de Blois.

Recommandez aux pasteurs de parler sans cesse de la soumission aux lois, de l'attachement à la République. La religion le veut, le commande et cet objet doit être une partie de leurs instructions religieuses[112].

---

111 Le prône est communément défini comme une « instruction chrétienne donnée aux fidèles par le curé pendant la messe paroissiale du dimanche ». Il se place généralement après la proclamation de l'Évangile et peut comprendre une homélie, des recommandations et exhortations auxquelles s'ajoutent les annonces de la semaine et les prières pour les défunts.

112 En dépit des obstacles rencontrés et face à la mauvaise volonté de certaines administrations, Grégoire reste, on le voit, très attaché au régime républicain et ne cesse de le défendre.

GR 2095 ms

Grégoire Henri

Paris, 1er Prairial an 6
[20 mai 1798]

Le Conseil épiscopal
Au citoyen Boucher, vicaire
épiscopal, près la cathédrale
à Blois – Loir-et-Cher

Chers et estimables coopérateurs,

Vous trouverez ci-incluse une réponse du ministre de la Guerre que je vous prie de remettre ou à l'administration centrale ou au cit[oyen] Chevalier. C'est lui, je crois, qui m'avait envoyé les pièces relatives à cette affaire. Je suis en retard de lui répondre, car la besogne m'accable.

Ma lettre vous sera remise par une femme de Montrichard qui en porte une, en réponse à son curé le cit[oyen] Burget. Privé des ressources que lui fournissait la place de secrétaire de l'administration, il se propose de quitter la paroisse après avoir fait faire la 1re communion. Vous concevez que je le dissuade, autant qu'il est en moi, de ce projet ; et cependant s'il était dans l'impossibilité d'y rester, je l'engage alors à s'adresser au conseil pour être placé ailleurs[113].

Je vous ai envoyé la confirmation de l'archiprêtre de Montoire et, à cette occasion, je vous observerai qu'au terme des décrets du Concile, « chaque archiprêtre doit avoir un *substitut* pareillement élu et confirmé pour le remplacer en cas d'absence, infirmité ou autres empêchements… » (Voir la collection des décrets p. 223 et 224). Or, je ne vois pas que vous m'ayez envoyé une seule nomination de *substituts* des archiprêtres, parce qu'apparemment on ne les aura pas faites[114].

Je vous ai adressé précédemment des exemplaires des canons et décrets pour le cit[oyen] Suzor, évêque de Tours et le citoyen Gauthry, son co-député au Concile. Je vous demandais en outre de me donner de leurs nouvelles.

---

113 Le fait d'exercer une profession civile ou un emploi administratif était, pour certains prêtres, une question de survie. Privés le plus souvent du versement de la pension accordée en 1791, ils restaient alors dépendants de la charité de leurs paroissiens, souvent aussi démunis qu'eux.

114 Si l'on se reporte à la liste nominative établie par Boucher et communiquée par le Conseil épiscopal à Grégoire (tome II, p. 218), on s'aperçoit que le reproche n'est que partiellement fondé. Plusieurs procès-verbaux mentionnent bien l'élection et le nom du vice-archiprêtre.

Je vous ai parlé précédemment de la mise à exécution des règlements du Concile ; vous ne m'avez pas répondu sur ces divers articles, je vous y invite de nouveau.

Vous connaissez mon tendre attendrissement pour vous tous, chers coopérateurs, je vous en renouvelle l'expression et je vous embrasse.

+ H. Grégoire, Év[êque] de Blois.

GR 4741 ms
(56349)

Boucher François

Blois, 14 Prairial l'an
6 de la République
[2 juin 1798]

Au citoyen citoyen
Grégoire, évêque de Blois,
Rue Saint Guillaume – n° 1148
à Paris

Respectable et très cher prélat,

Le présent porteur est un de vos diocésains à qui déjà vous avez rendu de très grands services pour une affaire majeure qu'il désire pouvoir terminer avec le ministre des Finances ; toutes ses pétitions sont en bonne forme et revêtues de l'attache de nos autorités constituées ; il se propose de vous les présenter et de se flatter que vous voudrez bien les appuyer de tout votre crédit pour consommer la bonne œuvre que vous avez déjà bien ébauchée en sa faveur. Ce sont de malheureux ouvriers qui ont avancé tout leur avoir pour les grandes routes et qui ne demandent plus pour tout paiement que leurs matériaux, unique ressource qui leur reste.

Aujourd'hui, on vient de nous demander un pasteur en lieu et place de Pinardeau que nous n'avions placé à Sambin que sur les bons témoignages que nous en avaient rendus les habitants de cette commune ; malheureusement sa conversion n'a pas été de longue durée, les citoyens ont été forcés d'en faire justice et nous demandent avec instance un prêtre vertueux qui puisse réparer ses torts[115]. S'il vous était possible de nous en

115 Nous avons signalé, à plusieurs reprises, les problèmes de sobriété éprouvés par ce jeune prêtre, ordonné par Grégoire et qui transparaissent dans plusieurs de ses lettres (voir

procurer un tel qu'ils le désirent, vous les obligeriez tous infiniment. Vous ne manqueriez pas de prêtres sans aveu, sans lettres commendatices, mais nous sentons toute l'importance de nous en tenir là-dessus à la décision des Lettres encycliques et il vaut mieux que les paroisses restent veuves que d'y envoyer des loups qui achèveraient de dévorer tout le troupeau. Nous avons lu et relu avec grand plaisir les deux Lettres des évêques réunis à Paris : l'une touchant les archiprêtrés et l'autre sur la translation du dimanche au décadi ; j'y ai reconnu votre style et je regarde la dernière surtout comme votre unique ouvrage ; il est important qu'il soit disséminé dans tout votre diocèse ; je vous prie, en conséquence, de m'en faire adresser une centaine d'exemplaires dont je tiendrai compte au citoyen Rebour ; le présent porteur s'en chargera bien volontiers[116]. Tout Blois vous nomme président de notre département. Si cette place était proportionnée à votre mérite, je vous en ferais mes sincères compliments, mais vos rares talents, si précieux à la religion et à la patrie, méritent beaucoup davantage[117].

Ce que je souhaite par-dessus tout est la conservation de votre santé, qui me sera toujours infiniment précieuse. Je vous prie d'en être très persuadé et de me croire, pour la vie, avec la plus parfaite estime et le plus profond respect,

Votre affectionné Boucher, vic. épisc.

Oserais-je vous prier de faire agréer de ma part mille choses honnêtes à Mr et Mme Dubois ?

---

t. II, p. 236 et 237).

116 Nous en rappelons ici les titres : *Instruction sur les fonctions des archiprêtres envoyés par les évêques réunis à leurs véritables coopérateurs dans le saint ministère* (A.R., t. VII, p. 49-61, mai 1798) et *Réflexions nouvelles sur la translation du dimanche au décadi par les évêques réunis à Paris* (A.R., t. VII, p. 65-76, mai 1798).

117 Ce passage est révélateur des inquiétudes qui agitent le groupe fidèle des amis de Grégoire et peut-être de ses propres incertitudes. À cette date en effet, notre auteur a terminé son mandat de député aux Cinq-Cents comme faisant partie du tiers restant. Le renouvellement de l'assemblée interviendra du 9 au 18 avril 1799, et nous savons qu'à la grande surprise de tous et de l'intéressé lui-même, Grégoire ne sera pas reconduit par les électeurs du Loir-et-Cher. Boucher, ainsi que plusieurs de ses confrères et amis, anticipant sur l'événement, se met alors à espérer le retour de l'évêque à Blois et le voit déjà titulaire d'un poste administratif important. Le département est en effet gouverné par un conseil composé de 36 membres et, dans l'intervalle des sessions, un directoire de 8 membres assure la continuité du pouvoir. La présidence de ce Directoire conviendrait parfaitement à Grégoire, selon les vœux de Boucher et lui permettrait de résider à nouveau à Blois.

GR 2097 ms

Grégoire Henri

Paris, 22 Prairial, an 6
[10 juin 1798]

Au citoyen Boucher, vicaire
épiscopal pour la
cathédrale à Blois
Loir-et-Cher

Cher coopérateur,

Le cit[oyen] Rebour va faire un tirage à part de la circulaire sur les archiprêtres et de celle concernant les décadis ; on les demande de toutes parts. Il vous expédiera 25 de la première et cent de la seconde.

Je reçois de Tours une lettre qui me demande pour le cit[oyen] Évêque les décrets du Concile, car il va tenir son synode[118]. Je suis inquiet des exemplaires que lui a envoyés le cit[oyen] Dupont ; il faut donc qu'ils aient été égarés ou qu'ils ne soient pas encore arrivés.

Quoi qu'il soit long d'attendre mes livres par eau, il vaut encore mieux attendre le moment favorable, car, par terre, cela serait trop cher.

J'ai écrit au ministre des finances pour qu'il accélère la décision concernant la citoyenne Duprat que je salue affectueusement ainsi que toutes vos dames.

Faites en sorte, je vous prie, que dans chaque archiprêtré [ou archiprêtre] il y ait le substitut pour l'aider dans ses fonctions. La circulaire sur cet objet fera du bien, je l'espère. Surtout j'ai bien à cœur des missions dans les paroisses abandonnées et il y en a malheureusement beaucoup[119].

Je vous ai envoyé la confirmation du cit[oyen] Tabareau. L'avez-vous reçue ? Je désire qu'il entre au plus tôt en fonctions.

Vous ne me dites pas si vous avez envoyé des institutions de curé au citoyen Biet, de Romorantin et à ses voisins,

118 Suzor Pierre (1733-1801), déjà rencontré est évêque de Tours. Voir à son sujet tome 1, p. 142, n. 73.

119 Comme nous l'avons signalé, cette formalité n'a été que partiellement observée. D'où l'insistance de Grégoire. La phrase elle-même, quelle que soit la manière dont on la lise, reste incorrecte grammaticalement.

Si, partout, les prières du prône se font en français,
Si vous avez écrit à Vouzon… etc…

Je ne vous promets pas de trouver un ecclésiastique pour remplacer Pinardeau; « *qui a bu boira* » dit le proverbe, en voilà bien la preuve[120]. Quoi qu'il en soit, je ferai des recherches; plusieurs fois l'occasion s'est présentée mais, précisément, alors, je n'en avais pas besoin.

Vous ne me dites rien des citoyens Vallon[121]. Je vous embrasse tous de tout mon cœur et avec la plus tendre affection.

+ H. Grégoire, Év[êque] de Blois.

Dites bien à qui veut l'entendre que je ne serai pas et que je ne veux pas être président de l'administration. D'ailleurs, cette place est en bonnes mains.

L'estimable prieur de Beauchêne[122] a-t-il accepté la cure de Couture ?

GR 4743 ms

Boucher François

Blois, 14 Messidor l'an 6 de
la République
[2 juillet 1798]

Respectable citoyen et législateur,

Je profite avec grand plaisir de l'occasion d'un citoyen Toutan, neveu du citoyen Massion, curé d'Ouchamps, pour vous renouveler mon respectueux et inviolable attachement[123]; le vif intérêt que je prends à votre santé me détermine encore à vous prier de nous en donner des nouvelles; dans mes lettres précédentes, je vous ai donné différents détails sur l'état actuel de notre diocèse. Depuis cette époque, rien de nouveau, sinon que nous venons de donner l'institution canonique au citoyen Vaillant, prêtre de notre diocèse pour la desserte de Bracieux,

120 Concernant Pinardeau Henri, voir le tome II, p. 173, n.35.

121 Les archives de Port-Royal contiennent très peu de lettres émanant des frères Vallon, figures éminentes du diocèse.

122 Pierre, Théodore Legrand.

123 Massion Jacques, voir à son sujet le tome I, p. 104, n. 15.

dont la paroisse avait été abandonnée par la lâche rétractation du citoyen Pillerault[124].

Voici une lettre du citoyen Gendrier fils, dont toute la famille vous est entièrement dévouée. Son mérite personnel, ses talents dans sa partie, et l'excellent témoignage qu'en a rendu notre administration, tout parle en sa faveur. C'est d'après toutes ces notes que j'ose vous prier de vous intéresser pour lui ; il sait que sa cause ne peut être en meilleures mains ; c'est dans cette confiance qu'il ose vous en charger. Daignez là-dessus, je vous en supplie, me donner un mot de réponse et me croire avec les sentiments de la plus parfaite considération.

Votre affectionné BOUCHER, vic[aire] épis[copal].

GR 4742 ms
(56350)

Dupont Claude
Au citoyen Grégoire,
Év[êque] législateur
Rue St Guillaume n° 1142
à Paris

Blois, ce 15 Messidor an 6
[3 juillet 1798]

Citoyen Évêque,

J'ai reçu avec le plus grand étonnement, le 13 à 9 h. du soir une lettre du citoyen Durand, commissaire du Directoire exécutif, à laquelle était jointe une ampliation du Directoire qui me rappelait au Département[125].

---

124 Pillerault Michel était effectivement curé assermenté de Bracieux en 1791. Il aurait rétracté son serment le 16 mai 1796. Il redevient curé de cette paroisse après le Concordat (Gal. 18, p. 5). Jusqu'à la date indiquée par cette lettre, Vaillant Étienne, Barthélémy desservait la Chapelle-Montmartin, où il exerça, durant l'an II, les fonctions d'officier public.

125 Claude Dupont, premier vicaire épiscopal, assure également les fonctions d'adjoint au maire de Blois. Ce cumul avait suscité une polémique dont nous avons fait état plus haut (p. 28). Toutefois, ce texte présente un caractère quelque peu énigmatique. Dans sa lettre de protestation à *La Chronique du Mans* Dupont signait en qualité d'administrateur du département. Or, l'invitation qui lui est faite ici semblerait indiquer qu'il a quitté la fonction, puisqu'on l'y « rappelle ». Avait-il démissionné juste après la polémique ? Nous confions la résolution de cette énigme à la sagacité des chercheurs.

Les citoyens Camereau, Desfray, Chenu et Jamin, auxquels j'étais accolé et qui, ainsi que moi, veulent sincèrement l'affermissement de la République, composent l'administration régénérée[126]. L'inventaire des livres de la bibliothèque ne pouvant être confectionné de longtemps, j'ai pensé que je pouvais sacrifier à la chose publique le reste de mes forces et remplir encore les vues de l'administration municipale en parachevant cet inventaire, proposant de le faire gratis ; dans le cas où cette proposition ne serait pas accueillie je retournerai à la maison ; comme la municipalité a peu de ressources, je regarde comme un avantage pour elle d'accueillir ma proposition[127].

J'ai reçu, ces jours derniers, l'accusé de réception de la collection des Décrets du Concile de la part du cit[oyen] Héraudin, évêque de Châteauroux : il m'a témoigné combien il était flatté d'avoir ce recueil et sa disposition à en tirer tout le parti.

Ce respectable vieillard me demande pour la paroisse de Valençay (Vallançay) un soleil de cuivre argenté, haut de 12 à 16 pouces, du prix à la grande rigueur, de 40#, bien travaillé. S'il y a lieu de trouver cet objet chez le cit[oyen] Rebour, je vous serai obligé de m'en donner avis, afin que je l'en instruise[128]. J'ai reçu l'encensoir et la navette bien conditionnés et l'offrande s'en est faite le jour de notre fête patronale.

---

126 Desfray est un négociant de Blois, dont nous avons déjà parlé (t. II, p. 170, n.30), Chenu est le curé de Saint-Nicolas et ami de Grégoire. Jamin Mathurin, curé du Plessis-Léchelle, d'abord assermenté, s'était rétracté en 1795. On s'étonne de le trouver sur cette liste, si, toutefois, il s'agit bien de lui. Camereau administrateur est un ancien marchand de drap (Dufort de Cheverny, *Mémoires II*, p. 389) et Durand, dont nous reparlerons, est bien commissaire exécutif du département.

127 Nous avons déjà souligné le rôle important joué par Claude Dupont dans la ré-organisation de la bibliothèque municipale de Blois, succédant à ce poste à son confrère Besson (voir t. I, p. 79). Il confirme ici son engagement, soulignant qu'il reste désintéressé.

128 Héraudin René (1722-1800) curé de Valençay et de Chaville avait été élu, en 1791, évêque de l'Indre (Châteauroux). Souvent en conflit avec l'autorité civile, il finit par remettre ses lettres de prêtrise, expliquant, plus tard, à Grégoire, que cette démarche, accomplie par de nombreux autres confrères, n'impliquait nullement de leur part une abjuration de leur foi. Durant la persécution décadaire et contrairement aux injonctions des évêques réunis, il accepta le transfert du dimanche au décadi, non sans avoir tenté de résister. Retiré en 1793 à Barzelles près de Valençay, il ne cessa de réclamer un remplaçant. Son grand âge (75 ans) l'empêcha de participer au Concile de 1797. Retiré définitivement à Valençay, il y mourut le 8 mars 1800. Il devait assurer, dans son ancienne paroisse, quelques cérémonies du culte, ce qui explique sa demande d'un ostensoir.

Les citoyens Biet, Reuilly et Duvaux [Duveau ?][129] m'ont fait passer le nom du titre de leurs paroisses et leurs prénoms et ils vont recevoir l'institution de curés selon votre désir.

Par la voie du département, je vais savoir au juste si le curé de Vouzon[130] est encore dans les principes et je vous en ferai part.

Notre ministère est toujours consolant du côté de son exercice mais les fidèles le regardent en bien des paroisses comme une dette qui ne doit point être reconnue de leur part.

La veuve Houel, qui a fait vos commissions avec ponctualité, a la part de la note que vous m'avez fait passer, mais elle est dans la plus grande inquiétude sur l'existence de son fils qu'elle a su malade et dont, depuis longtemps, elle n'a pas su de nouvelles. Ce serait charité de lui en procurer. Et je ne doute point qu'en prenant des renseignements, vous n'ayez la bonté de lui en écrire un mot.

Vous avez reçu une lettre du cit[oyen] Dumoulin d'Alfort, qui est véritablement mon parent, il n'a pas de fortune. Par un malentendu du ci-devant Département, il a été retardé dans l'occupation d'une place qui lui était destinée, ayant été indiqué pour remplacer un sujet qui avait encore trois mois à faire au lieu d'un, dont le cours finissait. Votre bienveillance m'est un sûr garant que vous continuerez à féconder son zèle pour son avancement.

Les c[itoyens] Camereau et Desfray présents me chargent de vous assurer de leur attachement sincère et de leur reconnaissance de l'intérêt que vous avez pris à leur ménager les égards du Directoire, moi je dis la justice.

Citoyen évêque, la place de Commissaire près la Commune est vacante. Le citoyen Lecomte, juge de paix, la désire. Cependant il s'acquitte à la satisfaction des administrés des fonctions importantes que la loi lui impose. Et je le crois difficile à remplacer. Il aurait pu craindre qu'à raison de la scission de l'assemblée primaire, il eût été remplacé par son prédécesseur, jusqu'à la décision du Corps législatif, mais ce prédécesseur, qui était le citoyen Debenne, est actuellement juge du

129 Nous avons déjà rencontré Biet Pierre, Mathieu curé de Romorantin, Reuilly curé de Veilleins (t. II, p. 261, n.247). Le troisième nom, mal orthographié dans le texte, devrait être celui de Duveau, Pierre, Charles, ordonné en 1792 par Grégoire, qui desservira Maray puis Villeherviers.

130 Guillon Étienne-Jacques est le curé de Vouzon (voir la notice du t. II, p. 57). Nous ignorons la nature des suspicions pesant sur sa personne.

tribunal et, en conséquence, le citoyen Lecomte va rester à son poste, si le Corps législatif ne prononce pas que l'assemblée primaire soit nulle, où il pourra, je dis devra, être nommé par le Directoire, car c'est justice. Cependant il réclame la place de Commissaire près la Commune[131]. Le citoyen Durand pourra vous écrire et sur ses propositions vous pourrez vous décider entre deux sujets qu'il doit présenter[132]. Le citoyen Delestre sera vraisemblablement présenté[133]. C'est celui dont je vous ai entretenu, que la municipalité rappelle en son sein et qui, lors de la formation du Directoire, en Brumaire, avait été compris dans la destitution, sans autre motif présumé que celui d'avoir déplu à Bézard-Boysse aujourd'hui destitué[134]. Je vous ai fait l'éloge du c[itoyen] Delestre avec d'autant plus de vérité que ses collègues municipaux en le rappelant dans leur sein lui ont rendu une justice dont il n'avait été privé que par un motif qui n'avait nul rapport avec la chose publique. Il est officier municipal depuis six ans, il a rendu des services bien essentiels dans les temps de crise ; père de quatre enfants et sans fortune, il a le droit de prétendre aux avantages du poste de Commissaire du pouvoir exécutif près la Commune de Blois. C'est mon officier de santé. Le compte qu'en a rendu le c[itoyen] Deffray [Desfray] au c[itoyen] Durand sur la moralité et les talents des officiers municipaux ajoute beaucoup à ce que je pourrais vous en ajouter.

---

131 Nous ne pouvons identifier avec précision le citoyen Lecomte. S'agirait-il de l'ex-prêtre Nicolas Lecomte sécularisé et marié auquel nous avons consacré une note circonstanciée dans le tome II (p. 149, n.297) ? Il deviendra en l'an XII substitut du commissaire du département près du tribunal criminel. Le nom étant très répandu dans la région, nous ne saurions nous montrer trop affirmatif. Quant au citoyen Debenne, il appartient à une famille de notables blésois.

132 Nous avons toutes les raisons de croire qu'il s'agit de Durand Bernard, déjà évoqué dans une précédente lettre et auquel nous avons consacré une note circonstanciée (p. 54, n. 96).

133 Godineau-Delestre Augustin, François, Xavier, est médecin-chirurgien à Blois. Connu et estimé de tous, c'est lui qui est appelé à plusieurs reprises par l'administration pour examiner l'état de santé des prêtres internés aux Carmélites en 1793 (Gallerand, LCST, p. 143 et 146).

134 Il existe, à cette époque, un Bézard Pierre, assermenté et curé de Salbris, qui exerça la profession d'imprimeur à Romorantin, pendant l'an II. Toutefois, l'association de son nom avec celui de Boysse n'appararaît pas dans les archives. Si l'on opte pour l'orthographe Bézard, il existe également un citoyen porteur de ce nom, Bézard Michel, époux de Marie-Françoise Boysse, maire, un certain temps, de Blois et administrateur départemental, ami d'Hésine, successivement destitué puis rétabli dans ses fonctions. Dufort de Cheverny, qui ne l'aime pas, le qualifie de « terroriste » (*Mémoires II*, p. 115). Cette identification nous paraît plus probable que la première.

Si le citoyen Durand vous en écrit, ce sera sur ses observations que vous pourrez vous fixer sur celui qui sera plus à propos de servir auprès du ministre. Ma santé toujours faible ne me permet pas d'écrire souvent, étant affligé du côté de la vue. Ce n'est qu'une humeur que je m'efforce de détourner. L'heure de la poste sonne, je n'ai que ce moment que de vous prier de croire à mon inviolable et respectueux dévouement.

Votre premier vicaire – DUPONT, adm[inistrateur].

GR 2098 ms

Grégoire Henri

Paris, 11 Thermidor an 6,
[29 juillet 1798]

Au citoyen Boucher,
vicaire épiscopal, près la
cathédrale, à Blois. Loir-et-Cher
Le Conseil épiscopal

Chers coopérateurs,

Ma lettre sera très incohérente parce que je vous écris malade et un jour de médecine. Mais veuillez bien me répondre le plus tôt possible.
1° – Les archiprêtres sont-ils tous munis de la lettre en forme d'instruction qui, de concert avec mes collègues réunis à Paris, a été publiée dernièrement ?
2° – Les archiprêtres vous ont-il rendu compte de l'état actuel de chaque paroisse de leur arrondissement, d'après les visites que, sans doute, ils auront faites ?
3° – On avait oublié de nommer des substituts pour aider les archiprêtres ; a-t-on pourvu à cet égard ?
4° – Ne pensez-vous pas qu'il faudrait accorder à tous les archiprêtres la faculté de bénir les ornements d'Église et d'absoudre des cas réservés[135] ?

---

135 Cette première série de questions correspond à l'une des préoccupations importantes de l'abbé Grégoire : la mise en place des archiprêtrés. Cette institution vise un double but : intensifier et purifier la pratique de la foi chrétienne chez les fidèles et développer l'exercice de la collégialité entre les prêtres. Comme pour toutes les autres réformes des

5° – J'aurais bien désiré qu'on recueillît pour chaque paroisse les faits relatifs à la persécution. Serait-il possible de les avoir[136] ?
6° – D'après ce que vous m'avez marqué concernant le desservant de Mondoubleau, je ne lui ai plus écrit ; où en sont les choses à cet égard et que dois-je faire[137] ?
7° – Quel est l'ecclésiastique qui est à Muides ? A-t-il l'autorisation du Conseil[138] ?
8° – N'étant pas à portée de tenir un synode dans mon diocèse, ne pensez-vous pas que nous pourrions y suppléer en formant un projet de règlement sur les choses les plus urgentes et qui demandent une détermination propre à uniformiser la discipline ou à la rétablir, à la maintenir. Après nous être concertés à cet égard, nous ferions passer le projet à tous les archiprêtres et, dans chaque archiprêtré, les curés émettraient leur avis et, d'après cette marche, nous aurions un code provisoire de statuts diocésains.

Si le conseil adopte l'affirmative, je le prie de me transmettre ses avis sur les articles qu'il est nécessaire de régler[139].

J'ai écrit dernièrement une foule de lettres aux citoyens curés d'Onzain, d'Épuisay, Romorantin, Villehervier, Saint-Dyé, Montrichard, Saint-Aignan, … etc… J'ignore si elles sont parvenues, car je n'ai pas encore réponse d'aucune [*sic*][140].

Constitutionnels, elle engage également le processus démocratique de l'élection. Les « cas réservés » concernent les fautes graves, comme la trahison du secret de la confession par exemple, dont l'absolution ne peut être accordée par le prêtre ordinaire mais est « réservée » à l'autorité épiscopale ou papale.

136 En prévision d'un ouvrage qu'il voulait écrire sur la persécution de l'an II, Grégoire avait sollicité le témoignage écrit de ses prêtres. Les archives ne contiennent pas, à notre connaissance, de documents de ce genre.

137 Le desservant de Mondoubleau est, à cette époque, Gillot Louis, Jacques, originaire du diocèse de Chartres, auquel nous avons consacré une notice et dont nous avons publié plusieurs lettres dans le tome II, (p. 256-257, p. 276-277, p. 289-291). Il adresse deux nouvelles lettres à Grégoire, dans ce tome (voir GR 4744, p. 79 et GR 4746, p. 96).

138 Le titulaire de la paroisse de Muides était, depuis 1791, le prêtre assermenté Thibault Jean-Baptiste que J. Gallerand signale comme rétracté. Lui succède, vers 1795, un prêtre nommé Coudray (prénom inconnu) sur lequel les archives restent pratiquement muettes.

139 Comme nous le verrons par la suite, le projet de synode ne sera pas abandonné mais finira par se concrétiser.

140 Cette énumération donne une certaine idée de la vaste correspondance entretenue par Grégoire avec son diocèse et dont une bonne partie ne nous est pas parvenue. Ce sont, pour l'essentiel, les lettres détenues par Boucher et quelques membres du conseil épiscopal qui ont été renvoyées à l'évêque.

Je viens de recevoir une lettre de la mère du cit[oyen] Duveau, curé de Villeherviers, je crois devoir vous l'envoyer, il y est question de ce trop fameux Leroy qui s'est planté à Courmemin[141].

Avez-vous quelqu'un pour remplacer Pinardeau[142] ? Je pourrais trouver des prêtres, mais je ne suis pas sûr de leur conduite. Il me semble que le citoyen Monrocq a promis de nous en procurer. Avez-vous des nouvelles du curé de Vouzon ? Ma main tremblante m'ordonne de finir. Comptez, chers coopérateurs, sur mon tendre attachement et mon estime.

+ H. Grégoire, Év[êque] de Blois.

GR 2099 ms

Grégoire Henri

Rouvrai, département de
l'Eure, 12 Fructidor an 6
[29 août 1798]

Au citoyen Boucher,
vicaire épiscopal près
la cathédrale, à Blois
Loir-et-Cher

Cher et estimable coopérateur,

Ma santé et l'ordre du médecin m'ayant obligé à venir passer quelque temps à la campagne, à quelques lieues de Paris, c'est là que je reçois votre lettre du 14 Thermidor. Depuis cette époque, notre ami, le citoyen Roulet, vous en aura remis une de moi, qui, sur divers articles, mérite réponse de la part du conseil, entre autres sur le moyen de suppléer à un synode diocésain. Par cette lettre, vous aurez vu que relativement au citoyen Riffault, je suis disposé à suivre complètement les indications

141 Nous avons déjà rencontré Duveau Pierre, Charles, jeune prêtre ordonné par Grégoire en 1792 et qui dessert effectivement la paroisse de Villeherviers (voir lettre de Dupont, p. 72, n. 129). Le second personnage est Leroy Jean-Baptiste, prêtre marié, auquel nous avons consacré une note dans le tome I (p. 159, n. 107). Il déclarait, au moment de son mariage que celui-ci n'était pas incompatible avec le sacerdoce.

142 Concernant Pinardeau Henri, voir le tome II, p. 236.

que me donnera le conseil[143]. Vous êtes sur les lieux plus à portée que moi, tous, de savoir ce qu'il convient de faire et le conseil doit savoir que je m'en réfère à ses lumières et à sa sagesse.

Je suis fâché de voir le canton de Villedieu dans cet état d'abandon, mais cependant, tout bien considéré, je suis bien aise que le citoyen-prieur de Beauchêne ait, dans son canton, un sort qui, en assurant son existence, maintiendra la piété dans cette contrée qui, sans cela, serait presque abandonnée, car il n'y resterait plus guère que le cit[oyen]-archiprêtre d'Épuisay[144]. Je suis fort aise de savoir que Bracieux a un pasteur. Le cit[oyen]-curé de Contres revient à nous. Est-ce enfin bien sincèrement ? Je serais tenté de lui dire : « *Modicae fidei, quare dubitasti*[145] *?* ».

La consultation des théologiens de Fribourg qu'on vient de ré-imprimer à Carcassonne fait partout le plus grand bien et sans doute, grâce à vos soins, elle sera connue dans mon diocèse, où elle peut opérer les mêmes fruits[146].

J'espère qu'enfin le vénérable Dufraisse sera évêque de Bourges. J'ai reçu le consentement des Évêques de l'arrondissement[147].

---

143 Nous avons déjà rencontré dans les tomes précédents Riffault Jean-François, curé de Saint-Laurent-des-Bois et desservant de Maves. Membre du premier conseil épiscopal de Grégoire (voir les index), il retrouve ce poste, après l'an II, avec quelques autres ayant fait preuve, semble-t-il, d'une conduite irréprochable. Nous manquons, pour la suite, de documents fiables.

144 La paroisse de Villedieu-le-Château a connu plusieurs curés titulaires, tels Combis René et Coindereau Louis, mais qui ne s'y sont pas maintenus longtemps ou bien ont été nommés ailleurs. Ces deux prêtres avaient fini, d'ailleurs, par rétracter leur serment et quitter le département (J. Gallerand, LCST, p. 574). Le citoyen-prieur de Beauchêne, très âgé mais très estimé de Grégoire, n'est autre que Legrand Pierre, Théodore, souvent cité dans cette correspondance. Le curé d'Épuisay est Guillet François-Gervais (voir t. II, p. 202).

145 Le curé de Contres, Petit Claude, assermenté avait adhéré spontanément à l'Église constitutionnelle et écrit des lettres enthousiastes à Grégoire, après la reprise du culte (voir t. I, p. 72-74). Il semble bien qu'il se soit rétracté. S'agit-il de sa part d'un nouveau revirement ? Le cas ne peut être exclu et n'est sans doute pas unique. La citation latine est tirée de l'Évangile : « Homme de peu de foi, pourquoi as-tu douté ? ».

146 Grégoire tenait beaucoup à ce document qu'il avait lui-même traduit du latin et qui s'intitulait : *Réponse de la Faculté théologique de Fribourg sur la validité des sacrements… etc… administrés par les prêtres assermentés de l'Alsace* (Paris, Impr.-librairie chrétienne, s.d.). Il établissait formellement la légitimité et la validité des actes sacramentels accomplis par les assermentés alsaciens. Par extension, ce jugement s'appliquait à la France entière.

147 Dufraisse Michel, Joseph, ex-jésuite et proche de Grégoire (vor l'index tome II) ne se montrait guère désireux d'assumer la charge épiscopale. Les instances de ses confrères finirent par le persuader et il accepta l'évêché de Bourges, devenant ainsi le métropolitain de Grégoire. Une longue correspondance entre les deux hommes s'ensuivra, publiée, il y a peu, par M. Vaussard (voir bibliographie).

Vous souvient-il de ce mauvais sujet nommé Bodevin, qui avait surpris ma bonne foi, qui était vicaire de La Madeleine de Vendôme et qui, depuis, je crois, s'est fait réfractaire ? Un de ses frères, co-héritier avec lui d'une succession, m'écrit pour savoir où il est. Si vous pouvez m'en dire quelque chose, je le transmettrai à son frère[148].

Je compte sous quelques jours, être à Paris et là je m'occuperai de seconder les demandes au ministre de l'intérieur du cit[oyen] Gendrier. Je ferai aussi mon possible pour remplir les intentions du cit[oyen] Chevalier de Marolles ; veuillez bien les en assurer de ma part en y joignant mes compliments.

Je crois devoir retarder à mon retour l'envoi de la pétition à l'École de santé afin de faire moi-même la commission ; ceci est pour le cit[oyen]-curé de S[aint]-Nicolas[149].

Je prie notre confrère le cit[oyen] Dupont de ne pas oublier ce dont je l'ai prié concernant les pièces saisies chez les réfractaires par le cit[oyen] Lecomte.

Mille compliments au cit[oyen] Roulet.

J'embrasse tous les membres du conseil avec estime et amitié.

+ H. Grégoire, Év[êque] de Blois.

Deux prêtres s'offrent pour venir dans mon diocèse. L'un est à Rouen, l'autre à Beaufort, mais j'ignore ce qu'ils valent et je dois craindre que ce ne soient des hommes qui, après avoir eu une conduite peu chrétienne veulent se dépayser. Cependant, je ne préjuge rien, je prendrai des renseignements.

J'espère trouver une lettre de vous en arrivant à Paris.

Il y a bien longtemps que je n'ai reçu de nouvelles du brave curé de Mer[150].

---

148 L'histoire de ce prêtre se révèle assez curieuse. Bodevin Charles-François est un étranger au diocèse de Blois, car exerçant d'abord comme vicaire dans la paroisse parisienne de Notre-Dame-de-Lorette. Dans quelles circonstances fit-il connaissance de Grégoire ? Nous l'ignorons, mais c'est sur la recommandation personnelle de celui-ci qu'il est intégré dans le diocèse de Blois, dès 1791. Chargé de la paroisse de La Madeleine à Vendôme, il semble avoir voulu persévérer dans l'exercice de ses fonctions, malgré le contexte défavorable de l'an II. Cette obstination provoque son arrestation le 13 janvier 1794, suivie rapidement de son élargissement le 18 janvier. Il remet alors ses lettres de prêtrise et se fixe à Orléans (J. Gallerand, LCST, p. 404). Il est possible qu'il ait, par la suite, rétracté son serment et donc rejoint le camp des réfractaires. Son cas s'ajoute aux nombreux déboires éprouvés par Grégoire dans ses tentatives de recrutement du clergé en dehors du diocèse de Blois.

149 Chenu, Ange-Gabriel.

150 Monrocq Michel, Charles, François.

GR 4744 ms

Gillot Louis, Jacques, Joseph[151]

Mondoubleau, le 26 Fructidor an 6
(12 7bre [septembre] 1798)

Citoyen et respectable évêque,

Répondu

Un militaire auquel vous avez déjà rendu service me prie de vous écrire, pour se présenter chez vous afin que, s'il est possible, vous continuiiez vos mêmes bontés à son égard. Il vous expliquera ses affaires.

Le curé d'Épuisay m'a dit que vous aviez été incommodé. Nous désirerions savoir si vous êtes convalescent. Vous ne doutez pas que nous nous intéressons spécialement à votre santé, qui est si précieuse dans les circonstances actuelles. La religion s'affaiblit peu à peu. Malgré tous les mouvements que nous pouvons nous donner, nos peines sont à peu près inutiles. Placés entre les impies et les dissidents, jugez comme nous avons à combattre et, le plus souvent, sans fruit. Il se fait très peu de mariages à l'église, pour la raison que si un dissident épouse une personne qui vient à l'église, il faut que la dernière y renonce et se range au parti contraire, de sorte qu'on sacrifie sa religion, ses devoirs, pour ne satisfaire que son intérêt et ses passions. Nous sommes d'autant plus misérables que d'un autre côté, la charité des fidèles se refroidit. Ils voudraient bien avoir le service de leur culte et ne point fournir aux dépenses. L'agitation continuelle qui règne dans nos cantons, par l'influence des dissidents, fait dire à la plupart que bientôt il n'y aura plus de culte et que, par conséquent, il est inutile de faire des sacrifices pour son entretien. Ces discours s'insinuent parmi le peuple qui, naturellement crédule, ne veut plus entendre aucune autre raison. Si la Providence n'y met pas bientôt ordre, nous sommes à la veille de n'être pas à notre aise[152].

---

151 Concernant ce correspondant, venu du diocèse de Chartres et desservant de Mondoubleau, voir la note explicative et sa lettre, t. II, p. 256-257.

152 Ce tableau général trahit, à la fois, le découragement et le pessimisme du curé Gillot. Il n'est, malheureusement, pas dépourvu de vraisemblance. Nous avons déjà évoqué la situation difficile des constitutionnels, cernés par une administration hostile ou harcelés par les dissidents et leurs partisans. À cela s'ajoutent les problèmes matériels : subsistance quotidienne, pensions irrégulièrement versées, privation de presbytère, pauvreté générale des fidèles… L'observance du calendrier révolutionnaire, l'interdiction des sonneries de

On nous avait flattés que nos pensions seraient perçues. Le Directoire exécutif avait pris un arrêté en conséquence : nous n'entendons plus parler de rien, nous sommes ballottés de toutes les manières. Je vous avoue qu'on a besoin de toute sa tête pour résister à toutes les peines que nous éprouvons. J'espère que la présente vous trouvera totalement en parfaite santé ; je me flatte que vous voudrez bien m'honorer d'un mot de réponse et me marquer ce qui se passe à Paris surtout relativement à la religion, que l'on vient d'attaquer d'une manière ouverte, en supprimant les *Annales*, ce qui nous cause du chagrin à tous[153]. Je vous prie de me croire avec respect

Votre concitoyen Gillot,
Desservant de Mondoubleau.

GR 2100 ms

Grégoire Henri

Paris, le 4 Vendémiaire an 7
[25 septembre 1798]

Le Conseil épiscopal,
Au citoyen Boucher vicaire
épiscopal, près la cathédrale
à Blois
Loir-et-Cher

Chers et estimables coopérateurs,

J'ai été longtemps sans vous écrire tant à raison d'une multitude d'affaires, surtout concernant notre arrondissement métropolitain et la correspondance étrangère que parce que j'espérais que l'estimable

---

cloches, le respect du décadi au détriment du dimanche, compliquent, en outre, l'annonce de la date des célébrations liturgiques et des fêtes. Toutefois, comme nous l'avons déjà constaté, ce tableau contraste avec d'autres récits, nettement plus optimistes, soulignant l'émergence d'un vif sentiment religieux et un retour aux pratiques cultuelles parmi les populations. La situation devait varier considérablement en fonction des contextes locaux.

153 Les *Annales de la religion* comprenaient, dans leurs colonnes, une partie politique et littéraire, constituée par *Le Télégraphe* et le *Journal du citoyen*. Ces rubriques auraient-elles mécontenté en haut lieu ? Toujours est-il que la revue fut interdite par un arrêté du Directoire exécutif du 17 Messidor an VI (5 juillet 1798). Elle reparaît, alors, sous le titre suivant : *Mémoires pour servir à l'histoire de la philosophie*.

cit[oyen] Boucher me transmettrait réponse à cet égard ; quelques-uns ont été oubliés.

On imprime, en ce moment, dans les *Mémoires* les statuts du synode de Vesoul, qui renferment beaucoup d'excellentes choses. J'ai cru devoir cependant y joindre une critique, car c'est moi qui en ai fait le compte rendu[154] ; nous pourrons les adapter en grande partie.

L'évêque de Moulins est élu, Le presbytère du diocèse de Poitiers est formé et sur-le-champ : il s'est occupé de remplir ce siège ; il vient de m'envoyer sa liste de présentation[155]. Ces deux diocèses m'ont beaucoup occupé depuis quelque temps : c'est aussi ce qui a retardé ma réponse à des lettres reçues des citoyens Pioche, Biet, Guillot, Monrocq…etc…[156]

On a dû expédier de l'Imprimerie chrétienne l'ostensoir demandé par le cit[oyen]-Évêque de Châteauroux par l'estimable collègue le cit[oyen] Dupont ; je l'ai invité à ne pas oublier la notice des pièces qui ont été trouvées dans la cachette des réfractaires[157].

Je crois devoir vous transmettre une réponse d'un ecclésiastique qui désire travailler au ministère dans mon diocèse. Je vous prie de m'en dire votre avis et de lui faire réponse d'après ce que la prudence vous suggérera. Je ne le connais pas et je me défie souvent des prêtres qui n'ont pas toutes les pièces probatives qu'ils n'ont pas prévariqué. Au reste, je ne préjuge rien à son égard et sa lettre est touchante.

---

154 Ce passage confirme, quoique de manière incomplète, le changement de titre des *Annales de la religion*, qui s'énonce désormais ainsi : *Mémoire pour servir l'histoire de la philosophie.* L'évêque de Vesoul : Flavigny Jean-Baptiste (1732-1813) est une des figures marquantes de l'épiscopat constitutionnel. Au cours de la persécution, il refuse de livrer ses lettres et est emprisonné pour cette raison, après le 9 Thermidor. Libéré, il organise, en 1796, un synode pour son diocèse et prend part au Concile de 1797. Les statuts synodaux de Vesoul sont, effectivement, publiés dans les *Annales de la religion* (t. 7, p. 209-238), accompagnés de nombreuses considérations, dont on doit la paternité, si l'on en croit cette lettre, à Grégoire lui-même.

155 Butaud-Dupoux Antoine (1730-1802), docteur en théologie, d'abord curé de Moulins, avait eu une conduite exemplaire, durant la persécution, refusant notamment de livrer ses lettres de prêtrise. Malgré ses réticences, il est élu, à la presque unanimité, évêque de Moulins en 1798. Il devait donner sa démission, au moment du Concordat, en 1801, après avoir tenté de ré-organiser son diocèse. C'est la mort inopinée de René Lecesve, en 1791, qui, après quelques années de vacance du siège, entraîne cette élection épiscopale au siège de Poitiers. Le choix des électeurs se porte alors sur Montault des Isles Charles (1755-1839), dont la carrière mouvementée, émaillée de nombreux revirements, ne saurait être retracée ici. Sous le Concordat, il deviendra évêque d'Angers.

156 Ce propos nous montre l'étendue de la correspondance de Grégoire avec son diocèse et les lacunes qui grèvent inévitablement cette édition. Les destinataires de ces lettres ne les ont pas, pour la plupart, restituées.

157 Voir la lettre à Dupont Claude, p. 90.

Une foule d'écrits imprimés qui me sont arrivés d'Italie prouvent que, dans ce pays, nous avons bien des partisans; ils ont traduit les décrets du Concile, les encycliques, nos pastorales...etc... et ils commencent à indiquer pour les élections le mode que nous avons indiqué et suivi en France[158].

L'Inquisition d'Espagne a déjà fait imprimer deux réponses à ma lettre; je ne connais encore que la 1re : elle est honnête pour le style, mais c'est une horreur pour les maximes qu'elle contient. Au reste, je me cramponnerai sur elle pour la poursuivre[159].

Donnez-moi des nouvelles du diocèse et comptez sur l'invariabilité de mon attachement et de mon estime.

+ H. Grégoire, Év[êque] de Blois.

GR 2101 ms

Grégoire Henri

Paris, 19 Brumaire, an 7
[9 novembre 1798]

Au cit[oyen] Boucher,
vicaire épiscopal, près
la cathédrale à Blois
Loir-et-Cher

Cher coopérateur,

Il me tardait bien de recevoir de vos nouvelles, car très longtemps, j'en ai été sevré. Je me suis empressé de remettre la pétition de vos jeunes gens au citoyen Poulain Grandpré [Poullain de Grandprey] pour

158 Un écho de cet intérêt général, suscité par la réforme française, dans les différentes sphères de l'Église d'Italie se fait entendre dans l'écrit intitulé : *Notice historique et littéraire de plusieurs églises d'Italie, considérées dans leur état actuel*, publié le 11 octobre 1798, dans les *Annales de la religion* (ou *Mémoires*..., t. 7, p. 313-339).

159 Nous avons déjà abondamment cité et commenté la *Lettre du citoyen-évêque de Blois, à don Ramon-Joseph de Arce, archevêqe de Burgos, grand Inquisiteur d'Espagne* parue dans les *Annales de la religion* (t. Vi, p. 373-396). Traduite en anglais et en allemand, elle connut un énorme retentissement, qui ne se limita pas à l'année indiquée ici. Elle suscita plusieurs répliques de la part du célèbre Tribunal, auxquelles, comme on le voit, Grégoire s'évertue à répondre. Cet échange littéraire et polémique n'a jamais été étudié à fond.

la présenter au Conseil des Cinq Cents, mais je dois vous dire qu'il y en a beaucoup du même genre et je doute qu'elle puisse être accueillie[160].

Les nouvelles que vous me donnez des diocèses sont consolantes les unes et les autres pas. Je regrette bien ce respectable vieillard de Linières [Lignières[161]]. Il est une mesure sur laquelle je reviendrai toujours, c'est sur la visite des archiprêtres. Il est bien important qu'ils puissent visiter toutes les paroisses de leurs arrondissements respectifs ; c'est un moyen de suppléer à la disette des pasteurs. C'est encore par la voie des archiprêtres qu'on pourrait suppléer à la difficulté de tenir un synode[162]. Les questions à décider seraient soumises à la délibération des pasteurs de chaque archiprêtré et, par là, nous obtiendrions un résultat. Vous concevez que n'étant pas à Blois, c'est le seul moyen praticable pour recueillir le vœu du diocèse. J'attendrai, à cet égard, la réponse du diocèse avec lequel je veux et je dois me concerter.

Le recueil des statuts arrêtés du synode de Vesoul présente une foule d'articles bien rédigés et qu'on pourra adopter[163].

Mille remerciements des peines que vous et l'estimable citoyen Roulet avez prises pour l'envoi de mes livres, c'est par terre sans doute qu'ils m'arriveront, car, par eau, ils risqueraient d'être trempés, c'est-à-dire perdus. Je vous prie de me dire à quelle adresse je pourrai les réclamer à Paris. Quant aux bouteilles, la citoyenne Dubois pense que, malgré les frais de port, comme ce sont de belles bouteilles, il sera plus avantageux de les faire venir et elle vous prie, ainsi que moi, de les faire emballer au plus tôt, pour les envoyer par eau. Voilà bien de l'embarras, heureusement le citoyen Boucher est pétri de complaisance.

Quand reverrons-nous le citoyen Roulet ? Nous nous réjouissons de l'embrasser. Je le prierai de voir en passant à Orléans le citoyen Doyen,

160 Poullain de Grandprey Joseph, Clément (1744-1826) est originaire des Vosges et exerce le métier d'avocat sous l'Ancien Régime. Élu à la Convention en 1792, il adhère au parti girondin. Son rôle reste ambigu dans le procès du roi, mais il réussit à échapper aux proscriptions. Thermidorien actif, il soutient aussi le Directoire au 18 Fructidor, et désapprouve le 18 Brumaire. Les pétitionnaires, dont la réclamation nous est inconnue, ont recours à cette personnalité jugée importante pour appuyer leur démarche.

161 La localité de ce nom est un modeste village du Loir-et-Cher. Nous ignorons l'identité de la personne à laquelle il est fait allusion.

162 À cette date, Grégoire ne croit pas encore possible la réalisation d'un projet de synode pour son diocèse.

163 Voir *Annales de la religion* (t. 7, p. 209-238), où ces statuts sont intégralement reproduits accompagnés d'un commentaire de Grégoire.

à qui j'ai écrit à plusieurs fois et dont je ne puis obtenir un mot de réponse[164].

J'ai écrit, il y a peu, au cit[oyen]-curé de S[aint]-Nicolas, je vais écrire au citoyen Dupont[165]. Vous savez, cher et digne coopérateur, que mes sentiments sont invariables pour vous et pour tous les membres du conseil. Uni à vous tous de cœur et d'esprit, je vous embrasse tous dans les sentiments de l'estime et de l'attachement.

+ H. Grégoire, Év[êque] de Blois.

GR 2102 ms

Grégoire Henri

Paris, 6 Nivôse an 7
[26 décembre 1798]

Au cit[oyen] Boucher,
vicaire épiscopal, près
la cathédrale à Blois
Loir-et-Cher

Cher et estimable coopérateur,

Des travaux extraordinaires dont j'ai été chargé pour l'Institut national m'ont empêché de vous répondre plus tôt ; je suis même en retard à l'égard de plusieurs personnes, entre autres du cit[oyen]-curé de S[aint]-Nicolas[166]. J'espère m'acquitter sous peu de jours.

Les nouvelles que vous me donnez de mon diocèse sont satisfaisantes sous certains rapports, mais, comme moi, vous êtes affligés de voir cette paroisse

---

164 Le citoyen Roulet a déjà été cité dans cette correspondance. Le citoyen Doyen reste inconnu.

165 Le curé de Saint-Nicolas est, nous le rappelons, Chenu Ange, Gabriel, très proche ami de Grégoire.

166 Grégoire, parallèlement à toutes ses activités législatives et pastorales, reste toujours membre actif de l'Institut national de France qu'il avait co-fondé et est, à cette époque, nommé membre de la *Société libre d'agriculture de la Seine*. Les « travaux extraordinaires » dont il est question pourraient renvoyer à un ouvrage qui paraîtra en 1799, intitulé : *Observations sur l'état actuel de l'instruction publique, des bibliothèques, des archives, des monuments... etc... dans les départements de la Haute-Marne, la Haute-Saône, les Vosges, la Meurthe, les Haut et Bas-Rhin, le Doubs... etc...*, par un membre de l'Institut (Paris, Ulysse Robert, 1799).

d'Ouchamps sans pasteur ; croyez-vous qu'il y ait possibilité de remplir cette lacune ? Je suis bien peiné de savoir que le digne curé de cette paroisse soit dans l'impossibilité d'y continuer ses fonctions. Comment va son voisin de Chitenay ? Avez-vous des nouvelles de Vendôme et Mondoubleau[167] ?

Que d'embarras je vous ai causés, mon cher coopérateur, pour mes affaires personnelles ! Je suis extrêmement sensible à vos procédés honnêtes. J'ai reçu les livres et ce brave citoyen Roulet a pris la peine de venir lui-même les déballer. Il y en a un certain nombre qui sont restés à Blois et probablement ils auront été confondus dans le déblaiement de l'évêché avec ceux qui ne m'appartenaient pas.

Par exemple, il me manque entre autres S. Bernard in-folio, la Bible in 4to, la partie théologique du rituel de Metz, un beau Nouveau Testament en allemand in 8°[168].

Les *Essais sur les Juifs* sont en 4 vol[umes] brochés, il n'en est venu qu'un vol[ume]. … etc… etc…[169]

D'un autre côté, j'ai une édition de l'historien Josèphe en 4 vol[umes] qui est venue ; j'ignore si c'est à moi ; car dans la foule de ces livres je ne me rappelle pas tout : peut-être vous appartient-elle[170].

Comme le cit[oyen] Dupont est à la tête de la bibliothèque de Blois, je le prierai de faire des recherches à cet égard et, si les livres que je réclame se trouvaient confondus avec ceux de la nation, je lui enverrais une lettre pour être remise à l'administration centrale.

S'approche-t-on des sacrements à Blois ? Avez-vous des consolations à cet égard ? Hier, j'ai été extrêmement édifié de voir dans les églises de Paris le concours des fidèles. On peut être sûr, du moins, que ceux qui y viennent sont, en même temps, patriotes et chrétiens, car les aristocrates n'aiment pas les prêtres soumis aux lois.

---

167 En dépit des incertitudes dues aux changements de poste, aux départs et aux arrivées il semble qu'à ce moment-là, le curé d'Ouchamps est Massion Jacques, celui de Chitenay Pinardeau Henri, celui de Vendôme Noirot Claude-Antoine et celui de Mondoubleau Gillot Louis-Jacques (voir les index des t. I et II).

168 La dernière édition des œuvres de saint Bernard in-folio date de 1709 (éd. des Mauristes). Le *Rituel de Metz* (Rituale Metense) venait d'être édité en 1713 (H.C. du Cambout étant évêque de Metz). Nous signalons ces éditions au titre de références possibles.

169 Il existe un ouvrage qui pourrait correspondre à ce titre : *Essais historiques et critiques sur les juifs anciens et modernes, ou supplément aux mœurs des Israélites* en 4 volumes par l'abbé Fleuri. (Lyon, éd. J.M. Barret, 1771).

170 Peut-être s'agit-il de la *Nouvelle traduction de l'historien Joseph, faite sur le grec, avec des notes critiques et historiques par le R.P. Gillet*, Paris, Chobert et Nyon, 4 vol, 1756-1767.

J'embrasse tous les membres du conseil et vous en particulier. Continuons à faire le bien, à nous montrer comme citoyens, comme pasteurs et espérons dans la grâce de Celui qui peut tout. Écrivez-moi. Salut à la Société chrétienne et à tous les braves gens de la ville et du voisinage.

+ H. Grégoire, Év[êque] de Blois.

CORRESPONDANCE DE L'ABBÉ GRÉGOIRE

avec son clergé du Loir-et-Cher, 1799 (An 7)

GR 4748 ms

Boucher François
Au citoyen,
citoyen Grégoire, évêque
du département de Loir-et-Cher
Rue St Germain – N° 442
à Paris

Blois, 7 Ventôse, l'an 7
[27 janvier 1799]

Respectable et très cher prélat,

Ma réponse à votre dernière vous a été faite sur-le-champ et c'est avec bien de la peine que j'apprends que vous ne l'avez pas reçue ; je vous rendais un fidèle compte de l'état de votre diocèse et comme, malheureusement, il ne vous est pas parvenu, je me hâte de vous le faire passer.

Tous les pasteurs sont toujours pleins de zèle et pour la religion et [pour] l'affermissement de la République. Burget, comme vous le savez, a quitté Montrichard et c'est le citoyen Riffault qui fait les fonctions pastorales dans cette commune[1]. Les Montils que ce dernier a laissés vacants sont desservis par le citoyen Herbelot, curé de Seur ; le vénérable pasteur de Chitenay est toujours à son poste, mais celui de Contres a, depuis deux ans, lâchement abandonné le sien. Quant au curé de Mondoubleau, on ne sait encore qu'en penser ; cependant, quand il nous

1 Concernant Paul Burget, curé de Montrichard, on peut consulter l'index des noms propres dans le t. I et se reporter notamment aux notes des pages 168, 169 et 191. Riffault Jean-François, ancien vicaire épiscopal de Grégoire, desservait jusque là les Montils et quitta cette paroisse, à ce moment-là, pour gouverner celle de Montrichard (voir note 54, t. I, p. 87).

écrit, nous nous faisons un devoir de lui répondre[2]. Mais vivent les curés de Beauchêne, d'Épuisay, Naveil et Vendôme ! Ce sont de véritables pasteurs, de bons, de vrais ministres, d'excellents républicains[3]. Tels sont aussi tous nos archiprêtres, mais quant aux visites, ils pensent qu'il est plus prudent d'attendre des circonstances plus favorables.

Je viens de m'acquitter de votre commission auprès du citoyen Armand, Marchand libraire ; il m'a promis de chercher les exemplaires que vous désirez ; s'il les trouve, je vous les enverrai à la prochaine occasion.

Nous ignorons encore quel sera le succès de nos travaux pendant cette sainte quarantaine ; jusqu'ici nos églises sont assez fréquentées, mais nous ne pouvons nous dissimuler que les sacrements ne le sont pas assez. Si les citoyennes Buache, Pitron, Ferrand, Guérin et Cousin sont on ne peut plus sensibles à votre bon souvenir, elles vous prient d'agréer les assurances de leur respectueux dévouement. Croyez-moi aussi avec les sentiments de la plus haute estime et de la plus profonde vénération,

Boucher, vic[aire] épis[copal].

Agréez de ma part, je vous en supplie, mille choses honnêtes pour le citoyen et la citoyenne Dubois.

---

2 Nous avons déjà rencontré Harbelot (Herbelot) Jérôme dans le tome I et le tome II, comme desservant de Seur. (Voir notamment t. 1, p. 151 et 159). Le curé de Chitenay est Deshayes Joseph, François, dont nous publions une lettre dans le t. II (p. 35-37), après lui avoir consacré une notice introductive. Petit Claude, curé de Contres, apparaît souvent dans le t. I et le t. II, à travers ses lettres (t. I, p. 72-74) et les événements liés à sa personne. L'historien J. Gallerand le signale comme ayant rétracté le serment, en 1797, ce qui le classerait, automatiquement, dans le clan des réfractaires. L'allusion contenue dans cette lettre semble confirmer une telle hypothèse. Gillot Louis, Jacques, venu du pays chartrain, curé de Mondoubleau est aussi très présent dans cette correspondance et nous lui avons consacré une note introductive dans le tome II aux pages 289-290.

3 Le prieur-curé de Beauchêne est Legrand Pierre, Théodore, Louis dont nous avons publié plusieurs lettres dans le tome II (voir notamment p. 282) et qui semble jouir d'une grande estime auprès de Grégoire et du Conseil épiscopal. Le titulaire de la cure d'Épuisay est Guillet François-Gervais, très présent aussi dans cette correspondance (voir l'index du tome II) et à la tête de celle de Naveil se trouve Buron Louis, ancien desservant de Conan. Quant à la paroisse de Vendôme, elle est administrée par Noirot Claude, ex-bénédictin et médecin durant la Terreur, qui fut, auparavant, curé de Mazangé. Nous avons publié une lettre de lui dans le t. II (p. 278-279). L'ensemble de ces clercs forme, pourrait-on dire, l'élite du clergé grégorien.

GR 4745 ms

Morel Urbain

Nous avons consacré, dans le tome I, une note introductive à ce prêtre et nous y renvoyons le lecteur (t. I, p. 126-127). Ancien religieux jacobin, il avait repris le ministère en 1795, après s'être repenti de son abdication et de la remise de ses lettres de prêtrise. Nous l'avons rencontré à nouveau, dans le tome II, alors que, redevenu curé d'Onzain, il venait d'être élu, par ses confrères, archiprêtre de son arrondissement (t. II, p. 251). Il restera curé d'Onzain jusqu'à sa mort en 1832. Le principal intérêt de sa lettre consiste à nous montrer – à travers les documents qu'il a soigneusement tenus – la persistance des réticences administratives à l'égard de l'exercice du culte, bien après le décret célèbre de 1795.

à Grégoire Henri

Onzain, le 11 Pluviôse an 7
[31 janvier1799]

Très cher et respectable Évêque,

C'est avec bien de la peine que j'ai différé de si longtemps (depuis mars dernier) cette réponse à votre dernière, parce que je n'ai pu me procurer ce que vous me demandez. Vous avez dû recevoir ce qui vous concerne spécialement, parce que le tout a été envoyé à Blois pour vous le faire passer, et ayant écrit deux fois pour m'assurer si on vous l'avait envoyé, ce n'est qu'hier que je reçus la réponse qui me l'a certifié[4] ; j'aurais bien désiré aller moi-même à Blois pour prendre plusieurs renseignements sur notre position critique. J'ai toujours été arrêté par les mauvais temps et l'occupation. Ainsi, respectable évêque, croyez qu'il n'y a point de ma faute. Je ne vous ai pas parlé franchement dans ma dernière lettre, parce que je craignais qu'elle fût interceptée, vu qu'on m'avait assuré que vous étiez en arrestation. Je ne doute pas que toutes les poursuites que l'on intente contre vous ne soient encore un petit plat de la façon de l'anarchie et du royalisme qui s'agitent en cent façons pour se venger de la pureté de votre patriotisme et de vos principes religieux, mais, en ce moment, nous devons nous attendre à tout : plus nos ennemis se multiplieront plus

4 Nous ignorons la nature de cette commission accomplie par Morel, sur la demande de Grégoire.

aussi nous devons avoir de prudence et de surveillance pour déjouer leurs perfides complots[5].

Voici encore sans doute un de leurs présents que j'ai copié mot pour mot de la Circulaire du Commissaire près l'administration du département adressée au Commissaire près l'administration municipale des cantons, en date du 16 Nivôse dernier :

« Le ministre de la police générale me marque, citoyen, par le lettre du 3 Nivôse, présent mois, qu'il est informé que le fanatisme reprend de nouvelles forces dans ce département ; que des ci-devant prêtres, accompagnés de sacristains, parcourent les campagnes, quelquefois conduisant une charrette ou un cheval pour porter la quête qu'ils y vont faire. D'autres prennent soin d'exposer à la vue, soit dans les temples consacrés à la réunion décadaire, soit dans les charrettes, sur les routes, tous les objets de leur superstition. Des troncs y sont établis où l'ignorance et la crédulité viennent déposer leurs offrandes, pour l'entretien du culte.

Dans quelques cantons de ce département, les signes extérieurs du culte catholique sont relevés et la voix des amis de la République est impuissante pour les faire disparaître. Que dans presque tous les hospices, des chapelles, des croix, des Vierges sont offertes aux yeux des citoyens. Que quelques particuliers qui ont acquis plusieurs ci-devant églises, affectent de les entretenir dans leur ancien état, d'en renouveler les décorations et de les tenir exposées à la vue des citoyens.

Si ces faits existent, citoyen, celui de vous qui en avait connaissance est bien coupable de les avoir couverts de son silence ou de sa faiblesse et en compromettant sa responsabilité, il attaque la mienne par là même.

Le ministre attribuant l'inexécution des lois à mon défaut de surveillance et à cet égard, je vous invite à me juger, à vous faire représenter les différentes circulaires que je vous ai adressées, pour vous recommander l'exécution des lois, sur l'exercice et la police extérieure des cultes. Mais il paraît que mes invitations n'ont pas produit tout leur effet, que la loi du 22 juillet 1791 contre les prêtres qui font revivre l'usage de la quête et qui se rangent, par cette conduite, dans la classe des mendiants

5 La période révolutionnaire bruit régulièrement des rumeurs les plus diverses et parfois les plus folles. En outre, les événements parisiens sont perçus en province, à travers le prisme déformant de certaines gazettes et des on-dit les plus incontrôlables. Faut-il rattacher les incertitudes liées au sort de Grégoire aux prises de position véhémentes de ce dernier contre le décadi ? Il semble difficile, ici, d'arrêter une opinion définitive à ce sujet.

valides, est demeurée sans exécution, ainsi que celle du 7 Vendémiaire, an quatre [29 septembre 1795], qui défend expressément l'exposition des objets relativement aux cultes, soit pour faire disparaître les signes extérieurs d'un culte, soit pour empêcher que l'intérieur des églises et des chapelles soit exposé aux yeux des voyageurs et passants[6].

Désirant, citoyen, rendre un compte fidèle au ministre de la police de la situation des cantons sur ces différents objets, je vous requiers de me dénoncer les infractions aux lois qui peuvent exister dans votre arrondissement ou de me certifier que le ministre de la police a été mal informé, m'assurer que les prêtres n'exercent point la quête, qu'il ne paraît aucun signe de culte dans les temples décadaires, lors de la réunion des citoyens, ainsi que dans l'intérieur des différents hôpitaux de cet arrondissement ; enfin que les propriétaires des ci-devant églises ne les entretiennent plus dans leur ancien état ou, dans le cas contraire, que la formalité prescrite par l'article dix-sept de la loi pré-citée a été exactement rempli[7].

Je ne terminerai point sans vous rappeler celle du dix-sept Thermidor dernier, qui est enfreinte dans quelques cantons, où l'on exerce la sonnerie des cloches, les jours de l'ancien calendrier contre le vœu du législateur qui a déterminé les circonstances où l'on peut convoquer les citoyens au son de la cloche[8].

---

6 L'interdiction de quêter ou de solliciter des aumônes pouvait se déduire assez naturellement des dispositions de la Constitution civile du clergé, votée au cours de l'année 1791, puisqu'elles mettaient fin à la dîme et salariaient officiellement les fonctionnaires du culte. Le décret sur la liberté des cultes, promulgué à l'initiative de Grégoire (21 février 1795) comportait néanmoins un certain nombre de mesures restrictives. Ainsi l'article V stipulait que « nul ne peut paraître en public avec les habits, ornements ou costumes affectés à des cérémonies religieuses ». L'article VII prescrivait qu'« aucun signe particulier à un culte ne peut être placé dans un lieu public ni extérieurement de quelque manière que ce soit. Aucune inscription ne peut désigner le lieu qui lui est affecté. Aucune proclamation ni convocation publique ne peut être faite pour y inviter les citoyens ». (*Décret sur l'exercice des cultes* dans *L'Abbé Grégoire évêque des Lumières* de F.P. Bowman, Paris, éd. France Empire, 1988, p. 126). Comme on le voit, ces dispositions limitaient singulièrement – si toutefois elles étaient appliquées à la lettre – la tenue des célébrations religieuses et leur expression collective.

7 Un des effets spectaculaires du précédent décret concernait la décoration intérieure des églises. Utilisées souvent pour le culte décadaire, elles ne devaient conserver aucun signe extérieur de leur ancien état. D'où la nécessité, pour les catholiques, après leurs propres cérémonies, de les débarrasser de tous les éléments décoratifs, illustrant la foi chrétienne ou de voiler ceux-ci : autels, tableaux, statues... Seules les chaires à prêcher, comme le remarque ironiquement Grégoire, échappaient à ce déblayage, car abondamment utilisées par les orateurs théophilanthropes.

8 La mesure la plus troublante et la plus impopulaire concernait, en effet, la sonnerie des cloches dont l'interdiction se voit rappelée ici. En dehors de l'appel aux offices, les cloches

Ceux-là sont bien coupables qui souffrent sous leurs yeux de pareilles infractions, mais je dois suspendre mon jugement jusqu'à l'examen de votre réponse qui cadrera indubitablement avec les renseignements particuliers que je suis chargé de me procurer.

Signé Durand, Commissaire près l'adm[inistration] centrale[9]. »

Tel est, cher et respectable évêque, la découverte que j'ai faite et que je vous adresse. L'autre dont je ne vous parle plus est de la même fournée. Malgré tout, on est très tranquille jusqu'à ce jour dans toutes ces contrées. Je crois qu'en nous soumettant à la loi, comme nous l'avons fait jusqu'à ce jour, nous pouvons espérer de pouvoir jouir de la *liberté des cultes*. Ma sœur a été très reconnaissante à l'honneur de votre souvenir, comme elle est bien affligée de la perte de votre citoyenne, votre estimable mère, la religion et la raison nous forcent à sécher nos larmes en pareil cas et à faire taire la nature. Je ne l'oublierai pas au Saint Sacrifice ; si nos faibles prières sont exaucées, elle jouit de la félicité bienheureuse ; j'ai l'honneur d'être pour la vie, avec le plus respectueux dévouement[10],

---

rythmaient les activités agricoles et portaient au loin les informations de la communauté villageoise (sonnerie des angélus, des glas, des baptêmes, des mariages...). D'après de nombreux témoignages, les infractions à ces interdits se produisaient fréquemment.

9 Nous retrouvons, grâce à cette signature, l'agent national Durand, membre de ce corps administratif des commissaires du Directoire, chargés en tant que tels, de surveiller les administrations départementales. Il s'agit, sans doute, de Durand Bernard, avocat, natif de Romorantin, nommé à cette chargé en l'an V. Élu, en l'an VII, au Conseil des Cinq-Cents il devait, par la suite, adhérer au coup d'État du 18 Brumaire.

10 Cette première mention du décès de la mère de Grégoire nous pose un problème délicat de datation. En effet, dans l'essai biographique tenté au XIXe siècle, par M. Maggiolo (*La vie et l'œuvre de l'abbé Grégoire (1789-1831)*, Nancy, 1884), celui-ci a eu le temps de retranscrire le texte des épitaphes des parents de Grégoire, dans le cimetière d'Emberménil, lesquelles ont été détruites depuis. Or, s'y fait jour une contradiction que l'auteur ne relève pas : l'inscription funéraire de Marguerite Thiébaut (épouse Sébastien Grégoire) rédigée, paraît-il, par Grégoire lui-même indique le 22 septembre 1799 comme date du décès. Immédiatement après, Maggiolo signale qu'il a personnellement consulté, aux archives municipales, un extrait de l'acte civil, lequel porte la date du 11 Nivôse an VII, c'est-à-dire le 1er janvier 1799. Si cette dernière précision chronologique, qui correspond pleinement aux condoléances d'Urbain Morel dans cette lettre se révèle exacte, comment expliquer, alors, l'erreur commise par Grégoire dans le texte de son épitaphe ? Celle-ci ayant disparu, il n'est plus possible d'en vérifier la teneur et on peut aussi légitimement se poser la question d'une erreur de lecture de la part de Maggiolo. En tout cas, les différentes chrono-biographies de Grégoire proposent avec un bel ensemble, la date du 22 septembre 1799. – Voici donc, pour mémoire, le texte intégral du registre d'état-civil d'Emberménil conservé aux archives départementales de Meurthe-et-Moselle :

Mon très respectable évêque,

Votre très humble et dévoué collaborateur « in sacris ».

Morel.

P.S. – La plus saine partie des habitants de cette commune fait des vœux pour votre prospérité et désire avec empressement le moment de vous posséder parmi eux ; ils comptent, comme moi, que vous ne nous abandonnerez qu'à la mort.

GR 4747 ms

Pioche François, Marie
à Grégoire Henri

St Aignan – 29 Pluviôse an 7
[18 février 1799]
(Rép[ondu])

Monsieur l'Évêque,

La poste, régulière dans son cours, est irrégulière dans le débarquement de sa cargaison. Je me sers d'une voie plus sûre : celle du président de mon administration, mon respectable ami, que ses intérêts commerciaux très étendus conduisent à Paris… Je regarderai comme fait à moi l'accueil grâcieux dont vous voudrez bien l'honorer. Qui aurait jamais cru que la République triomphante de toutes parts, s'obstinât à flétrir ses lauriers, en persécutant les ministres d'une religion qui, malgré les assertions impies de ses détracteurs, survivra à tous les gouvernements…. L'oracle se vérifie aujourd'hui : « *Eritis odio omnibus propter nomen meum*[11] ». Vous, le premier,

---

« Cejourd'hui, onze nivôse an sept de la République française, est comparu par-devant moi François Poirson, adjoint de la commune d'Emberménil, à neuf heures du matin, le citoyen Bagard, vigneron audit lieu, assisté de Joseph Mansuis, manœuvre au même lieu, lequel m'a déclaré que Marguerite Thiébau[t], veuve de défunt Sébastien Grégoire, est décédée hier [à] huit heures du soir, âgée de septante deux ans, en son domicile, rue du Midi ; d'après cette déclaration, je me suis assuré du décès de la dite Marguerite Thiébau[t], j'en ai, en vertu des pouvoirs qui me sont délégués, rédigé le présent acte que les dits Bagard et Mansui[s] ont signé avec moi. Fait à Emberménil, l'an et jour avant dits. Signatures : F. Poirson, Hubert Bagard, Joseph Mansuis.

11 « Vous serez détestés par tous à cause de mon nom », Matthieu, 24, 9 ; Marc, 13, 13 ; Luc, 21,17.

justifiez cet horoscope fatal. Je joins à ma lettre, une qui vous est adressée par mon ami Suter, le seul sur le républicanisme et la constitutionnalité duquel je pouvais compter à dix lieues à la ronde... Il est victime de la lâcheté et de la noirceur de vils dénonciateurs... Malgré les principes anti-chrétiens que le Directoire affiche, je me persuadais que la Théophilanthropie, sa religion « Réveillèrement » révélée, s'opposait aux actes d'une déportation irréfléchie... Or, celle de l'ami Suter mérite ce nom... Que je plains le sort des gouvernants !... Ils ne peuvent voir et juger par eux-mêmes et ceux qui prennent l'initiative de leurs décisions ne sont pas inaccessibles aux passions... J'ignore si vous pouvez être utile à la vertu persécutée... Je désire que celle de l'ami Suter ait un défenseur... Il n'a aucune force d'éloquence à faire le narré succinct et fidèle de sa conduite publique et privée qui doit obtenir sa mise en liberté[12]...

L'exercice du culte catholique est en 1799 plus entravé qu'en 1793... Les églises accordées par décret pour réunir les vrais croyants sont aujourd'hui le rendez-vous de ceux qui ne croient à aucune religion, moins encore à la République française... Car soyez bien convaincu que les royalistes seuls triomphent des assauts livrés à la religion de J[ésus]-C[hrist]. Que je plains les malheurs des gouvernants[13] !...

12 Nous n'avons pu identifier l'individu nommé Suter. Ses démêlés avec l'administration ont un lien avec le développement du culte public de cette époque : la théophilanthropie. Nous ne pouvons, dans le cadre de cette note, retracer l'histoire de ce courant philosophico-religieux qui joua un si grand rôle sous le Directoire. Nous rappelons, toutefois, que Grégoire lui consacrera un ouvrage : *Histoire de la théophilanthropie* (1807), intégré dans le volume I de l'*Histoire des sectes.* Il y rappelle que ce courant a succédé aux deux premiers essais de religion civile qui furent le culte de la Raison et celui de l'Être suprême. Amorcé en 1797, il accroît son influence, grâce au soutien du gouvernement qui subventionne son journal *La Décade* et à l'engagement personnel d'un des membres du Directoire exécutif Louis de La Revellière-Lépeaux. Après le coup d'État anti-jacobin du 22 Floréal [11 mai] 1798, il connaît un certain reflux et ne dispose plus que de 18 églises en 1799. Le conflit avec l'Église constitutionnelle porte, surtout, sur le décadi. Les cérémonies décadaires et le caratère férié du dixième jour relèguent, en effet, le dimanche au rang de jour ordinaire, placé sous le signe du travail. Dans son ouvrage, Grégoire signale le ralliement de plusieurs de ses confrères, évêques ou curés, au décadi comme substitut du dimanche, notamment les prélats Loménie de Brienne (Sens) et Savine (Viviers) (*H.S.*, 3e éd., t. 1, p. 324). Toutefois, il donne un large écho à tous ceux qui, au péril de leur liberté, ont refusé ce transfert et, tout en rendant hommage aux vertus civiques de La Revellière-Lépeaux et de ses adeptes, se place lui-même en première ligne dans ce combat, se déclarant prêt à mourir plutôt que de céder sur ce point.

13 Cette réflexion de Pioche consonne parfaitement avec l'opinion de Grégoire sur le sujet. À ses yeux, la période s'étendant de 1797 à 1799 représenta pour l'Église catholique

Les prêtres des départements voisins ont ou abdiqué leurs fonctions ou transporté l'exercice du culte aux décades... Quantité de ministres dans le département de Loir-et-Cher ont suivi ces exemples... J'ai beaucoup à me louer de l'administration de mon canton. J'exerce avec la même liberté, la même latitude et la même solennité qu'avant la Révolution... Des confrères vaillants et méticuleux ne célèbrent que les décades... Ce défaut d'uniformité dans une religion qui est *Une*, m'afflige... Si je suis intimé et requis de solenniser religieusement le décadi à l'exclusion du dimanche, je suspendrai l'exercice de mes fonctions... préférant une cessation momentanée à l'apostasie... Avant l'institution des fêtes décadaires, j'avais provoqué l'administration à indiquer les jours particuliers consacrés à l'instruction du peuple sur les droits et les devoirs politiques, donc je suis partisan des institutions républicaines, mais que mon dévouement aux lois ne soit pas éversif de mes principes religieux... Voilà ma profession de foi[14].

Vous me demandez des nouvelles de mes visites archi-pastorales... Vous présumez bien qu'il y aurait impolitique prudence et témérité à les entreprendre sous des auspices aussi funestes.

Agréez l'hommage du plus tendre et du plus respectueux collaborateur.

Pioche.

---

une persécution plus sévère que celle de la Terreur. Arrestations, emprisonnements, déportations se multiplièrent et frappèrent exclusivement les clercs assermentés et leurs fidèles. Il en tire ainsi les leçons, plusieurs années après, dans l'*Histoire des sectes* : « Cette persécution a échoué, elle a été vaincue par la résistance du clergé assermenté qui formait alors le clergé gallican et contre lequel elle était dirigée. *Les fêtes décadaires sont pour lui l'ère des martyrs.* (*H.S.*, 3e éd., t. I, p. 340).

14 Le dilemme, éprouvé et exposé, ici, par le correspondant, illustre clairement la situation du clergé assermenté, à cette période cruciale de l'officialisation du culte décadaire. Le refus de sacrifier le dimanche conduisait, souvent pour les contrevenants, à des impasses tragiques.

GR 4746 ms
(56354)

Gillot Louis, Jacques, Joseph

Nous avons consacré à ce prêtre une note introductive dans le tome II (p. 256), rassemblant les rares informations recueillies sur sa personne. Originaire du diocèse de Chartres, il avait, au début de la Révolution, sollicité et obtenu son incardination dans celui de Blois. C'est la raison pour laquelle les archives diocésaines et les papiers Gallerand se montrent quasi muets à son sujet. En revanche, le fonds de Port-Royal détient plusieurs lettres, dont celle-ci, adressées par lui à Grégoire.

Au citoyen
Grégoire évêque de Blois
à Paris rue Guillaume
n° 142

Mondoubleau, le 1er Ventôse an 7 de la rép[ublique]
[20 Février 1799]

De l'écriture de Grégoire :
(Départ[ement] de Loir et Cher
Répondu)

Respectable évêque,

Trouvant une occasion pour Paris, je m'empresse de la saisir pour vous saluer et m'entretenir un peu avec vous. Depuis un temps considérable je n'ai point entendu parler de vous, je ne sais quelle est votre existence à Paris, ce qui inquiète ceux qui ont l'avantage de vous connaître et qui s'intéressent à votre sort. Y êtes-vous au moins tranquille dans l'exercice de votre culte, pour lequel vous vous êtes toujours sacrifié ? Dans le département d'Eure-et-Loir, on a tellement tracassé les prêtres qu'ils ont presque tous abdiqué leurs fonctions. À quoi sert donc la liberté des cultes ? Dans le nôtre, nous sommes jusqu'à présent assez bien vus, excepté dans les cantons du Gault et d'Oigny[?] qui avoisinent Mondoubleau d'un côté et de l'autre le pays Chartrain. Messieurs les commissaires de ces deux cantons ont voulu imiter leurs collègues chartrains et sont venus à bout de purger les deux dits cantons des ministres qui avaient exercé jusqu'alors[15].

15 Le curé Gillot, lui-même originaire de l'Eure-et-Loir, semble bien connaître la situation de ce département sur le plan religieux. Après la mort de l'évêque constitutionnel

Je ne sais trop ce que signifie tout cela. On m'a dit même qu'ils me voyaient d'un mauvais œil exercer à Mondoubleau. Je vais cependant mon train. Notre commissaire, qui est assez prudent, ne nous empêche point de fêter les dimanches et les autres fêtes du culte catholique. Il n'est point question de transmettre les dites fêtes aux décades, comme on le fixe dans d'autres pays[16]. Ce qui me tracasse, depuis la lettre du ministre pour la stricte observation du calendrier républicain, est de savoir comment nous devons annoncer nos fêtes au prône. Devons-nous nous servir des jours de la semaine ou non ? La lettre ne s'explique pas clairement sur cet article. Comment se conduit-on à Paris à cette occasion ? Dans ce moment, on ne saurait trop se mettre sur ses gardes. Serons-nous toujours entre l'enclume et le marteau[17] ?

Le fameux curé de Sargé vient enfin de subir la peine due à toutes les farces qu'il a jouées dans la révolution : il a été déporté ces jours-ci[18]. Celui de Baillou, son voisin, qui avait écouté et suivi ses avis, est condamné à la même peine, mais il n'est pas pris[19]. Voilà ce qui nous fait tort à nous autres pasteurs soumis aux lois. Le vulgaire ne distingue

---

Charles Bonnet en 1793, le siège était en effet resté vacant et ne retrouvera de titulaire qu'au moment du Concordat. Sur le terrain, le clergé se trouvait, le plus souvent, démuni et désemparé. Le curé du Gault, Thomas Garnier, assermenté, puis rétracté, subira la déportation en l'an VIII, pour revenir à son poste en 1811. Un vicaire, Garnier Jacques-François y exercera, un certain temps, le ministère. Quant au curé d'Oigny, le très discret Prouteau Jean-François, assermenté, puis rétracté, il desservira cette paroisse jusqu'en 1830. Dans ces cantons, l'attitude des commissaires départementaux devait se montrer, à l'image du document précédent, tâtillonne et persécutrice.

16 Ainsi qu'on le voit, le culte décadaire, qui a rencontré l'opposition passionnée de Grégoire, est loin d'être généralisé. Les pressions des autorités administratives varient également beaucoup selon les régions.

17 La question du curé Gillot trahit l'extrême embarras du clergé face au calendrier républicain et les transpositions acrobatiques auxquelles il condamnait. Ainsi, où placer la fête du 15 Août par exemple, qui théoriquement coïncidait avec le septidi de Thermidor ? Comment situer le jeudi de l'Ascension ? La gestion de ces dates devait s'avérer tâche compliquée.

18 Cette paroisse a connu, durant la période révolutionnaire, au moins quatre desservants : Housseau Nicolas (mort en 1793), Quesnot Jean-Louis, Barru P.H., qui ont tous prêté serment et occupent d'autres postes en 1797. Drouin Denis, René, le dernier en date, ordonné en 1792, renonce à son état et finit par se marier en 1793. Il ne peut donc s'agir d'aucun de ceux-là. Le seul correspondant possible à l'allusion de cette lettre pourrait être Gluneau François, curé de Saint-Marc du Cor (mais ayant desservi également Sargé), insermenté et émigré à Milan en Italie, mais de retour dans la région en l'an V. Notre hypothèse reste, toutefois, très conjecturale.

19 L'identification de ce prêtre se révèle encore plus délicate. Le titulaire de la cure de Baillou au début de la Révolution, est Le Boucher Pierre, assermenté et qui décède dans sa paroisse

point entre le prêtre rebelle et le prêtre paisible, ce qui fait qu'on nous jette la pierre de toutes parts. Il est vrai que nous sommes faits, par état, pour supporter toutes les tribulations qui nous arrivent et donner l'exemple de la patience.

Depuis deux ans, nous n'avons rien touché de notre pension ; le Directoire s'était apitoyé sur notre sort et avait pris un arrêté pour accélérer notre paiement et, depuis ce temps, nous n'avons entendu parler de rien ; il ne nous reste plus qu'à vivre dans l'espérance. Si le citoyen Dereste [Delestre ?], neveu du citoyen Destouches, porteur de cette lettre, a le bonheur de vous trouver chez vous, il vous donnera des nouvelles du pays[20]. Je finis donc en vous priant de me croire, avec les sentiments les plus respectueux, votre concitoyen,

Gillot, desservant de Mondoubleau.

GR 2103 ms

Grégoire Henri
Au citoyen Boucher, vicaire épiscopal,
près la Cathédrale à Blois
Loir et Cher

Paris, 14 Ventôse an 7
[4 Mars 1799]

Cher coopérateur,

Je ne crois pas avoir jamais été aussi longtemps sans recevoir des nouvelles de Blois. Mes dernières lettres à vous et au cit[oyen] curé de S[aint] Nicolas sont restées sans réponse depuis environ deux mois ; quelle est la cause de ce silence ? Je l'ignore complètement. Seulement j'ai reçu il y a très longtemps une lettre du cit[oyen] Dupont concernant

---

en l'an V (1796). Il s'agit donc d'un autre pasteur vraisemblablement insermenté et qui exerçait le ministère dans cette localité.

20 Le manuscrit ne permet pas une lecture correcte de ce patronyme. Il pourrait s'agir de Godineau-Delestre Augustin, François, Xavier, chirurgien et chargé, un moment, de la surveillance médicale des prêtres détenus à Vendôme (J. Gallerand, LCST, p. 143 et 146). Pure hypothèse de notre part. Le citoyen Destouches est mentionné à plusieurs reprises dans le tome I.

le transport des reliques du maître-autel. Celle-là en annonçait une autre qui ne m'est pas parvenue. Quoi qu'il en soit, j'ai répondu à la première, qui est actuellement sans réponse[21].

J'ignore où vous en êtes pour la correspondance avec le diocèse, surtout avec les archiprêtres, qui, étant tous et religieux et républicains, sont à portée de faire le bien comme pasteurs et comme citoyens. J'ai demandé mainte, et mainte, fois si vous correspondiez encore avec le desservant de Mondoubleau ; cette demande, je l'ai adressée à vous et, je pense, aux cit[oyen]s Dupont et Chenu, sans avoir jamais pu obtenir de réponse. Je l'attendais cependant pour savoir si je devais lui écrire[22]. J'ai reçu des lettres du cit[oyen] Legrand, prieur de Beauchêne, Noirot, curé de Vendôme et Morel d'Onzain. Je vous adresse celle-ci comme devant enfin m'obtenir de vous une lettre ou du moins une courte réponse. Par une autre fatalité le cit[oyen] Roulet n'est pas venu me voir il y a plus de quinze jours, en sorte que j'ignore complètement ce qui se passe dans mon diocèse.

Le cit[oyen] Maradan, libraire à Paris, n'ayant plus d'exemplaires de ma lettre pastorale qui parut immédiatement après le régime décemviral m'a dit que peut-être il en existait encore quelques exemplaires chez le cit[oyen] Armand à Blois. Je vous prie de vous en informer et de m'en envoyer cinq à six exemplaires, que je vous ferai rembourser[23]. Donnez-moi des détails du ministère et de vos succès. Je connais le zèle respectable qui anime tous les membres du conseil. Je les embrasse cordialement.

+ H. Grégoire, Év[êque] de B[lois].

J'ai profité d'une occasion pour envoyer au cit[oyen] Monrocq un imprimé dont il a dû vous adresser deux exemplaires.

---

21 La dernière lettre, en notre possession, émanant du citoyen Dupont date du 3 juillet 1798 (voir ce tome, GR 4742, p. 70) et ne contient aucune information à propos des reliques du maître-autel de la cathédrale. Ceci nous confirme, une fois de plus, le caractère fragmentaire de cette correspondance, dû à des facteurs divers. En dehors de la période troublée de la Terreur, celle qui couvre les années 1798-1799 nous paraît la plus affectée par ces lacunes.

22 Les préoccupations de Grégoire à l'endroit de Gillot Louis, curé de Mondoubleau, semblent dues au fait qu'il s'agit du transfuge d'un autre diocèse. Les déconvenues éprouvées à cet égard par l'évêque de Blois avaient été, dans un passé récent, particulièrement nombreuses et pénibles.

23 Nous avons déjà rencontré le nom de Maradan, célèbre éditeur parisien auquel Grégoire eut affaire à plusieurs reprises. Le libraire blésois cité dans le même passage devrait être Armand-Marchand Louis-Joseph, sur lequel nous possédons peu de renseignements.

Je m'aperçois en pliant la lettre que la transparence du papier facilite la lecture de la lettre, je vais mettre une feuille blanche entre les deux pages[24]

Que font les respectables cit[oyens] Buache, Guérin, Cousin, Ferrand, Pitron, etc... ? Rappelez-moi à leur souvenir.

GR 4749 ms

Monrocq Michel, Charles, François
à Grégoire Henri

Mer, 1er Floréal, an 7 Rép.
[21 avril 1799]

Cher et vénérable prélat,

J'arrive de Blois, assez satisfait de nos opérations. Les séances des trois premiers jours ont été des plus orageuses. Les mots de scission ont épouvanté *Messieurs* ; et quoiqu'en nombre supérieur, ils ont composé avec les patriotes. Le Comte Royon [Leconte-Roujoux], Commissaire du Directoire exécutif près le tribunal civil a été nommé aux Anciens et les citoyens Thibault votre ancien collègue et Durand commissaire central aux Cinq Cents[25]. Les citoyens Camereau, Chenu et Jamin ont été conservés au Département et on leur a donné pour collègues le commissaire du canton d'Herbault et Alardet de Mondoubleau, destitué après le 18 Fructidor. Il n'a été rien changé au tribunal criminel[26].

24 Grégoire a écrit paches et non pages (Note d'A. Gazier).

25 Leconte-Roujoux Joseph-Louis (1739-1803) (Nous avons conservé l'orthographe erronée de Monrocq, afin de permettre au lecteur de mesurer la difficulté éprouvée, parfois, dans la retranscription des noms propres). Magistrat blésois, commissaire près le tribunal criminel du Loir-et-Cher il est élu, le 25 Germinal an VII (15 avril 1799), député au Conseil des Anciens. Partisan du coup d'État du 18 Brumaire, il sera nommé, le 25 Floréal an VIII (15 mai 1800), commissaire pour le tribunal civil de Blois. Thibault Anne-Alexandre-Marie (1747-1813) est, effectivement, un « ancien collègue » de Grégoire au double sens d'ancien constituant et d'ancien évêque constitutionnel du Cantal. Démissionnaire de ce dernier poste en 1793, il n'avait pas repris ses fonctions épiscopales. Nommé en 1795, secrétaire du Conseil des Cinq-Cents, il y fut élu comme député du Loir-et-Cher en 1799. Membre du Tribunat, mais opposant discret à Napoléon, il rentre dans la vie privée après le Concordat. Durand Bernard (1769-1835) natif de Romorantin, exerçait d'abord la profession d'avocat. Devenu commissaire près l'administration du département du Loir-et-cher, il est élu le 26 Germinal an VII (16 avril 1799) député au Conseil des Cinq-Cents. Il adhère ensuite au 18 Brumaire et fera carrière sous l'Empire.

26 Il s'agit, sans doute, de Camereau Claude (1743-1820), administrateur au directoire du département de 1794 à 1795, négociant, juge suppléant et maire, un temps, de la ville de

Le c[itoy]en Durand m'a exhibé la lettre du ministre de la police générale qui vous concerne. Je l'ai lue tout au long. Elle est datée du 10 Nivôse dernier et contient tout ce que je vous ai marqué, il n'y a pas longtemps. Vous avez été dénoncé par quelque enfant de Babeuf et je crois que c'est Le Bas-Javary, commissaire du canton de Droué. Ce qui me porte à le croire, c'est que ce fou, avec qui je me suis trouvé à l'assemblée électorale m'a dit qu'il vous ferait déporter. J'ai recommandé cet énergumène au c[itoy]en Durand, qui m'a promis d'en faire une prompte justice[27].

Un nommé Le Normant-Coudrai, de Mer et juge à Blois, aristocrate en 89, 90, 91, jouant le patriote en 1792, vandale en 1793 et 1794, modéré en 1795 et Chouan forcené depuis 1796, est parti pour Paris depuis quatre jours, dans l'espoir d'obtenir la place de commissaire central ou de commissaire près le tribunal civil, la 1re en remplacement du citoyen Durand, la 2e en remplacement du citoyen Leconte-Roujoux. Outre son incivisme, ce Normand-Coudray n'a pas les moyens. À peine serait-il bon à faire un agent de commune de campagne. J'ai la confiance qu'il n'obtiendra pas même une audience auprès du ministre[28].

Mer. Les deux suivants pourraient être les prêtres constitutionnels Chenu Ange-Gabriel et Jamin Mathurin (curé du Plessis-Léchelle, que J. Gallerand dit rétracté), qui ont, un moment, exercé des responsabilités civiles. Nous ne saurions, toutefois, nous montrer, dans ces deux cas, trop affirmatif. Alardet Claude (1759-1848), natif de la Haute-Saône, est nommé, en l'an VIII, conseiller de préfecture du département du Loir-et-Cher, poste qu'il occupe jusqu'en 1815. Adhérent au 18 Brumaire, il rentre dans l'ombre sous la Restauration, puis redevient secrétaire général de préfecture sous le roi Louis-Philippe. Nous n'avons pas retrouvé la trace de son implication dans l'affaire du 18 Fructidor.

27 Une enquête sur cette affaire obscure se révélerait intéressante, mais déborderait notre propos. Lebas-Javary François est une figure bien connue de la Révolution dans le Vendômois. L'historien J. Gallerand trace de lui un portrait particulièrement à charge. Agent du comité central de Vendôme en 1792, il se fait immédiatement remarquer par son zèle à traquer les réfractaires (dont François Thoisnier). Il organise et dirige plusieurs perquisitions domiciliaires et s'emploie à effacer ou détruire les armoiries et insignes féodaux figurant sur les monuments publics. En 1794, il poursuit avec acharnement et fait chasser de Villethiou deux religieux, pourtant en règle avec la loi (J. Gallerand, LCST, p. 329, 349, 621). Son nom, lié à l'affaire Babeuf, figure dans le *Dictionnaire du monde ouvrier* de Maîtron et dans l'ouvrage de J.M. Schiappa *Gracchus Babeuf avec les Égaux* (p. 216, 221, 237).

28 Il doit s'agir de Lenormant du Coudray Pierre-Guillaume, mentionné dans le Cahier de doléances de Mer, en 1789, comme président du grenier à sel, puis député. Son fils Pierre-Guillaume est signalé dans les Registres militaires, comme ayant, sous la Restauration, embrassé la carrière des armes, avec le grade de lieutenant. Nous ne sommes pas en mesure de confirmer ou d'infirmer les critiques de Monrocq à son sujet.

Je vous recommande le brave Despaignol-Lafagette[29], dont les malheurs égalent le civisme et qui, dans le département, ne le cède à personne en lumières et en vertus. C'est l'homme le plus propre du pays à remplacer le cit[oyen] Durand. Je vous prie de faire quelque démarche pour lui. Vous remplirez les vœux de tous les citoyens de ce département. Si vous voyez le c[itoy]en Thibault, veuillez bien lui parler de Despaignol-Lafagette, à qui il doit, en partie, sa nomination au Corps législatif.

J'ai vu parmi les électeurs un c[itoy]en Baucheton de Romorantin, qui m'a parlé plusieurs fois de vous en des termes dignes de vous. Les citoyens Durand, Despaignol-Lafagette, De l'Arche, etc... vous disent mille choses les plus respectueuses[30]. Je salue affectueusement le citoyen Roullet et je vous prie, vénérable prélat, de me croire avec un entier dévouement.

M. C.J. Monrocq.

GR 4750 ms
(56358)

Boucher François

Au citoyen,
Citoyen Grégoire, évêque du
Département de Loir-et-Cher, Rue
Saint-Guillaume – N° 1142
à Paris

Blois, 6 Floréal an 7
[26 avril 1799]

Respectable et très cher prélat,

Je m'empresse de vous donner des nouvelles de votre diocèse, qu'il me tardait depuis longtemps de vous envoyer par le respectable supérieur de notre hôpital, qui a bien voulu se charger de nos dépêches.

Tout votre clergé vendômois continue toujours de mériter votre bienveillance et la confiance du peuple ; la religion se soutient, ainsi que

29 Despaignol-Lafagette Jean-Bernard (1749-182-). Notable local, négociant estimé, il est élu en 1790, au directoire du département, puis juge au tribunal civil. Nous ne sommes pas en mesure de confirmer ou d'infirmer le jugement de Monrocq à son égard.

30 Baucheton Étienne-François (du Petit-bois) (1748-1835). C'est également une figure locale. Administrateur du département de 1790 à 1792, il devient, par la suite, agent puis conseiller municipal de Romorantin.

dans votre ville épiscopale, où la communion pascale a été à peu près en même nombre que l'année dernière[31].

Nous venons de recouvrer, pour la commune d'Ouchamps, un ancien curé de votre diocèse à qui il tarde de recouvrer sa santé pour voler à son poste[32].

Les citoyens de Contres sont venus également nous en demander un, que, dès le lendemain, nous avons présenté ; c'est le citoyen Claudineau [Claudinot], curé de St Léonard, qui était totalement sans revenu dans cette commune [et] est forcé de se pourvoir ailleurs ou de se retirer dans sa famille ; nous avons cru, en conséquence, pour conserver un si bon sujet, lui présenter la desserte de Contres, qu'il a acceptée avec joie et il n'attend plus qu'une pétition de la part des citoyens auprès de votre conseil, pour en recevoir les pouvoirs, à l'effet d'exercer à Contres et dans les communes adjacentes les fonctions de son ministère[33].

J'ai vu le citoyen Monrocq, à qui j'ai fait, de vive voix, les justes reproches qu'il mérite ; je désire qu'il en profite et qu'il mérite toujours l'estime et la confiance publique…

Si votre place de bibliothécaire à l'Arsenal était digne de votre mérite, je vous en ferais compliment de toute mon âme ; vous y trouverez du moins de quoi entretenir votre amour pour les sciences ; mais je voudrais, en même temps, que vous nous ménageassiez davantage votre santé, qui nous est à tous infiniment précieuse[34]. Nous avons appris avec bien de

31 Ce témoignage d'une renaissance du sentiment religieux et de la reprise du culte s'ajoute à ceux que nous avons déjà mentionnés.

32 Le curé titulaire d'Ouchamps est Massion Jacques déjà rencontré, auquel succède en l'an VIII un certain Mérat, peut-être originaire de Lorraine, mais sur lequel nous ne disposons que d'informations lacunaires.

33 La paroisse de Contres était administrée, jusque là, par Claude Petit, très présent dans cette correspondance et auteur de plusieurs lettres à Grégoire (voir t. I, p. 72-74), mais lors des troubles liés au 18 Fructidor 1797, il semble que ce prêtre, ainsi que plusieurs autres, ait rétracté son serment. Devenu, de ce fait, réfractaire, il tombait sous le coup de la loi et devait démissionner. C'est donc Claudinot Athanase, ex-dominicain, qui le remplace (voir à son sujet, t. II, p. 166 et 231).

34 Cette allusion de Boucher à une éventuelle nomination de Grégoire comme conservateur-bibliothécaire de l'Arsenal nous pose un délicat problème de chronologie. En effet, le 18 avril 1798, lors du renouvellement du tiers des députés au Conseil des Cinq-Cents, Grégoire ne fut pas réélu par les citoyens du Loir-et-cher. Il perdit donc les rémunérations attachées à cette fonction et dépourvu de toute ressource (puisqu'il ne percevait plus sa pension d'évêque), il se trouva confronté à une situation financièrement difficile. C'est dans ces circonstances qu'il dut procéder à la vente d'une partie de sa bibliothèque, à laquelle il fait allusion dans ses *Mémoires* (Éd. Santé, p. 150). Le secours

la peine que vous avez été sérieusement malade : il me tarde de savoir si vous êtes aujourd'hui parfaitement rétabli, car vous savez combien je vous suis dévoué et qu'aussi je ne cesserai d'être, avec la plus sincère estime, et la très respectueuse considération.

Votre attentionné

Boucher, vic[aire] épis[copal].

Les citoyennes Guérin, Cousin, Buache, Pitron et Gendrier vous présentent leurs hommages respectueux. Oserais-je aussi vous prier de faire agréer les miens au citoyen et à la citoyenne Dubois ?

GR 4751 ms
(56359)

Chenu Ange, Gabriel
à Grégoire Henri — Blois, 1[er] Messidor, l'an 7[e]
[20 juin 1799]

Digne Évêque,

Je vous fais passer la pétition du ci[toy]en Dominique, appuyée de différents certificats qui ne peuvent qu'en assurer le succès. Veuillez bien, comme me l'avez promis dans votre dernière, l'adresser au ministre de la

---

vint d'un ami, François de Neufchâteau, pourtant d'opinions religieuses bien différentes des siennes, qui obtint pour lui le poste de bibliothécaire à l'Arsenal. Mais, l'acte officiel de cette nomination n'intervint que le 27 Fructidor an VII [14 septembre 1799], comme l'atteste le document conservé à la Bibliothèque de l'Arsenal (Ms 15145-3-62). Il faut donc en déduire que la période de précarité vécue par Grégoire et qu'il décrit dans ses *Mémoires* dura environ un an et demi (avril 1798-septembre 1799). Dans cet intervalle eut lieu le décès de sa mère (1er janvier 1799), ce qui explique la confidence des *Mémoires* : « Il me fallait, surtout, pour ne pas contrister la plus tendre des mères lui dérober la connaissance de ma détresse et lui procurer le superflu, même en me privant du nécessaire » (Éd. Santé, p. 151). Nous ne nous expliquons pas très bien, dans ce contexte, la phrase de Boucher à la fin de cette missive, considérant la nomination de Grégoire à l'Arsenal comme quasi officielle, alors qu'elle n'interviendra que plusieurs mois après. S'agirait-il d'une rumeur déjà répandue ou d'une anticipation erronée de la part de cet épistolier ? En tout cas, une lacune considérable grève la correspondance active de Grégoire avec son diocèse pour la période qui s'étend du 4 mars au 17 août 1799. Nous ne disposons d'aucune hypothèse valable pour expliquer ce long silence, sinon celle d'une perte possible de manuscrits.

Guerre, en y joignant vos observations. En l'obligeant, vous m'obligerez beaucoup en particulier ; car il m'est d'un grand secours dans la paroisse. S'il vient à perdre sa place, il pourra quitter la paroisse, à moins qu'il ne trouve un logement convenable[35].

J'ai vu le citoyen Dupont à qui j'ai communiqué l'endroit de votre belle lettre qui le concerne. Il vous prie d'agréer l'assurance de son respect et de lui répondre le plus tôt possible[36].

Croyez-moi dans les mêmes sentiments d'affection et de dévouement.

Chenu – prêtre-Curé de St Nicolas.

GR 4752 ms

Chenu Ange, Gabriel
à Grégoire Henri

Blois, 29 Messidor, l'an 7e
[18 juillet 1799]

Cher et digne évêque,

Ma lettre vous sera remise par l'épouse du citoyen Dominique, qui se rend à Paris pour réclamer vos bontés, afin de travailler plus efficacement

35 Cette phrase montre bien que l'évêque de Blois a continué, durant cette période difficile, de correspondre avec son clergé ; l'allusion de Chenu fait référence à une lettre récente qu'il aurait reçue de Grégoire et qui ne nous est pas parvenue. Bien que dépourvu de toute fonction officielle, Grégoire n'en continue pas moins, comme on le voit, de servir de médiateur, auprès des autorités civiles, pour les différentes pétitions et requêtes qu'on lui fait parvenir et que ses relations nombreuses avec les milieux officiels permettent, sans doute, de satisfaire en partie. Les actes administratifs de Blois portent mention d'un citoyen Dominique, qui aurait participé activement à la préparation de la fête de l'Être suprême à Blois, en mai 1794. Nous supposons qu'il s'agit de Dominique Pierre-Jean, d'abord lieutenant des fermes du roi, puis devenu employé à l'arrivée des subsistances de la commune de Blois.

36 Nous croyons utile de re-transcrire, ici, ce texte de quelques lignes, griffonné à la hâte par Grégoire lui-même et sans rapport avec la lettre de Chenu. L'écriture en est presque indéchiffrable, mais le sens général du propos ne fait aucun doute. « En 1625, en vertu du Bref du pape Urbain, Longo, doyen de Nantes, déclara M. de Vienne évêque de St Paul de Léon suspens de ses fonctions et la cathédrale interdite. Le clergé de France assemblé à Paris, cette année-là, déclara la sentence de Longo impie, sacrilège et nulle. Le pape voulut casser cette déclaration. Le clergé demanda aussi la permission de réunir un Concile national pour venger cette scandaleuse violation des libertés gallicanes. Alors le pape supprima son Bref, Longo reconnut son tort et fit …. évêque. (*Mémoires du clergé français*, p. 446 – Bossuet *Défense de la Déclar[ation]*, 72, p. 260.

à la conservation de sa place. J'ose me flatter que vous voudrez bien employer votre crédit auprès du citoyen Bernadotte, nouveau ministre de la Guerre[37]. Quel service important vous lui rendrez ! Et que de nouveaux droits vous acquerrez à ma reconnaissance !

Les missions, me dites-vous dans votre dernière en date du 25 courant, seraient un moyen de faire revivre la religion dans les paroisses veuves. Je pense bien comme vous sur cet article. Les grands travaux des campagnes, ainsi que vous me l'observez, sont un obstacle bien puissant. Mais, pour réussir, s'il est possible, dans cette entreprise, je crois que vous ferez bien d'en écrire à tous les membres de votre conseil. Alors, d'après votre lettre, ce serait un objet de délibération et votre Conseil réuni vous transmettrait son avis à ce sujet. Peut-être nous opposera-t-on quelques difficultés dans les circonstances orageuses où nous nous trouvons. Quant à moi, je l'appuierai de tout mon pouvoir, parce que je gémis sur la situation de tant de paroisses privées de pasteurs. Je vous assure que je ne négligerai rien pour servir la religion non seulement dans les paroisses, mais encore dans toutes celles de votre diocèse[38]. Grâces à Dieu, ma santé est meilleure que

37 Il ne saurait être question de retracer, ici, la carrière de Bernadotte Jean-Baptiste (1763-1844), promis par la suite à de brillantes destinées. Officier issu du rang, il devait gravir tous les échelons de la hiérarchie militaire avant de devenir général de brigade en 1794. Engagé dans de nombreuses campagnes en Allemagne, Autriche et Italie, il connut d'éclatantes victoires et aussi quelques revers. Sous le Directoire, malgré plusieurs démêlés avec le gouvernement, il fut nommé, du 3 juillet au 14 septembre 1799, ministre de la guerre. C'est durant cette courté période que se place la requête de Chenu en faveur du citoyen Dominique. Sous l'Empire, allié à la famille Bonaparte, promu maréchal, Bernadotte devait devenir, comme on le sait, roi de Suède.

38 Cette allusion apporte un éclairage intéressant à l'action pastorale de l'évêque Grégoire. Les missions populaires destinées à revivifier la foi défaillante des fidèles avaient été surtout pensées et développées par les Lazaristes au XVIIe siècle, sous l'impulsion de saint Vincent de Paul. Cette congrégation de prêtres s'était mise à la disposition des évêques pour aller prêcher dans les paroisses, y enseigner le catéchisme, administrer les sacrements, soigner les malades… et remédier ainsi aux carences du clergé local. Parallèlement, les Lazaristes cherchèrent à améliorer la formation du clergé en organisant retraites et conférences et prenant la tête de plusieurs grands séminaires. C'est donc dans ce contexte que s'inscrit le projet de Grégoire. La plupart des historiens de l'Église attribuent au clergé de la Restauration, décidé à lutter contre la dé-christianisation générale due à la Révolution, l'initiative des missions populaires, non sans insister, d'ailleurs, sur le caractère excessif qu'elles revêtirent parfois (voir à ce sujet : *Histoire de l'Église depuis les origines jusqu'à nos jours* d'A. Fliche et V. Martin, tome 20, p. 500-501, Paris, Bloud et Gay, 1949). Nous constatons, ici, que ce souci pastoral fut, d'abord, porté par l'Église constitutionnelle et Grégoire reviendra, à plusieurs reprises, sur le sujet.

l'an passé et j'ai souvent recours à des remèdes qu'on m'a indiqués pour la conserver.

Depuis ma dernière, j'ai vu différents curés de votre diocèse : ils m'ont tous donné des nouvelles assez satisfaisantes, sinon que plusieurs d'entre eux font toujours entendre des plaintes sur l'insouciance de leurs habitants. Si le gouvernement venait au secours des prêtres assermentés, il y gagnerait beaucoup pour le maintien de sa République. Quelle que soit son ingratitude à notre égard, nous ne manquerons jamais à nos serments et au milieu de la détresse la plus affreuse et des persécutions les plus injustes, nous suivrons toujours le cri de notre conscience. Soumission aux lois, attachement inviolable à la religion catholique, telle est ma devise[39].

Veuillez bien me donner des nouvelles de votre santé, dont vous ne me parlez jamais et quand vous verrez le c[itoyen] Roulet, faites-lui des plaintes amicales sur son silence à mon égard : il s'est plaint au c[itoy]en Boucher que je ne lui écrivais pas ; cependant, depuis environ un mois et demi voilà deux lettres que je lui fais passer ; pour me consoler, je tâche de me persuader qu'elles ne lui sont pas parvenues.

J'ai l'honneur d'être avec le plus entier dévouement.

Chenu, prêtre, curé de St Nicolas.

---

39 Cette profession de foi de Chenu reflète fidèlement la pensée de son maître et pourrait être contresignée, telle quelle, par Grégoire. Elle résume la position à la fois théologique et politique du clergé constitutionnel, à ce moment de l'histoire de la République.

GR. 4753 ms
(56361)

Dupont Claude
(très vraisemblablement)
Au citoyen Grégoire
ex-législateur[40]
Rue Neuve-Saint-Guillaume
N° 1142 à Paris

Ce 30 Messidor, an 7
[19 juillet 1799]

Citoyen Évêque,

La citoyenne Dominique qui se rend à Paris à l'effet de solliciter le rétablissement de la place qu'occupait son mari au ci-devant château veut bien se charger de vous remettre la présente[41]. Je ne puis trop m'intéresser au sort du citoyen qui m'a paru remplir avec intelligence et probité ses obligations et qui pourrait bien n'avoir pour crime, aux yeux de ceux qui l'ont desservi, que de se conduire dans l'acquit de ses devoirs par des motifs civiques et religieux. La citoyenne Dominique, mère de famille, vous peindra mieux que je ne le ferais sa situation. Eh ! quand la justice sera donc la vertu, je ne dis pas de la nation, car je la lui crois inhérente, mais celle de ses agents[42] ?

Vous serez sans doute intéressé à la lecture du procès-verbal dressé le jour de notre fête patronale, au sujet de la reconnaissance des reliques de saint Pierre ; nous n'avons point fait l'ouverture de la boîte jusqu'à ce que les circonstances nous permettent de le faire ; la confiance est due à l'intégrité des services de l'évêque Caumartin, votre prédécesseur[43]. L'édification des

40 Cette qualification particulière montre bien que le clergé blésois était informé de la situation juridique de Grégoire, non réélu aux Cinq-Cents et non encore nommé conservateur à l'Arsenal.

41 Peut-être s'agit-il de Dominique Pierre-Jean, lieutenant des fermes du roi de 1788 à 1790 et de son épouse, née Louise-Charles Vincent.

42 Nous avons mentionné précédemment le citoyen Dominique, mais nous ignorons la véritable nature des démarches effectuées par son épouse auprès de Grégoire.

43 Ce passage présente un caractère quelque peu énigmatique. La « fête patronale » à laquelle Dupont fait allusion correspond, sans doute, à la Saint-Louis (patron de la cathédrale), dont la date fut toujours fixée au 25 août. Dans ces conditions, la lettre de Dupont, expédiée le 19 juillet 1799, ne peut que renvoyer au procès-verbal de l'année précédente, ce qui semble assez éloigné de l'événement lui-même. Quant aux reliques dites de saint Pierre, il faut se rappeler d'abord que la première église, prenant la suite d'une humble chapelle

fidèles s'est manifestée pendant les offices de ce jour, le citoyen Massion a célébré, le curé de Cellettes a fait l'éloge du saint et, le soir, j'ai dit deux mots sur les cérémonies ; je vous les fais passer et vous prie de me les renvoyer avec de vos nouvelles par le retour de la citoyenne Dominique[44]. Nous n'avons point encore de Commissaire, le citoyen Durand paraît être le seul qui ait pris intérêt à ce que le département soit bien servi[45]. Le premier nommé dont vous me parlez a refusé ; il n'a pu être considéré de la part des amis du gouvernement que comme mis en avant pour favoriser le parti contraire ; sa destitution par le même Directeur n'a point éprouvé alors, de la part des bons citoyens, de reproches ni de murmures. Voilà ma boussole, c'est là que se montre l'esprit public et non celui qu'on voudrait revoir en remettant en place les gens de 1793 dont nous n'avons point encore oublié ou les principes désorganisateurs ou les traits inhumains[46].

La chose publique peut encore être sauvée, mais ceux qui l'ont conduite à deux doigts de sa perte ne me paraissent pas propres à la garantir du danger auquel les excès dont ils pourraient se rendre coupables, l'exposerait. On dit : les royalistes persécutent les acquéreurs des domaines nationaux... Mais les anarchistes partageront leurs biens, sous le prétexte d'obtenir l'égalité de la fortune qu'ils voudraient, quoiqu'ils voulussent l'inégalité de domination et l'abus du pouvoir. Voilà comme je vois la chose d'après l'expérience du passé. Pour l'avantage de ma patrie, je voudrais être dans l'erreur[47].

---

de cimetière porta ce titre, aux environs des Ve et VIe siècles. C'est vers le Xe siècle que fut adopté le patronyme de Saint-Solenne. Enfin, sous le règne de Louis XIV, elle fut placée sous le patronage de saint Louis, titre qu'elle porte encore de nos jours. L'évêque qui semble avoir joué un certain rôle dans cette reconnaissance des reliques n'est autre que Jean-François Lefèvre de Caumartin (1720-1733), deuxième évêque de Blois.

44 Le nom du célébrant étant mal orthographié, nous pensons qu'il peut s'agir de Massion Jacques, curé d'Ouchamps (t. I, p. 104, n. 15). L'identification du curé de Cellettes se révèle plus délicate, deux prêtres ayant exercé la charge au début de la Révolution. Le plus probable paraît être Bellin Sylvain, (bûcheron, puis épicier durant la Terreur), qui retrouve sa paroisse, après 1795, et même fait partie, un moment, du Conseil épiscopal reconstitué.

45 Il devrait s'agir du citoyen Durand, agent national et jacobin fervent, déjà rencontré dans les précédentes correspondances.

46 Le passage décrit assez bien la situation inconfortable dans laquelle se trouva l'Église constitutionnelle dans la période allant de 1793 à 1794. Fidèle à la République, elle ne cessa de subir menaces et persécutions de la part des autorités administratives elles-mêmes.

47 Cette diatribe fait écho, sans doute, aux derniers développements de l'affaire Gracchus Babeuf, que nous avons déjà évoquée. Le procès des conjurés avait eu lieu à Vendôme du 27 février au 26 mai 1797 et avait violemment secoué le département du Loir-et-Cher. Au programme du groupe dit « des Égaux », figurait, rappelons-le, l'abolition de la propriété

Le citoyen Caillon, qui s'était chargé de vous remettre ma lettre, le dimanche d'après son arrivée à Paris, l'a sans doute perdue. Elle était relative au citoyen Mourioux [Morioux], curé de St Dyé[48].

Je dois en avoir copie, mais averti trop tard je n'ai point le moment de la chercher, encore moins celui de la transcrire. Ce sera pour la première occasion.

Les trois membres restants de l'administration s'intéressent toujours à vous et méritent que vous vouliez bien leur continuer votre bonne volonté. Ils ont écrit au citoyen Durand relativement à la lettre du citoyen Thibault et ils s'y expliquent de manière à laisser entrevoir que si le gouvernement montre de la difficulté à accéder à leurs désirs parce qu'ils sont administrateurs, leurs administrés désirent avoir bien plus lieu d'être sur le qui-vive lorsqu'un premier coup d'essai leur fait connaître que celui qu'on avait désigné pour commissaire ne pouvait qu'être partisan d'un administrateur destitué et d'un autre dont les talents et les dispositions ne peuvent être encore qu'équivoques[49]. Si vous avez quelque chose à écrire, vous vous pourriez adresser au citoyen Camereau, président. La lettre ne sera communicable qu'à ses deux anciens collègues[50]... Je finis, vu le départ de la voiture, et suis toujours votre respectueux et dévoué coopérateur et votre premier vicaire.

---

privée. En outre, dans le contexte troublé de l'été 1799, les néo-jacobins proposaient un programme rigoureux de réformes : emprunt forcé de 100 l. sur les riches, loi des otages... que leurs adversaires assimilaient à une atteinte à la propriété privée. Il est possible que la protestation de Dupont se rattache à ce dernier courant.

48 Le curé de Saint-Dyé est, en effet, Mourioux [Morioux] Denis, jeune prêtre, ordonné diacre par Grégoire et auquel nous avons consacré une note circonstanciée dans le tome I, p. 84, n. 48. Le citoyen Caillon, plusieurs fois cité dans cette correspondance, nous paraît être le même que celui dont parle Dufort de Cheverny dans ses *Mémoires*. Nous croyons utile de reproduire le passage où il le décrit, à travers le prisme de ses convictions personnelles : « Un nommé Caillon, ancien procureur, fort livré à la Révolution, mais que l'on croyait jouer le patriote » (Dufort de Cheverny, *Mémoires*, II, p. 261). Les nombreuses appréciations qu'il émet dans la suite de son livre, sur le même personnage, se révèlent de plus en plus dépréciatives.

49 Il existe plusieurs habitants du Loir-et-Cher porteurs du nom de Thibault. Mais le contexte général inclinerait à penser qu'il s'agit d'un personnage étranger au département : Thibault Anne-Marie Alexandre (1747-1813), ancien curé de Souppes et ex-évêque constitutionnel du Cantal. Démissionnaire en 1793, élu à la Convention puis aux Cinq-Cents, il y tint le poste de secrétaire. Quant au citoyen Durand, déjà rencontré, il exerce à Blois la fonction de commissaire.

50 Nous proposons, sous toutes réserves, le nom de Camereau, que Dufort de Cheverny cite comme étant administrateur départemental, à cette époque et qu'il présente comme « ancien marchand de drap » (*Mémoires*, II, p. 389).

GR 2104 ms

Grégoire Henri
Au citoyen Dupont, 1er vicaire épiscopal
à Blois.
Loir et Cher
Le Conseil épiscopal

Paris, 30 Thermidor an 7
[17 Août 1799]

Chers coopérateurs,

La disette de prêtres dans un grand nombre de diocèses est une plaie très affligeante pour la religion. Nous éprouvons aussi cette disette, et la situation d'une foule de paroisses sans exercice du culte présage pour l'avenir l'ignorance, l'oubli de Dieu et la dépravation dans ces paroisses. Je vois plusieurs moyens d'y porter remède, celui de préparer des élèves, d'engager les curés exerçants à former de jeunes gens dans la piété et la science pour qu'un jour ils aient des successeurs ; je vous conjure de les inviter à cette bonne œuvre[51]. Il est un autre moyen urgent, et dont l'effet sera plus prochain, ce serait d'organiser des missions dans les paroisses dépourvues de pasteurs. Dans chaque archiprêtré l'archiprêtre et quelques-uns de ses confrères animés du même zèle, s'associeraient à lui pour cet objet[52]. En même temps se ferait la visite archipresbytérale. Ne pensez-vous pas, estimables coopérateurs, que ces vues soient dignes d'être mises à exécution, que la seconde, surtout, peut l'être dans le

---

51 Ce passage traduit bien le désarroi de l'Église constitutionnelle, face à la pénurie de prêtres à cette époque-là. Cette pénurie résulte de plusieurs facteurs : la défection des réfractaires, cachés ou émigrés, la conjoncture politico-sociale caractérisée par une difficile reprise du culte et surtout la fermeture quasi-totale des séminaires. Ces institutions, fondées au XVIIe siècle, et donc relativement récentes, traversaient une très grave crise : dispersion du corps enseignant, enrôlements militaires des candidats, fermetures quasi générales des établissements… Grégoire, sans le dire explicitement, prône un certain retour à une antique tradition : accueil des aspirants et formation théologique et pastorale assurés par les curés dans le cadre paroissial. C'était, cependant, pour remédier aux insuffisances de ce système que le Concile de Trente avait préconisé la création des séminaires.

52 Le projet pastoral consistant à organiser les missions populaires, en vue de re-christianniser les campagnes et les villes, et auquel nous avons fait référence dans une précédente lettre occupait une place importante dans les préoccupations de l'évêque. L'idée se concrétisera amplement au cours du XIXe siècle.

courant de cet automne. S'il faut une pastorale, je la ferais très courte, à la vérité, pour diminuer les frais d'impression, ou l'on pourrait la faire circuler manuscrite. J'attends de votre zèle que, me répondant sans délai, vous m'indiqueriez ce que vous croirez utile à cet égard.

J'apprends que la ville de Selle [Selles[53]] est sans pasteur et que des laïcs s'ingèrent à exercer le culte à leur manière. J'appelle votre attention sur cette paroisse importante. Pourriez-vous lui procurer un curé ? Telles sont, chers coopérateurs, les observations que me dicte l'amour de la religion. Ce sentiment est dans vos cœurs, il sanctifie celui de l'attachement respectif qui nous unit. Je vous embrasse de tout mon cœur.

+ H. Grégoire, Év[êque] de Blois.

GR 2105 ms

Grégoire Henri
Au citoyen Boucher
vicaire épiscopal à Blois
Loir et Cher

Paris 30 Thermidor an 7
[17 Août 1799]

Le cit[oyen] Boucher

Cher coopérateur,

J'ai reçu par le cit[oyen] Merlon les exemplaires de mon discours sur la liberté des cultes, je vous prie de me marquer ce que vous avez déboursé afin que je vous le transmette[54]. Ce que j'aurais désiré, c'était

53 Il existe, dans le Loir-et-Cher, deux localités portant ce nom : Selles-Saint-Denis et Selles-sur-Cher. Nous supposons qu'il s'agit de cette dernière – la plus importante – en raison des problèmes de succession qu'elle posait. En effet, d'abord administrée par un certain Pasturaud, assermenté puis marié, elle est confiée en 1792 à Ambroise Feuillâtre, jeune prêtre ordonné par Grégoire, dont nous avons déjà parlé et qui finit par se rétracter. La vacance prend fin en l'an VIII, grâce à un certain Hartel, venu sans doute d'une autre région et sur lequel les lettres ultérieures de Grégoire nous donneront quelques précisions.

54 Nous avons mentionné, dans nos précédentes études et notamment dans l'introduction générale de cette correspondance, l'extrême importance de ce Discours. Il instaurait, bien avant la loi de 1905, une réelle séparation de l'Église et de l'État. La conjoncture politique au cours de laquelle il fut prononcé, à la Convention, le 3 Ventôse an III [22 février 1795]

des exemplaires de ma 1re pastorale après la persécution[55]. Vous avez bien raison de ne pas accorder de pouvoir au cordelier récemment arrivé sans qu'il soit muni de lettre commendatice de son évêque. Cela est indispensable, d'autant plus que dans divers diocèses, on se plaint de prêtres gyrovagues qui se dépaysent pour cacher et souvent pour retracer ailleurs des scandales[56]. Dans une lettre au conseil, j'insiste sur la nécessité d'organiser des missions pour les paroisses veuves. Il est également indispensable que les archiprêtres fassent leur visite. Ces deux mesures pourraient n'en faire qu'une, et produiraient un double avantage.

Avez-vous des nouvelles de Montoire et des environs ? Embrassez pour moi tous les braves curés dont vous me parlez. Ma lettre est commune au cit[oyen] Chenu, dont j'ai appris la maladie avec douleur et la guérison avec la joie la plus vive. Je vous embrasse l'un et l'autre de tout mon cœur.

+ H. Grégoire Év[êque] de B[lois].

J'écris à la cit[oyen]ne Guérin ; salut à cette respectable chrétienne et à vos autres dames.

Dans une lettre au conseil je lui parle de la ville de Selles[sur-Cher] qui est sans pasteur, à ce que me dit le cit[oyen] Brisson, et même où des laïcs s'ingèrent à faire les fonctions. Ne pourriez-vous pas procurer un pasteur à cette grande paroisse[57].

---

se révéla particulièrement défavorable au point que l'orateur, interrompu et invectivé, ne put achever son propos. C'est Boissy d'Anglas qui, reprenant les mêmes dispositions, obtint, quelques jours plus tard, l'assentiment de l'Assemblée. Ce Discours de Grégoire a été publié à diverses reprises, notamment par F.P. Bowman (*L'Abbé Grégoire évêque des Lumières*, p. 116-126). L'intérêt de cette version réside dans la transcription qu'elle fait du Décret voté par l'Assemblée, à la suite de l'intervention de Grégoire et singulièrement des articles I et II « [...] L'exercice d'aucun culte ne peut être troublé. La République n'en salarie aucun » (*op. cit.*, p. 126).

55 Cette allusion renvoie vraisemblablement à la *Lettre pastorale de – évêque du diocèse du Loir-et-Cher, sur le rétablissement du culte* (Paris, Maradan et Le Caire, 1795, 17 p., BNF, 4° – Ld[4] 3952 A). Elle fut ré-imprimée, semble-t-il, une dizaine de fois.

56 Nous n'avons pu identifier le cordelier en question. Cette affaire souligne, toutefois, la grande désorganisation affectant les membres des ordres religieux dissous en 1791. Prêtres ou non-prêtres, ils devaient opter pour la vie civile, ou pour le clergé séculier. C'est ce dernier parti que veut embrasser l'ex-religieux cité ici. Si on se rappelle les déboires éprouvés par Grégoire dans l'intégration qu'il tenta de quelques-uns d'entre eux, on oublie peut-être les succès qu'il rencontra en d'autres circonstances.

57 Le problème de la nomination à la cure de Selles-sur-cher n'est toujours pas réglé à cette date et celui qui s'en préoccupe est vraisemblablement le procureur général syndic Brisson

J'engage le brave curé de S[aint] Nicolas à ménager sa santé. Une cruelle expérience m'a trop appris ce qu'il en coûte de la négliger. Que font les respectables cit[oyens] Vallon ? Vous ne m'en parlez pas. Probablement je partirai sous peu de jours pour Lunéville, où mes affaires de famille m'appellent depuis que j'ai eu le malheur de perdre ma mère. Malgré cela, répondez-moi ici, à Paris, et spécialement pour le projet de missions, on m'enverra la lettre où je serai[58].

GR 2106 ms

Grégoire Henri
Au citoyen Dupont, 1er vicaire épiscopal,
ou au citoyen Boucher vicaire épiscopal à Blois
Loir et Cher
Le Conseil épiscopal

Paris, 4 Fructidor an 7
[22 Août 1799]

Chers coopérateurs,

Je vous ai adressé par la poste, il y a quelques jours, une lettre relative aux moyens de fournir aux paroisses sans pasteur les consolations de la religion, en y organisant des missions[59]. Je vous prie, par la présente, de préparer les matériaux d'un autre travail.

Dans la 2e encyclique adoptée par le clergé de France et conséquemment obligatoire pour nous tous, nous avons inséré un article portant que, annuellement, chaque curé donne en forme de compte rendu à l'archiprêtre

---

Marcou, ancien député à la Convention, devenu commissaire du pouvoir exécutif à Blois, sous le Directoire, puis juge dans la même ville. (Dufort de Cheverny, *Mémoires...*, II, p. 117).

58 Dans cette correspondance assez clairsemée de l'année 1799, la mention, par Grégoire, de la mort de sa mère nous fournit un des rares repères chronologiques concernant cet événement. Comme nous l'avons signalé, le décès de Marguerite Thiébaut, épouse de Sébastien Grégoire, remonte au 1er janvier 1799 et non au 22 septembre 1799, comme l'indiquent à tort plusieurs chrono-biographies. Ce voyage à Lunéville aura vraiment lieu et durera un certain temps, donnant naissance à l'opuscule intitulé : *Promenade dans les Vosges*, dont nous reparlerons.

59 En dehors des recommandations de Grégoire à propos des missions et déjà citées, nous ne trouvons pas la trace de cette lettre. S'il s'agissait d'un écrit d'une plus grande ampleur et imprimé, la bibliographie de S. Posener en aurait fait mention, vraisemblablement.

de son arrondissement une notice sur l'état de la religion dans sa paroisse, que l'archiprêtre forme sur ces notices le compte rendu de son archiprêtré qu'il adresse à l'évêque, que l'évêque rend compte à son métropolitain et celui-[ci] au Pape[60].

Je voudrais le plus tôt possible rendre ce compte à mon métropolitain. Veuillez donc, chers coopérateurs, rassembler pour les curés et les archiprêtres les éléments de ce compte rendu en y joignant la note succincte des notes des curés du diocèse, dont *tant* desservies, *tant* sans pasteur… etc…

J'espère partir sous trois jours pour Langres et Vesoul ; ici je m'arrêterai et verrai le cit[oyen]-Évêque. Adressez-moi vos lettres à Paris, d'où elles me seront renvoyées[61].

Au milieu des embarras et des peines qui nous affligent, jetons les yeux sur l'auteur et le consommateur de notre foi, et que cette vue nous encourage. Je vous embrasse, chers coopérateurs, avec les sentiments de la plus vive affection.

+ H. Grégoire, Év[êque] de Blois.

---

60 Le document cité ici doit être, selon toute probabilité, l'*Instruction sur les fonctions des archiprêtres envoyée par les évêques réunis à Paris, à leurs véritables coopérateurs dans le Saint ministère.* Il a été publié dans les *Annales de la religion* (N° 2 du 2 mai 1798, t. VII, p. 48-64).

61 Cette annonce se révèle importante sur le plan chronologique. Elle confirme le projet de voyage de Grégoire vers les Vosges et la Lorraine. Ce voyage paraît consécutif à la mort de sa mère, comme nous le signalions dans une note précédente. Sa durée approximative s'étend du 22-24 août au 26-28 décembre, soit, comme le note A. Gazier, environ quatre mois et demi. Durant cette longue absence, nous possédons plusieurs lettres adressées à lui par ses curés et qu'il a dû vraisemblablement conserver. Nous les reproduisons plus loin. En revanche, aucune de ses missives personnelles, correspondant à cette période, n'apparaît dans le fonds de Port-Royal. Si cette lacune était due à un silence total de l'évêque vis-à-vis de ses curés, les lettres de ceux-ci s'en feraient certainement l'écho et répercuteraient reproches ou plaintes. Or, visiblement, il n'en est rien, si bien qu'il paraît plus prudent de conclure à une perte générale de cette partie des lettres de Grégoire.

SÉJOUR LORRAIN ET *PROMENADE DANS LES VOSGES* (AOÛT-DÉCEMBRE 1799[62])

Le récit de ce voyage fit d'abord l'objet d'une lecture publique au sein de la « classe des sciences morales et politiques » de l'Institut, au cours du premier semestre de l'an VIII, sous le titre *Mémoire sur les Vosges*. Un résumé en parut dans les *Mémoires de l'Institut national, sciences morales et politiques*, de l'année 1799 (nº 83, t. IV, p. 33-35). Grégoire était, comme on le sait, co-fondateur de cette institution et participait, autant qu'il lui était possible, aux réunions qu'elle organisait. La revue *Le Magasin encyclopédique* prit le relais en publiant cet écrit la même année (voir t. V, p. 545-546). Il s'agissait là d'une version abrégée dont la diffusion resta, semble-t-il, limitée. Il fallut attendre l'année 1895 pour qu'un érudit local, Arthur Benoît, retrouve le manuscrit original et le publie dans sa teneur intégrale, enrichie de notes et de remarques (Épinal, Imprimerie vosgienne, 9, rue de la Calandre, 1895). C'est de ce texte maintenant disponible sur le site de la B.N.F. Gallica (Bibliothèque nationale et universitaire de Strasbourg) que nous nous inspirons pour les quelques remarques suivantes.

Consécutivement au décès de sa mère, le 1er janvier 1799, auquel, résidant alors à Paris, il n'assista pas, Grégoire prit la décision, pour honorer la mémoire de celle-ci, de se rendre dans son pays natal. Après avoir rempli ce devoir de dévotion filiale et fait poser, au cimetière d'Emberménil, les inscriptions funéraires consacrées à ses parents (détruites au cours de la dernière guerre), il décide d'effectuer un long périple qui le conduit des Vosges en Alsace, où il visite églises et monastères. L'éloge chaleureux qu'il fait du pasteur Oberlin, et de son école du Ban-de-la-Roche, implique-t-il qu'il ait rendu visite à ce dernier ? La brochure, qui est tout le contraire d'un journal de voyage, ne l'indique pas, même si cette hypothèse reste tout à fait plausible.

Après une apologie des voyages en tant que tels, l'auteur explique ainsi l'esprit et le but de son livre : « Le mien est moins un ouvrage qu'un essai.

62 Nous ignorons, en fait, la date du retour de Grégoire à Paris. La première lettre, écrite depuis la capitale, date du 28 décembre 1799 et nous la publions en GR 2107, p. 131. Nous suivons, ici, la chronologie d'A. Gazier, qui évalue à quatre mois et demi le voyage en Lorraine, ce qui situerait le retour de notre auteur dans le courant du mois de décembre.

J'envisage les Vosges non comme département, mais comme chaîne de montagnes répartie entre six départements qui sont ceux du Haut et du Bas-Rhin, Haute-Saône, Meurthe, Meuse et celui auquel elles donnent son nom. Au lieu de promener le lecteur d'une manière géographique, j'ai groupé sous les titres d'*Idiome, Costume, Mœurs, Religion, Agriculture, Industrie*, quelques faits dont les uns étaient ignorés, les autres avaient été trop peu remarqués ou mal présentés[63] ». Toutefois, la simple consultation des titres de l'ouvrage montre que ces termes retenus par l'auteur n'en constituent pas, à proprement parler, les têtes de paragraphe. Ainsi, la première partie intitulée : *Traditions historiques. Usages. Préjugés* rappelle plusieurs coutumes parfois très étranges, liées aux sites géographiques vosgiens, et dont beaucoup font appel à un imaginaire collectif, imprégné de merveilleux ou de superstition, tel le rituel du plat de neige offert, le jour de la Pentecôte, aux chanoinesses de Remiremont, ou la « ridicule cérémonie » due à l'abbé de Luxeuil. Elle obligeait les habitants de la région à battre les étangs, les nuits d'été, afin de faire cesser le coassement des grenouilles.

La seconde partie, intitulée : *Esprit de liberté chez les anciens Vosgiens*, illustre un thème cher à Grégoire, celui des libertés locales et des franchises conquises par les populations, au Moyen Âge, sur les puissances féodales. L'*Idiome* rappelle le caractère bi-lingue de la région et plaide, en quelque sorte, pour la continuité de ce pluralisme. L'*Instruction* permet à l'auteur, promoteur, à la Convention, des écoles élémentaires communales, de souligner les mérites des curés vosgiens dans ce domaine. L'*Amélioration sociale* contient un éloge sans réserve de l'œuvre du pasteur Oberlin, fondateur, au Ban-de-la-Roche, d'une école novatrice et promoteur de l'industrie régionale. L'éloge s'étend à la personne de J.B. Maudru, évêque de Saint-Dié, créateur d'un collège épiscopal dans sa ville et victime injuste de la Terreur. Le long développement intitulé : *Époque de la puberté. Population. Constitution physique. Régime diététique*, traite, à travers ces énoncés apparemment disparates, de tout ce qui regarde l'éthique corporelle. L'auteur se plaît à louer la santé et la fécondité des familles vosgiennes, à recenser les ressources alimentaires et les recettes culinaires du pays, en vue d'améliorer le bien-être général. Dans le *Costume*, il fustige les habits trop serrés et détaille soigneusement les coiffures masculines ou féminines traditionnelles. Dans la dernière partie intitulée : *Autorité paternelle. Respect filial. Mariage. Mœurs*, le moraliste intransigeant plaide

63 *Op. cit.*, p. 11.

pour les vertus familiales et l'amour conjugal, sans oublier les devoirs envers les animaux. L'ouvrage se termine par un exposé sur le folklore et les fêtes, ingrédients indispensables du bonheur commun.

Comme on le voit, cette relation témoigne davantage du regard pénétrant de l'homme éclairé que d'une étude rigoureuse et scientifique des structures de la société vosgienne. Toutefois, à l'instar de Montaigne ou de Montesquieu, et préfigurant certains ethnologues modernes, il profite de tous les voyages effectués pour enrichir son expérience et satisfaire, à l'égard de tous les phénomènes humains observés, une curiosité insatiable. Celle-ci, imprégnée de sympathie, reste par ailleurs invariablement tournée vers l'avenir et le progrès.

1799
An 8

GR 4754 ms
(56362)

Dupont Claude
à Grégoire Henri

Blois, 18 Brumaire an 8
[9 novembre 1799]
(rép[ondu]
Pastorale)

Citoyen Évêque,

Votre lettre adressée au citoyen Dupont nous a été communiquée. Nous en avons pris individuellement lecture et nous nous sommes ajournés [*sic*] en Conseil pour y répondre[64]. Les cit[oyens] Vallon, Chenu, Métivier, David, Boucher et Dupont en ont discuté les différents articles. En considérant les circonstances dans lesquelles ils se trouvaient ont estimé ce qui suit sur chacun d'eux.

1° – Que les missions dans les paroisses dépourvues de prêtres seraient très utiles si elles pouvaient être pratiquées sans danger de perdre

64 L'envoi de cette lettre est mentionné par Grégoire dans son courrier du 22 août 1799 (voir plus haut), mais il est lui-même légèrement antérieur à cette date. On peut donc mesurer, avec étonnement, le large laps de temps qui sépare cet envoi de sa réception par Dupont.

la liberté de l'exercice du culte dans les paroisses où il est en plein exercice. Les prêtres en sont aux dénonciations du premier malveillant, constamment surveillés par les ennemis du culte extérieur, ne devant leur liberté qu'à quelques considérations que la moindre témérité ferait taire ; environnés de diocèses où les prêtres constitutionnels sont réduits à une inaction forcée par la fermeture de leurs églises, la plupart des communes dominées par des agents trop favorables aux différents partis, voilà les obstacles que nous éprouverions si nous mettions à exécution ce que vous proposez. L'essentiel est de conserver avec prudence le peu de liberté dont nous jouissons et de nous en servir pour l'avantage du gouvernement, ainsi que pour la conservation des principes religieux dans les paroisses qui sont soumises à notre sollicitude[65].

2° – Les prières publiques que vous désirez que nous annoncions relativement au Souverain Pontife pourraient exciter l'animadversion contre nous qui, faisant profession de maintenir les libertés de l'Église de France, innoverions dans le cas dont il s'agit, puisque vous-même reconnaissez que ces prières ne sont point d'usage[66].

La Providence qui gouverne tout avec sagesse aura, nous l'espérons, égard aux vœux particuliers des ministres de l'Église et des fidèles qui les suivent dans l'étendue de l'univers chrétien. Nous ne sommes point indifférents aux circonstances, mais nous ne croyons pas offrir des armes à la malveillance, habile à interpréter en mauvaise part nos fonctions et nos démarches et trop adroite pour ne pas en tirer avantage.

Depuis près de deux mois que notre département est environné de Chouans et de gens qui se disent mécontents, abandonnés à l'énergie

65 Ce tableau résume éloquemment les tracas et les embûches rencontrés sur le terrain par les constitutionnels, après la difficile reprise du culte. Les oppositions, comme nous l'avons déjà signalé, proviennent de deux camps opposés : les royalistes, encore très actifs, liés aux prêtres réfractaires et qui souhaitent le retour de l'Ancien Régime et les républicains jacobins souvent très anti-religieux qui veillent à l'observance pointilleuse d'une loi déjà très restrictive. L'organisation d'une mission, avec son déploiement inévitable de célébrations extérieures et son apparat liturgique, attirerait l'attention de ce dernier groupe et pourrait donner lieu à diverses mesures de rétorsion.

66 Ce passage permet d'apprécier l'importance, aux yeux de Grégoire, du lien de l'Église constitutionnelle avec le Saint-Siège et nous montre à quel point l'idée même de schisme lui était étrangère. Sur le terrain, une partie de l'opinion publique ne pouvait oublier la condamnation prononcée par Pie VI de la Constitution civile du clergé et des réformes de la Révolution française. Toute marque de déférence à son égard ne pouvait qu'éveiller méfiance et hostilité.

d'un très petit nombre d'amis du gouvernement, constamment en garde contre ses ennemis au milieu desquels nous existons et menacés par ceux qui nous avoisinent qui ont exercé et menacent chaque jour d'exercer leur brigandage, événement qui a eu lieu avant-hier en la commune de Savigny. Nous ne pouvons vous le dissimuler : la prudence est notre sauvegarde et si le gouvernement ne vient promptement au secours du département, nous pourrions bien éprouver le sort de tant d'infortunés, pillés, blessés, massacrés, selon la disposition de ceux entre les mains desquels nous tomberons[67].

Voilà, citoyen évêque, voilà notre position, voilà nos dangers, voilà nos moyens de défense. Si nous pouvons, par notre persévérance, conserver le libre exercice de notre culte dans des circonstances aussi tristes, nous nous en réjouissons dans le Seigneur, dans lequel repose toute notre confiance. Il nous aurait été flatteur de vous avoir à notre tête pour soutenir notre zèle et, par vos conseils et par vos exemples, ranimer le courage d'un peuple abandonné à ses propres réflexions, troublé par une crainte malheureusement trop fondée et désespéré par la privation de tout moyen de défense. Quelle que soit l'issue des événements, nous n'en sommes pas moins pénétrés pour vous de respect, de confiance et d'attachement[68].

Pour les membres de votre Conseil

Dupont, prêtre, vicaire épiscopal.

---

67 Cette fin d'année 1799 apparaît dans le Blésois bien instable et agitée par divers troubles populaires. Le témoignage de Dufort de Cheverny, fort partial au demeurant, s'en fait l'écho à plusieurs reprises. Ainsi, à la date du 11 septembre 1799, il note : « Un parti royaliste de quinze cents hommes, poursuivi vivement par les troupes républicaines, a été obligé de se jeter dans le département de la Sarthe. Conduits par des chefs habiles, ils se sont divisés en groupes de cinquante à soixante [...]. On avait sonné le tocsin, le Département, ici, était prévenu ; la troupe poursuivie a pris son parti ; elle est entrée dans Blois par les Jésuites, à deux heures du matin, a passé par la grande pièce et est maintenant en sûreté [...]. Ce qu'il y a de singulier et d'heureux pour eux, c'est que Liger avec sa troupe de quatre cents hommes était sorti de la ville par la place des Jésuites pour les poursuivre une demi-heure avant leur passage » (Dufort de Cheverny, *Mémoires*, II, p. 414). Quelle que soit la véracité de ce témoignage émanant d'un auteur farouchement opposé à la Révolution, on peut noter l'extrême instabilité de la situation politico-sociale dans une région pourtant réputée plus tranquille que celle des départements voisins. Pour les constitutionnels, en tout cas, le danger pouvait venir des deux camps opposés, d'où le devoir de discrétion et de neutralité préconisé par Dupont.

68 Cette conclusion, empreinte de respect à l'égard du pasteur suprême du diocèse, laisse percer néanmoins une indéniable tristesse et, avec infiniment de tact, fait remarquer à l'évêque que l'éloignement qui est le sien l'empêche d'apprécier avec réalisme toutes les données de la situation locale. La lettre s'achève donc par le rejet de l'idée, jugée utopique et dangereuse, des missions populaires.

Gr 4755 ms
(56363)

Dupont Claude
au citoyen
Au citoyen Grégoire
Ex-législateur rue
St Guillaume n° 1142
à Paris

[Copie d'une lettre écrite de Selles-sur-Cher
le 2 Frimaire an 8
[23 novembre 1799]

« Citoyen, j'ai fait part à mes concitoyens des conférences que nous avons eues ensemble, relatives au placement d'un prêtre dans cette commune-chef-lieu. Tous m'ont paru très bien disposés à le recevoir, même à le désirer. Ainsi je me hâte de vous en informer afin que vous fassiez en sorte de nous envoyer le ministre républicain le plus tôt qu'il vous sera possible. J'espère que cela ne tardera pas puisque vous m'avez assuré que vous en aviez un tout prêt. Moralité et républicanisme sincère, voilà les seules qualités que nous exigeons d'un ministre catholique qui pourrait, certes avec les patriotes de ces contrées, concourir à l'affermissement de la République et au maintien de la liberté et de l'égalité.

Nous vous invitons à prévenir le citoyen Grégoire de nos dispositions et à lui dire qu'il y a une ample moisson à faire dans ce canton. »

La lettre est signée BIGOT[69].

Ce citoyen Bigot est secrétaire de l'administration municipale de Selles, lequel, comme membre du jury de révision de l'emprunt de 100 millions, a coopéré avec moi, pendant quinze jours, à rétablir la justice distributive en cette partie[70]. Il est la cheville ouvrière de l'administration

69 Le style de cette requête est caractéristique des représentants républicains de l'autorité civile, en cette fin du Directoire. Il ne devait pas déplaire à Grégoire, car il unit dans un même sentiment la piété chrétienne et la ferveur républicaine. À la différence de bien des administrateurs de l'époque, Bigot (dont le nom très répandu dans le Loir-et-Cher pourrait correspondre à Bigot Pierre Aymar, rédacteur du Cahier de doléances de Selles-sur-Cher) a compris l'intérêt d'associer le clergé constitutionnel à l'entreprise de consolidation du régime républicain.

70 La Révolution, pour parer à des difficultés financières récurrentes, eut recours, à plusieurs reprises, au système des emprunts, inauguré déjà par Necker. Sous la Convention, avec Cambon, les prélèvements devinrent obligatoires et, à la fin de 1795, le Directoire institua un « emprunt forcé » qui devait rapporter 600 millions, objectif qui ne fut pas atteint. En juin 1799, le gouvernement décréta un nouvel emprunt forcé de 100 millions. C'est

de Selles et il m'a assuré de vive voix qu'un prêtre pénétré des vrais principes chrétiens et civiques y sera d'autant mieux accueilli que le citoyen Froumy, curé déporté, administrait en sens inverse[71].

Ainsi, citoyen évêque, vous pouvez envoyer le prêtre que vous annonciez au citoyen Boucher pour la dite commune.

La commune de Mondoubleau nous a fait écrire que le citoyen Gillot, son curé, se rendait dans son pays pour y jouir de la succession de ses père et mère et qu'il importait de leur procurer un prêtre au plus tôt, pour les fêtes de Noël. Il nous a été observé que l'ancien curé, émigré, était mort, qu'un ancien prêtre disait la première messe et ne pouvait [accomplir] d'autres fonctions. Comme le commissaire qui écrit manifeste une disposition favorable pour le prêtre demandé, j'ai pensé que c'était le cas d'indiquer pour cette paroisse un sujet digne d'elle. En conséquence j'ai écrit au citoyen Legrand, curé de Beauchêne, lequel mérite préférence et l'ai invité à prendre connaissance du local et à me marquer s'il lui conviendrait. Je vous ferai part de sa réponse[72].

Vous avez dû reconnaitre, par ma dernière lettre, la triste position dans laquelle nous nous trouvons ; ce que j'ai prévu arrive et nous sommes dans les plus vives alarmes. En vain le département a réclamé des secours, il a frappé à toutes les portes et quoiqu'une suspension d'armes ait été annoncée officiellement de la part du général Hédouville, comme concertée avec les chefs des royalistes, nous n'en sommes que plus maltraités. Dans notre département, au nom du Roi, on pille, on vole, on assassine[73].

---

pour la répartition de cette charge sur les contribuables que Bigot et Dupont ont dû coopérer à ce moment-là.

71 Froumy Joseph, curé de Selles-sur-Cher au début de la Révolution manifeste, très vite, son hostilité au nouveau cours des choses. Il s'oppose à l'inventaire des biens de son église, refuse de livrer ses lettres de prêtrise et finit par émigrer en Angleterre, où il réside encore en 1802 (J. Gallerand, LCST, p. 391, 525, 526).

72 Nous avons déjà rencontré Gillot Louis, dans le tome II et nous renvoyons à la note que nous lui avons consacrée (t. II, p. 244, n.216). Originaire du diocèse de Chartres, il y est sans doute retourné pour les raisons qu'indique Dupont. Le Grand Pierre, Louis, déjà rencontré dans le tome I et à de nombreuses reprises dans le tome II, est une figure importante du clergé blésois et un fidèle du parti grégorien. Nous ignorons s'il a donné suite à la proposition de Dupont, mais on le retrouve plus tard desservant de la paroisse de la Trinité, à Vendôme.

73 Ce passage fait référence aux événements importants qui se déroulent, alors, dans l'Ouest de la France. Une vaste opération de pacification est lancée pour tenter de mettre fin aux troubles suscités par les groupes royalistes et la chouannerie locale. Dans cette entreprise, le Directoire peut compter sur la coopération active du général Hédouville Gabriel,

À St Cyr-du-Gault un fermier qui a acquis une propriété du ci-devant chapitre de St Gatien de Tours vient d'être mis à contribution. On lui a pris son argent, ses manteaux, cinq chevaux qu'on l'a forcé d'équiper avec défense de mettre l'œil à la porte pour suivre la retraite des brigands. Les papiers de l'administration d'Herbault sont rendus au département.

À Savigny, on y a pillé deux fois, brûlé les archives, à la seconde fois on a dit au curé qu'on avait ordre de le fusiller et que, s'il ne se retirait, on mettrait l'ordre à exécution.

À Droué, le commissaire et le secrétaire de l'administration ont été pillés. Ils ont été forcés de se rendre au pied de l'arbre de la liberté où, en leur présence, on a brûlé les papiers de l'administration. À Villedieu, la maison des citoyens Le Clerc, dont l'un ex-représentant, a été pillée. Ils se sont sauvés en chemise à Montoire. Deux pères de famille, l'un de sept enfants, l'autre de cinq ont été fusillés au pied de l'arbre de la liberté[74].

Le c[itoyen] Chenu est parti, ce matin, à trois heures, pour exposer au général Hédouville la situation désespérante du Département. Si on avait obtenu quelques centaines de troupes de ligne, on aurait pu contenir les malveillants. La découverte d'enrôlement pour les royalistes de la part d'un citoyen de Blois, détenu, mais dont le jugement du délit se trouve suspendu, par l'effet de la suspension d'armes avec les royalistes, nous expose à tout souffrir de la part des révoltés qui méconnaissent l'armistice conclu avec le général Hédouville[75].

On répond que les pouvoirs du citoyen Venaille sont révoqués. S'il est remplacé par quelqu'un des révoltés, où en serons-nous[76] ?

Marie (d') (1759-1825). D'origine noble et incarcéré un moment sous la Terreur, il est réintégré dans l'armée le 4 Floréal an III (24 avril 1795) et est nommé chef d'état-major de Hoche. D'après le tableau que trace Dupont (lui-même administrateur départemental) de ces opérations dans la région blésoise, le calme est loin d'être revenu et le clergé constitutionnel est à nouveau placé au centre du conflit.

74 Les trois forfaits énoncés dans ces trois paragraphes par Dupont sont visiblement l'œuvre des troupes royalistes ou des chouans de la région. Étant donné le poste qu'il occupe au sein de l'administration départementale, il peut être tenu pour bien informé et les faits qu'il relate jugés comme crédibles. Leur authentification – intéressante pour l'histoire locale – déborde quelque peu l'objet de cet ouvrage.

75 C'est bien le général d'Hédouville qui fut chargé, à cette époque, de négocier la paix avec les royalistes. L'accord ne se conclura définitivement qu'en 1800. Entre temps, il semble que les conjurés n'ont pas respecté la trêve, au grand détriment des populations locales.

76 Venaille-Bodin Pierre-Étienne (1753-1828) est une figure importante de la région blésoise. Natif de Romorantin, il devient commissaire du roi près du tribunal du district de cette ville, puis est élu suppléant à la Convention de Carra qu'il remplaça après le

Nous avons la plus grande confiance dans vos conseils, mais leur influence s'étendra-t-elle assez tôt sur notre malheureux département abandonné à lui-même, entouré d'ennemis et dénué de tout secours ? Que de tristes réflexions ! Mais quelle sera notre fin ? Dieu seul le sait.

Le patriotisme peut être dans le cœur ; mais quand on bat la générale, que le tocsin sonne dans des communes et qu'on n'ose se montrer ou qu'on refuse de prendre les armes, on peut avancer que les patriotes sont bien peu en force[77].

Vous avez dû recevoir une lettre de la Société d'Agriculture que je vous ai adressée peu de jours avant la vacance. C'était l'extrait de votre nomination en qualité de membre associé. Votre silence sur l'acceptation donne lieu de soupçonner que cette lettre ne vous soit pas parvenue. La Société n'ayant rien reçu de vous dans sa correspondance, elle m'invite à vous en écrire[78]. J'ai fait passer au C^en^ Leddet note de votre réponse au sujet de son fils[79].

Le citoyen Le Sage Amaury doit vous voir à Paris et vous rappelle l'intérêt qu'il prend, ainsi que moi, au citoyen Amaury, son beau-frère, pour qui je vous avais écrit comme postulant son admission à l'École polytechnique[80].

Le c[itoyen] Labatte, curé de Santenay, traduit au tribunal criminel pour un trait que la malveillance aurait noirci a été acquitté. Il passe à Angé près Montrichard, où, depuis près d'un an, un curé marié a cessé ses fonctions[81].

---

décès de celui-ci. Régicide, il est nommé commissaire près l'administration centrale du Loir-et-Cher. C'est vraisemblablement le poste qu'il occupe, au moment où cette lettre est rédigée. Les critiques formulées par Dufort de Cheverny dans ses *Mémoires* à son égard sont particulièrement acerbes (voir *Mémoires*, II, p. 412).

77 Dupont réagit ici autant en administrateur départemental et donc défenseur des valeurs républicaines qu'en pasteur. Face aux incursions périodiques des bandes royalistes, les patriotes ont bien du mal à se mobiliser.

78 Grégoire fut, en effet, élu comme membre associé à la Société d'agriculture de la Seine. Différentes chrono-biographies indiquent la date du 27 septembre 1798 comme étant celle de son affiliation. Nous n'avons pu vérifier le fait, mais le délai nous paraît bien long entre cette date et l'envoi à Grégoire de son titre de membre. Nous rappelons qu'il composera, plus tard, un *Essai historique sur l'état de l'Agriculture en Europe au XVIe siècle*, Paris, Huzard, an XII (B.N., S-4455).

79 Ce patronyme, mal orthographié, ne permet pas d'identifier la personne.

80 Un citoyen Amaury est évoqué dans les *Mémoires* de Dufort de Cheverny. « Jeune homme » il aurait épousé, pendant la Révolution, une aristocrate divorcée Agathe de la Mothe-Ango de Flers. (Dufort de Cheverny, *Mémoires*, II, p. 87). Il pourrait s'agir, toutefois, d'un simple lien de famille ou d'un homonyme.

81 Labatte Augustin, originaire du diocèse du Mans, succède à Marnat Michel à la cure de Santenay en 1795. On le retrouve, en l'an VIII, curé d'Angé puis, plus tard, desservant de Mont. À Santenay c'est un certain Lasalle qui lui succède.

Le curé de Muides, ne pouvant se procurer le nécessaire, pourra passer à St Léonard[82].

Le citoyen Mulon, curé de St Bohaire, est à La Chaussée[Saint-Victor] par le même motif[83].

Le tableau des pensionnaires ecclésiastiques de ce département est approuvé par le ministre.

Les citoyens Mourioux, curé de St Dyé, et Dumans, curé dans le Vendômois, canton de Morée, sont annotés au tableau, supprimés comme étant de l'âge de la réquisition, avec cette observation : « Supprimé, doit comme réquisitionnaire justifier de sa présence aux armées ou d'exception légale de service[84]. »

Je sais que la loi n'a point d'égard aux professions mais ces prêtres qui, par la loi sur la réquisition étaient exempts, qui, sous la loi sur la liberté des cultes, ont repris le ministère, qui l'ont constamment exercé et l'exercent encore à l'avantage du gouvernement et par les leçons et l'exemple de la soumission à ses lois, ces prêtres, dis-je, qui entretiennent la paix dans leurs communes respectives, en seront-ils retirés au risque de voir naître le trouble et peut-être le mécontentement en icelles, pendant que les réfractaires dans leurs repaires secrets n'ont pont été atteints et que leurs parents n'en ont été aucunement inquiétés[85] ?

---

82 La paroisse de Muides a vu passer plusieurs desservants, notamment Thibault Jean-Baptiste, et un certain Coudray. Par ailleurs, se sont succédé à la cure de Saint-Léonard en Beauce, Petit Jacques, Claudinot Athanase. En l'an VIII, s'y installe un certain Lefebvre, difficile à identifier, trois curés blésois étant porteurs de ce même nom.

83 S'il s'agit bien de Mulon Nicolas, ordonné prêtre par Grégoire en 1792, il a d'abord été curé de Pezou. Nous ne trouvons pas trace de son passage à Saint-Bohaire, mais il administre la paroisse de La Chaussée-Saint-Victor en l'an VIII et est associé, un temps, aux délibérations du nouveau conseil épiscopal (J. Gallerand, LCST, p. 593).

84 Nous avons consacré à Mourioux [Morioux] Denis une note détaillée dans le tome I (p. 84, n. 48). Jeune prêtre, ordonné par Grégoire, il dessert la paroisse de Saint-Dyé à partir de 1797 et sa conduite fait l'objet, en 1801, de la part du préfet, d'un rapport élogieux. Dumans René, Sylvain appartient à la même génération et a été également ordonné par Grégoire. Leur jeune âge explique peut-être qu'ils paraissent concernés par les diverses conscriptions organisées en 1799, auxquelles étaient soumis tous les hommes entre vingt et vingt-cinq ans (loi du 5 septembre 1798). Cela dit, les deux intéressés devaient avoir dépassé la tranche d'âge indiquée.

85 L'indignation de Dupont est due aussi à la présence, dans l'entreprise de restauration du culte, de cet obstacle inattendu, frappant en outre les plus jeunes membres du clergé et les plus fidèles à la République. Dufort de Cheverny brosse, dans ses *Mémoires*, un tableau très réaliste et plutôt dramatique du spectacle offert par les réquisitions des conscrits à travers le Blésois à cette époque, souvent émaillées d'incidents et de désertions. Évidemment la description reste entièrement à charge. (Dufort de Cheverny, *Mémoires*, II, p. 417).

Le c[itoyen] Caillon[86] avait été chargé d'une lettre dans laquelle je faisais ces dernières observations et je réclamais votre sollicitude pour ces ministres estimables sous tous les rapports ; je vous les renouvelle avec instance et vous prie de m'indiquer sur quoi ils pourraient compter.

Salut, respect et dévouement,

Votre 1er vic[aire], DUPONT.

GR 4756 ms
(56364)

Guillet François, Gervais[87]

6 Frimaire an 8 Rép[ublique]
[27 novembre 1799]

Au citoyen Grégoire
évêque de Blois, membre de
l'Institut national et Biblio-
thécaire de l'Arsenal à Paris.

Très cher et vénérable prélat,

Le citoyen Poupard de la Groilière [ou Goileire ou Croisière] a dû vous marquer l'état déplorable de mon très respectable confrère Legrand, prieur de Beauchêne, et moi je vous en marque aujourd'hui la mort. J'ai fait, mardi dernier, son service d'enterrement et, jeudi prochain, je dois faire celui de huitaine dans ma paroisse[88]. Il y a longtemps qu'il penchait vers sa fin. Si j'avais des reproches à faire à la mort, je serais bien dans

86 Du citoyen Caillon, déjà rencontré dans le tome II, et que Grégoire dépeint comme un « brave patriote que les aristocrates persécutent » (t. II, p. 141), nous savons seulement qu'il était greffier au tribunal criminel de Blois. Le portrait qu'en trace Dufort de Cheverny ne correspond évidemment pas aux éloges qu'en fait Grégoire. Il le décrit « grand et fort, ayant une voix de stentor » et le juge « éhonté et déshonoré » (*Mémoires*, II, p. 301 et 305).

87 Nous avons rencontré, à de nombreuses reprises, Guillet François, dans le tome II. Discret curé d'Épuisay, il avait repris le ministère après l'interruption de la Terreur. C'est, toutefois, la première lettre émanant de lui que nous publions ici.

88 La mort de Le Grand Pierre, Louis, curé-prieur de Beauchêne représente une perte sensible pour le clergé constitutionnel. Très estimé de Grégoire, il l'était également du conseil épiscopal et de ses confrères. Guillet, proche géographiquement, entretenait avec lui de bonnes relations, puisque dans sa lettre à Grégoire du tome II (GR 1685, p. 262), Le Grand le qualifiait d'« aimable voisin ».

le cas de lui en faire aujourd'hui, parce que, vraiment, elle me prive de la seule consolation que je vois de nos côtés, mais, regrets inutiles, « La mort a des rigueurs à nulle autre pareilles[89] ». Me voilà donc aujourd'hui sans aucun secours de nos côtés. Le prieur de Mondoubleau s'est en allé, comme je vous l'ai marqué dans les temps[90]. Le nouveau curé de Savigny[91] a pensé être fusillé dernièrement dans sa paroisse par une troupe de Chouans, qui lui ont déclaré que si, sous huit jours, il ne sortait totalement de la commune qu'ils ont totalement ruinée, ils exécuteraient leurs malheureux desseins et mettraient le feu aux quatre coins du bourg. La mesure a déjà été entamée par les scélérats. Ils ont promis que, dans peu, ils reviendraient nous revoir. Toutes les communes circonvoisines sont dans la même situation, ils pillent et volent de toutes parts. Ils « pendent » dans le moment présent, ils n'ont point encore entamé mon bourg, mais ils doivent venir dans peu. Peut-être allons-nous les voir cette nuit. Quel parti prendre, mon cher prélat, dans une circonstance aussi désastreuse ? Fuirai-je ? Resterai-je ? Je ne sais quel parti prendre. Je sais cependant que je suis absolument nécessaire, puisqu'il n'y a plus de prêtre nulle part et que toutes les paroisses circonvoisines ont absolument besoin de mon secours[92]. J'attends votre réponse ; en conséquence soyez sûr que je ne vous marque que l'exacte vérité. J'ai l'honneur d'être toujours avec la même vénération, la même confiance et le même attachement.

Votre très humble et respectueux curé.

Guillet, archiprêtre, Curé d'Épuisay.

---

89 Citation du poète Malherbe dans *Consolation à M. du Perier sur la mort de sa fille* (13e strophe).

90 Le curé de Mondoubleau Gillot Louis, Jacques, nouveau venu dans le diocèse est cité fréquemment dans cette correspondance. La lettre précédente de Dupont (GR 4755, p. 43) avait informé l'évêque que Gillot devait se rendre dans son pays d'origine (la Touraine) pour satisfaire à des obligations familiales. La paroisse se trouvait donc momentanément privée de pasteur.

91 Le curé de Savigny-sur-Braye, installé en 1792, est Charles Monnoir, déjà cité dans le tome I (p. 105). Nous supposons qu'il s'agit de lui en l'occurrence. J. Gallerand le déclare décédé en l'an VIII, sans indiquer la cause ni les circonstances.

92 Nous avons déjà souligné cet aspect souvent méconnu de la Chouannerie qui consistait à mêler opposition politique et brigandage. Les témoignages de ce genre montrent que leurs exactions pouvaient aller jusqu'au meurtre ; l'exemple de l'évêque constitutionnel du Finistère, Yves Audrein en fournit l'éloquent exemple.

GR 4757 ms
(56365)

Département du Loir et Cher
Canton de Mer

LIBERTÉ ÉGALITÉ

Monrocq Michel, Charles, François

Au citoyen Grégoire membre
de l'Institut national,
rue St Guillaume n° 1142
À Paris

Mer, le 28 Frimaire an 8, [19 décembre 1799] de la République française, Le Commissaire du gouvernement près l'Administration Municipale du Canton de Mer
Au Citoyen Évêque de Blois

Cher et vénérable prélat

J'ai reçu la lettre que vous avez bien voulu m'écrire à votre retour à Paris. Les veilles et les courses continuelles que l'approche des brigands a nécessitées, l'étendue des travaux que les circonstances exigent et une attaque de goutte, sciatique, m'ont empêché de vous écrire plus tôt. S'il est vrai qu'il ne soit point de travaux sans récompense, je l'éprouve aujourd'hui bien agréablement dans le changement qui s'est opéré ici dans les esprits. La commune de Mer a changé de physionomie depuis quelque temps et l'esprit s'y est amélioré à mesure que les dangers sont devenus plus imminents. Ce sont les aristocrates qui ont montré le plus de zèle pour la défense commune et à la dissidence d'opinions religieuses près, je ne vois plus qu'un esprit parmi la presque unanimité des habitants de Mer. Le danger commun nous a réunis. Puisse une prompte paix cimenter notre réunion[93] !

Je regrette bien de ne pouvoir vous en dire autant de Blois. L'esprit y est infernal ; et on n'y trouverait pas douze citoyens pour concourir à repousser

93 Non sans une certaine complaisance, Monrocq souligne que sa paroisse jouit de la plus parfaite tranquillité, dans un contexte général marqué par les troubles de la Chouannerie. Comme il exerce les fonctions de commissaire du canton, le mérite de ce calme général pourrait lui être, en partie, attribué.

l'ennemi commun. Les Chouans rôdent autour de cette cité ; et, une belle nuit, les Blaisois paieront tribut à la rapacité de leurs bons amis, les Chouans.

J'invoque de nouvelles marques de votre inclination à obliger et de votre bienveillance à mon égard. J'ai besoin d'un patron dans les circonstances où nous sommes. Votre séjour à Paris et votre crédit me promettent l'accomplissement de mes désirs. Les travaux du commissariat augmentant de jour en jour par de nouvelles attributions, j'ai associé à mes travaux apostoliques un prêtre à qui j'abandonne les offrandes des fidèles et que je ne veux pas éloigner de Mer, par la raison que je l'ai fait venir du Mans et qu'il est singulièrement goûté de mes paroissiens[94]. La réforme qui va s'opérer dans l'administration intérieure de la République va me mettre sans ressources, si je ne suis nommé à la place de Commissaire, ou de vice-préfet, ou de subdélégué ou autrement, qui sera créé près l'établissement administratif qui doit être conservé à Mer. Le repos des ministres du culte et l'avantage de la religion y sont intéressés. Vous ne sauriez croire combien ma double qualité d'archiprêtre et de commissaire du canton ont fait de bien, en se prêtant un mutuel appui. Combien d'impies ou d'indifférents ramenés à la religion ! Combien d'aristocrates ramenés à la République, dans les différentes tournées que j'ai faites dans mon canton et cantons voisins ! Les prêtres de mon canton ont été parfaitement tranquilles sous mon commissariat, malgré la persécution [La] Revellière qui nous commandait des arrêtés de déportation ; et ma correspondance journalière et mon intimité avec les citoyens Durand et Venaille n'a pas été nuisible aux autres prêtres du département, que ces deux commissaires n'ont jamais cherché à tracasser. Vous sentez de quel poids est, dans ce moment-ci, l'influence d'un homme qui réunit l'autorité civile et l'autorité religieuse et le bien qu'il peut faire à la religion et à la République[95].

---

94 Nous n'avons pu, malheureusement, identifier avec exactitude cet auxiliaire de l'abbé Monrocq. En revanche, le fait qu'il appartienne au diocèse du Mans rappelle que cette région avait connu, à l'automne 1799, une des dernières et des plus violentes offensives des Chouans qui, après s'être emparés de Nantes, venaient d'être chassés définitivement du Mans, le 20 octobre 1799. Toutefois leurs troupes désorganisées sillonnaient encore les campagnes.

95 Ce plaidoyer « pro domo », au demeurant sincère, est-il susceptible de convenir à Grégoire et au conseil épiscopal ? Certes, l'engagement civil de Monrocq lui permet de bénéficier de ressources supplémentaires et, surtout, de déléguer sur le terrain, la plupart des tâches pastorales à son confrère venu du Mans, mais risque de conduire à un regrettable mélange des genres. Il est vrai aussi que son évêque lui-même cumule, depuis des années, mandat religieux et mandat civil, mais les deux responsabilités ne s'exercent pas sur le même lieu. Quoi qu'il en soit, Monrocq aura, par la suite, à faire face à des reproches de la part de ses

La place qui doit remplacer le Commissariat de Mer est déjà briguée par certains personnages. L'intrigue et la bassesse mettent tout en jeu pour surprendre le nouveau gouvernement.

Je vous prie de faire valoir les malheurs inouïs que j'ai essuyés pour la cause de la liberté et les sacrifices que je n'ai cessé de faire à la chose publique. Quand on a tout perdu et tout sacrifié pour une cause aussi sainte, on a des droits à la bienveillance du gouvernement et je vous prie de faire quelques démarches pour moi.

Mon prêtre du Mans a obtenu tout ce qui est nécessaire pour être admis dans le diocèse et je vais le présenter au bon abbé Boucher. En vérité, votre collègue du Mans croirait-il avoir le droit de condamner des prêtres à la cruelle alternative ou de mourir de faim, ou d'être égorgé par les Chouans ! N'a-t-il pas été massacré assez de curés dans son diocèse ? Voudrait-il augmenter le nombre des victimes des bandes de Gonsant [?] et Louis 18[96] ?

Les citoyens Dupont Veillenne que j'ai vu avant-hier, Delarche [?], Le Normant Dutail, Rochet-Lacour vous disent mille choses les plus

---

supérieurs hiérarchiques qui pourraient avoir cette situation pour motif. – La mention du nom de La Revellière dans ce même paragraphe mérite quelque attention. Son nom (La Revellière-Lépeaux Louis-Marie (de) 1753-1824) reste en effet attaché à l'instauration du culte théophilanthropique auquel Grégoire consacrera plus tard une longue étude dans son *Histoire des sectes* (t. I de la 3e édition, p. 341 à 442, Paris, éd. du Miraval, 2006). Tout en portant une certaine estime à l'auteur, l'évêque de Blois critique farouchement ce nouveau culte. Celui-ci, proclamant la croyance en Dieu et en l'immortalité de l'âme, peut être considéré comme une résurgence du culte de l'Être Suprême et son intention officielle reste bien celle de remplacer la religion catholique. Son implantation, d'abord parisienne (15 églises occupées), s'étend progressivement en province et sa mesure la plus spectaculaire consiste à supprimer le dimanche pour le transférer au décadi. Bien que quelques évêques se déclarent prêts à transiger sur ce point, Grégoire fait preuve d'un refus sans concession, allant jusqu'à mettre sa tête en jeu. L'observance du dimanche et du repos dominical restant très ancrée dans les mœurs populaires, les sanctions punitives les plus sévères ne cessèrent de s'abattre sur les contrevenants. Dans son analyse du phénomène, Grégoire n'hésite pas à estimer que cette nouvelle persécution causa des dommages et provoqua des victimes en nombre supérieur à ceux de 1794 et il tint à faire condamner canoniquement la théophilanthropie au concile métropolitain qui se tint à Bourges du 14 au 21 septembre 1800. – Le citoyen Durand, déjà rencontré, est commissaire du pouvoir exécutif près le département et Venaille Pierre Étienne ex-conventionnel et régicide est critiqué férocement par Dufort de Cheverny.

96 Nous avons consacré une note détaillée à l'évêque constitutionnel du Mans : Prudhomme de la Bousinière des Vallées Jacques, Guillaume et évoqué les énormes difficultés qu'il eut à affronter dans la conjoncture périlleuse de 1798-1799 (tome II, p. 40, n.32). Le bilan n'existe malheureusement pas des prêtres constitutionnels de son diocèse massacrés par les chouans et il semble qu'ils furent nombreux. L'observation de Monrocq paraît donc particulièrement fondée.

honnêtes et désirent vous voir au printemps prochain dans notre petite cité et au château de Cerqueux.

Adieu, cher et vénérable prélat, je vous embrasse comme je vous aime et vous révère.

M.C.J. Monrocq.

GR 2107 ms

Grégoire Henri
Au citoyen Boucher, vicaire épiscopal,
près la Cathédrale, à Blois
Loir et Cher
Le Conseil épiscopal

Paris, 7 Nivôse an 8
[28 Décembre 1799]

Chers et estimables coopérateurs,

On m'offre en ce moment un prêtre d'environ 45 ans qui a été professeur de philosophie à S[aint] Lô, ensuite de théologie à Paris et à Rouen dans son ordre (il était franciscain) ; on me le cite comme un homme de beaucoup de mérite mais avant d'aller à Selles il voudrait être sûr d'y avoir des moyens d'exister. Si Selles est rempli, on pourrait le mettre à Mondoubleau, s'il y trouve également des ressources. On le cite comme bon prédicateur[97]. Le courrier va partir, je m'empresse de vous annoncer cette nouvelle. Veuillez bien me répondre sans délai. J'ai écrit récemment aux cit[toyens] Dupont et Chenu. Je vous embrasse de tout mon cœur.

97 Nous ne disposons pas d'informations suffisantes, concernant ce prêtre. Il vient d'un diocèse – celui de Troyes – dont la vie religieuse a été très perturbée durant la décennie 1791-1800. L'évêque Sibille étant décédé en 1798, c'est Blampoix Jean-Baptiste qui fut désigné pour lui succéder. Il tenta de faire face à une situation difficile et dut batailler longtemps avant de récupérer sa cathédrale, occupée par les insermentés. Une partie de son clergé restait, d'ailleurs, fidèle à l'évêque d'Ancien Régime, Mgr de Barral. Par ailleurs, suffragant de Paris, il se trouve mêlé aux polémiques opposant Royer et les évêques réunis. C'est donc dans ce contexte troublé que son vicaire général, Hartel, décide de quitter le diocèse, mais nous ignorons les motifs qui ont dicté ce départ. En tout cas, le transfert a eu vraiment lieu puisque nous retrouvons ce dernier, non pas à Mondoubleau, mais à Selles-sur-Cher, en l'an VIII.

+ H. Grégoire, Év[êque] de Bl[ois].

Il s'appelle Hartel, on le dit un excellent ecclésiastique, il a été vicaire épiscopal à Troyes.

J'ai reçu beaucoup de lettres de diverses parties du diocèse ; j'y répondrai dès qu'il me sera possible.

J'ai reçu celle de Mr Saint-Cric ; veuillez bien le lui dire, et je ferai sa commission[98].

L'élection de Saint-Ouen n'a pas donné la majorité voulue à personne [*sic*] ; plusieurs milliers de suffrages se sont éparpillés surtout entre trois sujets, et il faudra un second scrutin[99].

Je vous embrasse tous fraternellement.

+ H. Grégoire, Év[êque] de Blois.

Vous m'avez renvoyé la lettre de ce curé de Segré qui paraît avoir des titres distingués, mais vous ne me dites pas positivement où l'on pourrait le placer. Je vous prie d'y suppléer par le 1er courrier, car je ne lui ai pas encore répondu. J'apprends, par une lettre de M^{r} le curé d'Épuisay, que ce respectable prieur de Beauchêne veut quitter sa cure ; je vous prie de lui écrire au plus tôt à cet égard, soit pour l'encourager à rester, soit, s'il ne peut y demeurer, pour lui offrir de le placer ailleurs, car il ne faut pas perdre un coopérateur aussi estimable. Parlez lui, je vous prie, de mon attachement[100]. Quel homme avons-nous à Montoire ? Publie-t-il les pastorales ? Vous écrit-il[101] ?

---

98 Famille très connue dans le Blésois, engagée tôt dans le journalisme (t. II, p. 174, n. 37).

99 Le curé de Saint-Ouen n'est autre que Chahuneau Étienne, d'abord assermenté et qui, en 1795 ou 1797, rétracta, avec plusieurs autres, son serment. Il avait d'abord desservi la paroisse de Naveil. Sa situation nouvelle le plaçait donc hors-la-loi, au même titre que les insermentés et le poste qu'il occupait à Saint-Ouen devenait, de ce fait, vacant (voir tome II, p. 169, n. 25).

100 Cette remarque ne laisse pas d'étonner. En parlant de l'« estimable » prieur de Beauchêne, Grégoire songe-t-il à Le Grand Pierre, Louis, Théodore, souvent cité dans cette correspondance ? Or, la lettre de Guillet François précédant d'un mois celle-ci et datée du 27 novembre 1799 (GR 4756, p. 126) a informé l'évêque de Blois du décès de celui-ci. Faut-il dès lors incriminer un retard dans la transmission ou s'agit-il d'une autre personne, ayant succédé à Le Grand ? Nous l'ignorons.

101 Le curé de Montoire jusqu'en 1792 était François Jouin, insermenté et qui a fini par se marier. À plusieurs reprises, Grégoire s'est inquiété de sa succession à Montoire. Toutefois, comme nous l'avons signalé dans le tome II (p. 160), le poste était pourvu en l'an VIII, par la nomination de Tabareau Jean, étranger au diocèse et qui avait manifesté quelques réticences, semble-t-il, à l'application des circulaires de son évêque (voir t. II, p. 246, n. 219).

CORRESPONDANCE DE L'ABBÉ GRÉGOIRE

avec son clergé du Loir-et-Cher, 1800 (An 8)

GR 2108 ms

Grégoire Henri

Paris, 23 Nivôse an 8
[13 Janvier 1800]

Chers coopérateurs[1],

Je vous adresse le cit[oyen] Hartel ci-devant vicaire épiscopal à Troyes, qui après avoir rempli avec distinction divers postes honorables, s'étant conservé pur au milieu des orages de la révolution, va remplir un autre poste non moins important dans le diocèse. Je vous l'ai précédemment annoncé pour la cure de Selles, je vous invite à lui remettre à son passage l'institution canonique et tous les renseignements qui peuvent seconder le succès de son ministère[2]. Ainsi, chers et estimables coopérateurs, ce canton presque abandonné va reprendre une nouvelle vie. Le cit[oyen] Hartel ayant une correspondance suivie avec vous et avec moi nous pourrons par son zèle et ses lumières réorganiser le culte dans cette contrée. Le cit[oyen] Hartel se réjouit de faire connaissance avec le conseil épiscopal, c'est-à-dire avec des ministres du Seigneur dignes de l'estime et de l'attachement de tous

1 La mention du Conseil épiscopal n'est pas, ici, explicite.

2 Nous retrouvons donc ici le citoyen Hartel (prénom inconnu) que nous avons présenté succinctement dans une précédente lettre (voir l'index de ce tome). Son nom est à peine mentionné dans les archives diocésaines, comme desservant de Selles-sur-Cher en l'an VIII. Nous connaissons de lui ce que nous en dit Grégoire lui-même, à savoir que, vicaire épiscopal du diocèse de Troyes, il désirait, pour des raisons qui nous échappent, s'incardiner dans celui de Blois.

les hommes estimables[3]. Je vous embrasse, chers coopérateurs, avec l'effusion de l'amitié chrétienne.

+ H. Grégoire, Év[êque] de Blois.

GR 4758 ms

Guillet François, Gervais[4]
au citoyen, citoyen
Grégoire, évêque de Blois
et membre de l'Institut
National
à Paris

Rép[ondu]

Le 26 Nivôse an 8
[16 Janv. 1800]

Très cher et estimable prélat,

Ah ! qu'il est doux à mon cœur de recevoir de votre part une lettre aussi gracieuse. Si notre correspondance a cessé pendant quelque temps, c'est à mon grand regret. Ne vous en prenez qu'à toutes les importantes affaires qui vous occupent sans cesse, digne évêque de Blois, membre de l'Institut national, bibliothécaire de l'Arsenal et membre, aujourd'hui, heureusement du Sénat conservateur ; je voyais que vous aviez, de toutes parts, des affaires sérieuses à terminer[5]. Cela ne m'a

3 Ce passage de la lettre évoque un échange important de lettres entre les deux personnes. Nous n'en avons pas trouvé trace, à moins de découvertes à venir.

4 Ce prêtre, curé d'Épuisay, que nous avons cité de nombreuses fois dans le tome II (voir l'index) est également l'auteur d'une lettre publiée dans ce tome (GR 4736, p. 38). C'est donc une nouvelle missive qu'il adresse ici à son évêque. Il fait partie, visiblement, des clercs du diocèse auquel Grégoire portait une particulière estime.

5 Guillet dresse ici la liste quelque peu flatteuse des diverses responsabilités de Grégoire, à cette époque précise. Membre de l'Institut, il l'est depuis sa création, car il l'avait cofondé. Il sera déchu arbitrairement de ce titre sous la Restauration. À notre connaissance cette responsabilité ne donnait pas droit à une véritable rétribution. Sa nomination comme conservateur-bibliothécaire à l'Arsenal, dotée d'une rémunération annuelle (4 000 F, plus 70 F pour défaut de logement), a été officialisée le 14 septembre 1799, mettant ainsi fin à une situation pécuniairement difficile (Bibl. Arsenal, MS 15145-3-62). En revanche, une confusion semble s'être établie dans l'esprit du correspondant : c'est seulement le 25 décembre 1801 (4 Nivôse, an X) que Grégoire sera admis à siéger au Sénat conservateur. (Bibl. Arsenal, MS 15145-3-57). L'éloge ne viserait-il pas plutôt la désignation de Grégoire au Corps législatif qui a eu lieu un peu plus tôt, aux environs de la promulgation de la Constitution de l'an VIII (24 Frimaire, an VIII) (15 décembre 1799) ? Cette dernière fonction, rémunérée

point empêché d'écrire à votre respectable Conseil. Mr Boucher a dû même vous communiquer une lettre, lors de la mort de Mr Legrand, prieur de Beauchêne, mon ancien ami. Il est bien douloureux pour moi d'avoir entendu dire, après sa mort, ce que j'avais toujours ignoré pendant sa vie et même que j'ai bien de la peine à croire, malgré tant de témoins. Avouons qu'il est bien peu de véritables amis, si les choses sont vraies et qu'on ne connaît les hommes que quand ils ne sont plus. Mais passons le tout sous silence et espérons que Dieu lui aura fait paix et miséricorde malgré ses prétendus écarts[6].

Vous me demandez des nouvelles, mon cher prélat, de Savigny et de Mondoubleau, les deux plus importantes paroisses de notre arrondissement[7]. Je ne vous cèlerai point que tant que la révolution durera, jamais aucun prêtre ne sera bien reçu, à moins que ce ne soit un homme du premier mérite. D'ailleurs celui qui s'en est allé a fini de la perdre entièrement par son inconduite. Je m'étonne même comment Mr Boucher, [qui] y a envoyé le curé de Muide qui s'y serait fait moquer, pendant quelque temps, laisse conduire la paroisse par M. Martin Detouche [Martin, Mathurin ?][8], ancien curé d'Oigny qui veut bien s'en charger – et vous verrez (nous verrons) après [?]. Pour Savigny, je ne puis trop vous en dire de bien, c'est vraiment une terre de bénédiction, remplie des plus honnêtes habitants que je puisse connaître. Ah ! qu'il est malheureux pour elle d'avoir vu éclore dans ses murs, le scélérat Deneveux qui y fait aujourd'hui tant de ravage, et plus malheureux pour son père, respectable vieillard, qui vit, quoiqu'âgé de 84 ans, d'avoir donné le jour à trois enfants, dont l'un s'est noyé, l'autre s'est

---

10 000 F par an, mettait fin temporairement à la précarité financière de l'évêque de Blois. Rappelons ici que, contrairement à ce que rapportent certaines chrono-biographies, la désignation des membres du Corps législatif s'effectuait par le vote majoritaire des 80 sénateurs et non par une élection au suffrage universel.

6 Le curé-prieur de Beauchêne, Legrand Pierre, Théodore, Louis, figure parmi les fidèles du clergé grégorien et auteur de plusieurs lettres que nous avons publiées (voir les index). Nous ignorons la nature de ces critiques posthumes et sur quel domaine elles portaient précisément (action pastorale, comportement civique, vie privée…). Sont-elles d'ailleurs fondées ? Une enquête à ce sujet déborderait notre propos.

7 Le curé de Mondoubleau, en 1791, était Le Boucher Louis, Auguste, ex-génovéfain et qui avait fini par se marier (le 29 Germinal, an II, avec Jeanne Richard sa servante). Il sera remplacé en l'an VIII par un certain Delabrosse, dont nous aurons l'occasion de reparler.

8 Ce nom serait-il mal orthographié ? Les archives diocésaines font état d'un Martin Mathurin, ancien curé d'Oigny, qui se serait, à cette époque, retiré à Mondoubleau et qui pourrait, de ce fait, y rendre quelques services pastoraux (Gal., 18, p. 35).

tué d'un coup de pistolet et le troisième qui vit malheureusement encore qui s'est attroupé à un tas de conscrits, qui ravagent aujourd'hui nos paroisses et ont obligé tous les honnêtes gens riches d'en sortir, de sorte que nos campagnes sont désertes[9] – J'y suis cependant encore mais ne serais point obligé d'y rester encore plus [?]. Il faudrait à cette honnête commune un prêtre plein de mœurs et de talents, un pasteur tel que Mr Le Conte qui ne les a quittés que pour aller au Mans, pour y être un grand vicaire, chanoine [membre de phrase illisible]. Mais où le trouverez-vous[10] ? Un tel curé pourrait se dire avec vérité le plus heureux de votre diocèse, car c'est vraiment une terre de bénédiction. Rien n'y manque pour toutes les commodités de la vie. Mr Monnoir leur ancien curé a été administré par un prêtre réfractaire[11]. Pour les autres paroisses de notre arrondissement, elles sont à peu près les mêmes, sans honnêteté et sans reconnaissance, quelquefois même sans humanité. Ils s'embarrassent fort peu de voir leurs pasteurs mourir de faim. Moi-même je serais dans ce cas, si ce n'était mes messes, lesquelles je ne manque point et le peu de revenus que j'ai de ma famille, [car il ne me donne jamais en tout cent francs par an] (phrase rajoutée difficilement compréhensible). Ce qui me désole le plus c'est un athée déclaré, nommé Tinot [ou Huet ou Huot] arpenteur chez nous et adjoint qui y fait des ravages terribles. Il vient de donner l'exemple de son intelligence en se remariant sans venir à l'église et engageant les uns et les autres à suivre son exemple, empêchant même les enfants de faire leur première communion et leur disant que je leur fais accroire que c'est le bon Dieu qu'ils reçoivent. Le fils de la femme qu'il a pris est entièrement perverti[12]. Mais passons toutes ces misères et disons que si les hommes sont assez aveugles et ingrats pour n'avoir aucune reconnaissance de toutes nos peines, Dieu nous en dédommagera dans l'éternité, car, comme vous, je ne travaille que pour elle.

---

9 Une autre cause de troubles, dans les départements, provient de la répétition des conscriptions obligatoires imposées par le gouvernement et s'ajoute aux incursions incessantes des chouans. Le nom de Deneveux nous reste inconnu.

10 Étant donné les incertitudes liées à la transcription des patronymes, à la circulation des personnes, et au nombre d'individus porteurs de ce nom, l'identification de ce Le Conte [ou Lecomte] se révèle difficile.

11 Monnoir Charles, premier curé assermenté de Mondoubleau, puis abdicataire en l'an II, est déclaré décédé en l'an VIII (Gal. 18, p. 36).

12 Nous ne sommes pas parvenu à identifier cette personne et donc à mesurer la validité des reproches qui lui sont adressés.

Vous voyez, mon cher prélat, que je vous ai ouvert mon cœur et soyez sûr que tels seront mes sentiments jusqu'à la mort. Que vous me feriez plaisir de me donner quelques nouvelles de notre nouveau souverain pontife, que je crois nommé aujourd'hui. J'ai l'honneur d'être avec un respect profond

le plus dévoué de vos pasteurs,
Mon vénérable évêque.

Guillet, curé et archiprêtre d'Épuisay.

GR 2109 ms

Grégoire Henri

Paris, 22 Ventôse an 8.
[13 Mars 1800]

Cher Coopérateur[13],

J'ai reçu vos lettres des 17 et 19 ventôse, et vous devez croire que je tâcherai de les utiliser.

Déjà le cit[oyen] Durand m'avait parlé du frère du cit[oyen] Lefebvre ; je sais que celui-ci est très estimable, mais, dites-moi, son frère n'est-il pas celui qui était curé de Montault et que je crois s'être signalé par l'apostasie et un caractère persécuteur ? Au reste ce matin viendra chez moi le cit[oyen] Lefebvre, et je lui en parlerai tout franchement[14].

Je vous prie de remettre par voie sûre au cit[oyen] Ferrouillat, que je salue, son manuscrit ci-joint concernant le fluide électrique, ouvrage qui avait été remis à l'Institut et que l'auteur réclame[15].

---

13 Il s'agit vraisemblablement de Boucher François.

14 Trois prêtres du diocèse de Blois sont porteurs de ce patronyme. Il ne peut s'agir ici de Lefebvre Hyacinthe, fréquemment évoqué dans les précédents tomes, mais, selon toute vraisemblance, il s'agit de Lefebvre Pierre-Léon, curé assermenté de Monthault, qui abdique durant la Terreur, et épouse à Romorantin, le 14 Frimaire an II (4 décembre 1793), à l'âge de 29 ans, Marie-Madeleine Normand, âgée de 23 ans. Son mariage ayant été validé par le cardinal Caprara en 1802, il deviendra, sous l'Empire, sous-préfet de Romorantin. J. Gallerand qui le mentionne à plusieurs reprises, n'évoque cependant pas ses activités dé-christianisatrices.

15 Ce passage pourrait bien constituer l'épilogue de l'affaire Ferrouillat. Nous avons relaté dans le tome II (GR 4432, p. 179, n.51) dans quelles conditions ce prêtre, amateur de physique, avait, avec la recommandation de Grégoire, présenté un mémoire à l'Académie

Le citoyen Derré demeure ce me semble à Toulouse, car c'est l'évêque de Toulouse qui a écrit ici à cet égard. Quant à l'état actuel de ce citoyen je n'en ai pas reçu de nouvelles ultérieures, on attend réponse de ses parents[16].

Donnez-moi, je vous prie, des nouvelles du diocèse.

Je viens de recevoir une lettre du cit[oyen] Noirot, de Vendôme[17] ; précédemment j'ai renvoyé à la poste des masses de lettres et de paquets venus de la même ville.

Je vous embrasse cordialement, ainsi que tous les membres du conseil.

+ H. Grégoire, Év[êque] de B[lois].

GR 2110 ms

Grégoire Henri

Le cit[oyen] Boucher vicaire épiscopal à Blois.

Paris, 18 Germinal an 8
[8 Avril 1800]
Pâques 13 avril 1800

Cher et estimable coopérateur,

Les travaux de la quinzaine vous laisseront à peine le loisir de lire ma lettre. La vôtre m'a donné des nouvelles consolantes de diverses paroisses de mon diocèse. Mais ce qui m'afflige, c'est de penser que, la mort moissonnant tous les jours des pasteurs respectables sur toute l'étendue de la France, on ne leur forme pas de successeurs. Que deviendra la religion dans ce dénuement ? Quelques diocèses tels que S[aint] Dié, Vesoul, S[aint]-Claude, Besançon s'occupent en ce moment d'établir des

---

des Sciences de l'Institut sur le « fluide électrique » et reçu, de la part des spécialistes, un jugement négatif. C'est sans doute ce document que l'auteur réclame.

16 Personnalité non identifiée.

17 Noirot Claude-Antoine est une personnalité importante du clergé blésois, évoqué de nombreuses fois dans le tome I et le tome II. Exerçant la profession de médecin, durant la Terreur, il avait repris le ministère, comme curé de Vendôme (voir sa lettre à Grégoire, t. II, p. 278-279). Nous devrions le retrouver plus tard dans cette même correspondance.

séminaires. La criminelle indifférence de mes diocésains ne présente pas l'espoir de pareils établissements[18].

Vous me pressez d'aller à Blois, et vous connaissez les obstacles qui depuis plusieurs années se sont opposés à ce voyage. Assurément ce n'est pas négligence de ma part, et si je l'avais pu j'aurais effectué ce voyage. Eh bien, je ferai cette année, s'il le faut, mes efforts pour m'y rendre. Je balance seulement sur l'époque. On présume que le Corps législatif sera convoqué extraordinairement en Messidor. Il faudrait donc que mon voyage se fît avant ou après ; au printemps ou en automne. L'automne me paraît le temps le plus opportun, attendu que devant tenir mon synode et assister au concile métropolitain, cette dernière assemblée ne peut avoir lieu qu'entre la S[aint] Pierre et la Toussaint. Alors je reculerais la tenue du synode à l'époque où j'irais à Blois et de là je me rendrais à Bourges[19]. Je demande à Dieu que ce projet puisse se réaliser en tout pour sa gloire et le salut des âmes confiées à nos soins. Veuillez bien communiquer ces détails au conseil dont j'embrasse tous les membres avec estime et affection, et me transmettre leurs observations à cet égard.

Notre collègue le cit[oyen] Dupont m'a fait espérer de voir déblayer la cathédrale. Si elle ne l'était pas, j'officierais à S[aint] Nicolas ou en Vienne, car je préférerais une de ces églises[20].

Comment voulez-vous, cher coopérateur, que j'aille retrouver les papiers de cette citoyenne dont vous me parlez ? Depuis cette époque

---

18 Au moment où Grégoire écrit ces lignes, cela fait presque dix ans que les séminaires n'existent plus en France. La plupart ont fermé leurs portes à la fin de 1792 ou au début de 1793 (c'est le cas de celui de Blois) pour des raisons diverses que les enquêtes historiques ont, à notre avis, souvent négligées. Rappelons qu'en 1789, cent-quatre-vingt huit (188) établissements assuraient, en France, la formation des candidats à la prêtrise, plus ou moins peuplés selon les cas. Ce chiffre, du jour au lendemain, est ramené à un seul par département (83). Le décret du 18 août 1792 qui supprimait les congrégations et ordres religieux inclut également leur fermeture. Ils ne devaient rouvrir officiellement qu'après le Concordat. Or, on assiste ici à quelques initiatives isolées d'évêques constitutionnels, bien avant cette date. Là encore les informations manquent et la piste reste ouverte aux chercheurs.

19 Comme on le voit, Grégoire espère, afin de concilier au mieux son mandat politique et sa charge pastorale, associer les deux projets : le synode de Blois et le concile métropolitain de Bourges. Finalement, c'est la période de l'automne qui sera retenue : la première assemblée se tiendra à Blois du 2 au 4 septembre 1800 et la seconde aura lieu à Bourges du 8 au 21 septembre de la même année.

20 Détail concret qui montre à quel point la libre disposition des lieux de culte, malgré la loi votée, est loin d'être assurée sur le terrain. Le chœur de la cathédrale était encore, à cette date, utilisé comme lieu de célébration, par les autorités municipales, des mariages civils.

j'ai reçu des milliers de papiers ; mon usage est d'envoyer chaque pièce aux ministres ou autres autorités que cela concerne, et c'est ce que j'ai fait pour cette cit[oyen]ne. Il faut donc qu'elle ait quelqu'un pour suivre cette affaire au ministère auquel ils auront été transmis[21].

Où en sont les choses à Blois sur notre administration nouvelle ? J'ai reçu, il y a quelque temps, des nouvelles du cit[oyen] Dupont : je crois avoir répondu à la dernière, je le prie de me donner des détails ultérieurs.

Avez-vous des nouvelles de notre ami Roulet qui est à Rouen ? Je comptais l'avoir dans mon diocèse. Mon espérance était vaine. C'est un digne homme que j'envierais à l'évêque de Rouen si le bien à faire n'était pas solidaire[22].

Avez-vous beaucoup d'enfants dans vos catéchismes ? Les instructions ont-elles été suivies ? S'approche-t-on exactement des sacrements ? Je vous prie de me donner des détails sur les Pâques[23].

J'espère qu'à S[aint] Aignan les paroissiens auront pris des mesures pour faire un sort au cit[oyen] Pioche, qui s'est dévoué pour eux.

Salut à vos dames chrétiennes. J'attends de vos nouvelles ; le cit[oyen]-curé de S[aint] Nicolas ne m'a plus écrit depuis très longtemps.

Je vous embrasse tous de tout mon cœur.

+ Grégoire, Év[êque] de Blois.

GR 4759 ms

Morioux [Mourioux] Denis

Nous publions, ici, la première lettre, découverte dans les archives de Port-Royal, de ce jeune prêtre, un des fidèles, pourtant, du clergé grégorien, et appui indéfectible de son évêque. L'orthographe de son nom présente une variante si fréquente (Mourioux

21 Ce passage donne une certaine idée de l'ampleur et du nombre des démarches que doit accomplir le législateur du moment. Même si, devenu membre du Corps législatif, Grégoire n'est plus, directement, le mandataire des électeurs du Loir-et-Cher, sa fonction législative lui confère, aux yeux de ceux-ci, une autorité et un prestige incontestables.

22 Le citoyen Roulet (ou Roullet) est fréquemment cité dans cette correspondance (voir l'index du tome II). En dépit des multiples services qu'il rend à Grégoire et à l'Église constitutionnelle, nous ne sommes pas parvenu à déterminer avec précision son statut et sa profession.

23 D'après nos calculs, la fête de Pâques a eu lieu le 13 avril 1800. C'est donc avant cette date et en prévision de celle-ci que Grégoire réclame des informations.

au lieu de Morioux), qu'à la suite de certains actes administratifs et des travaux d'historiens (J. Gallerand notamment) nous l'avons-nous-même reproduite dans les tomes précédents. Comme l'intéressé, par deux fois dans cette lettre, transcrit son nom sous la forme de Morioux, nous considérons cette orthographe comme authentique. Nous ajoutons ici quelques précisions supplémentaires à la note circonstanciée que nous lui avons consacrée dans le tome I (p. 84, n. 48). De la même génération que Chenu, Dumans ou Macquaire, Denis Morioux a été ordonné par Grégoire en 1792 et nommé rapidement vicaire à Huisseau-sur-Cosson, où l'église sera fermée en l'an II, sur l'initiative de Garnier de Saintes et contre le vœu de la population. Après la reprise du culte, il est nommé desservant de Muides et Montlivault. La lettre préfectorale du 9 Thermidor, an IX (28 juillet 1801) le présente en ces termes : « Il a du zèle, de la piété, de la facilité à exprimer ses idées religieuses... Son excessive popularité et ses sollicitudes continuelles à l'instruction civile et religieuse des enfants lui ont concilié l'attachement de tous les vignerons et du plus grand nombre des artisans de la paroisse et des paroisses circonvoisines. » (Cité par J. Gallerand, LCST, p. 598).

Au cit[oyen] Grégoire

Saint-Dyé, 7 Pluviôse an 8
[27 Janvier 1800]

Respectable évêque,

Ayant été averti par le citoyen Dupont que vous vous occupez toujours de ma tranquillité et que, pour me rassurer, vous voulez bien appuyer par votre crédit auprès du ministre de la Guerre, la pétition que je lui adresse. Connaissant toutes les bontés que vous avez toujours eues tant pour moi que pour ma commune, je m'empresse de vous la faire parvenir avec la copie ci-jointe de l'acte que les habitants de St Dyé ont fait en ma faveur[24]. Daignez donc, digne prélat, pour les bonnes mœurs et l'union de mes concitoyens, faire en sorte que je puisse avec tranquillité concourir par mon ministère et à la gloire et à la prospérité de la République, plutôt que de faire un mauvais soldat[25].

---

24 Cet acte, une pétition sans doute, ne nous est pas parvenu.

25 Une recherche approfondie nous a appris que Denis Morioux, fils de Denis Morioux, vigneron à Vineuil (lequel a laissé un intéressant journal, en grande partie inédit) était né le 13 février 1770, dans cette même commune. Il était donc âgé de 30 ans, au moment des faits, et devait, en principe, échapper à la conscription obligatoire. Il décèdera le 8 octobre 1832 à Saint-Dyé-sur-Loire. Une loi récente de la Convention stipulait que tout homme célibataire ou sans enfant, entre dix-huit et vingt-cinq ans, devait s'estimer en état de « réquisition permanente », c'est-à-dire enrôlable par l'armée. La première conscription obligatoire avait été instituée, en 1798, par la loi Jourdan-Delbrel et avait connu rapidement de nombreux dysfonctionnements, dus notamment à l'établissement précis de l'âge des jeunes conscrits : « Des erreurs portaient aussi sur l'âge. À la mi-avril 1799, lorsque

Ce faisant, vous ne cesserez de mériter l'estime et la reconnaissance de plusieurs communes et celle de celui qui est avec un sincère dévouement votre reconnaissant et fidèle ministre.

Morioux.. de St Dyé.

St Dyé, le 7 [ou 9] Pluviose an 8.
P.S. Le vœu de notre commune serait que Rabier, agent depuis deux ans, aux environs, fût conservé dans ses fonctions. S'il vous était possible de faire quelque chose, vous nous rendriez un grand service[26].
Ajout de Grégoire : J'ai lu [?] tendrement l'excellent curé de St Dyé-sur-Loire. J'ai passé son mémoire au ministre de la Guerre, mais j'ai attendu pour lui répondre que le projet de loi sur le remplacement de la conscription eût été présenté. Il le fut, hier, 4 Ventôse. Qu'il se tranquillise. S'il éprouve des tracasseries, qu'il m'écrive les choses les plus tendres[27].

GR 4760 ms

Dupont Claude
à Grégoire Henri

Blois, ce 10 Pluviôse an 8.
[30 janvier 1800]

Rép[ondu]

Citoyen Évêque,

J'ai lu que vos respectables collègues avaient exprimé leurs vœux pour une conciliation franche des principes civils et religieux sous notre gouvernement. Le Dimanche de l'Épiphanie, jour concourant, par anticipation, avec la fête de St Solenne, notre patron secondaire, j'ai cru devoir émettre mon vœu pour la magnifier. Nos insoumis l'auront

la guerre générale reprit, les tableaux n'étaient pas encore terminés » (J. Godechot, *Les institutions de la France sous la Révolution et l'Empire*, Paris, PUF, 1968, p. 501.

26 Il existe un Rabier Laurent, desservant la paroisse de Gièvres. Nous doutons, toutefois, qu'il s'agisse de la même personne.

27 Grégoire semble porter aux prêtres jeunes qu'il a ordonnés lui-même, comme Chenu et ce correspondant par exemple, une affection toute paternelle.

appris sans doute. Je désirerais bien que Mr Villain, qui se qualifie curé de St Solenne, eût assez de courage pour justifier de son titre et assez d'amour pour la paix, ce qu'il prouverait en donnant pour gage l'acte civique de sa soumission à la Constitution[28]. En finissant l'éloge de notre patron, je donnai à entendre que nous devions à la sagesse des conseils notre maintien en jouissance des églises et le vœu qu'ils formaient pour la réunion des esprits en matière de religion ; et m'adressant à Dieu, j'ai dit :

« Faites que, fidèles observateurs de la religion de nos pères, ainsi que de leurs exemples, nous rendions constamment, en cette église à Solenne le tribut de notre reconnaissance et de notre vénération. Déjà, ô mon Dieu, nous en conservons la douce espérance ! Puissent nos frères dissidents dont les chefs se qualifient de pasteurs de cette paroisse mettre à profit la leçon salutaire que leur donnent les consuls de la République dans leur proclamation aux habitants des départements de l'Ouest dont le nôtre fait partie. Qu'ils se soumettent, ainsi que nous, à l'ordre de la puissance qui nous gouverne, non seulement par la crainte du châtiment, mais aussi par le devoir de la conscience, ou qu'ils cessent d'être en communion avec le grand apôtre qui leur prescrit, ainsi qu'à nous, cette règle de conduite.

Ministres, comme nous, d'un Dieu de paix, soyons à l'envi les uns des autres les premiers moteurs de la réconciliation et de la concorde entre tous les Français. Parlons au cœur le langage que nous avons appris à l'école du même Maître.

Réunissons-nous, ministres et fidèles, dans ces temples qui se sont rouverts pour nous. Offrons dans un même esprit de charité, de paix et de religion, en union avec tous nos concitoyens, le sacrifice expiatoire des crimes de la guerre et du sang qu'elle a fait verser.

Solenne ! C'est au pied de cet autel que la piété de nos pères vous a érigé que nous vous supplions de présenter nos vœux à celui qui sait et peut apprécier leur sincérité et les exaucer. Que le sang de J[ésus]-C[hrist]

28 Nous avons consacré plusieurs notes à ce prêtre, Villain Jacques, dans le tome I (p. 175-176). Insermenté, il continue d'assurer, durant toute cette décennie, un culte clandestin à Blois, se prétendant lui-même curé de Saint-Solenne. Une lettre de Grégoire nous apprend que c'est grâce à son intervention personnelle auprès du Comité de Sûreté générale que Villain fut libéré, après une arrestation : « J'ai envoyé la liberté définitive du citoyen Le Villain [*sic*]. » (t. I, p. 181). On voit, d'après ce passage, que non seulement l'intéressé ne paraît pas soucieux de reconnaissance, mais qu'il diffère ostensiblement son acte de soumission aux lois, pourtant obligatoire.

qui va couler sur cet autel se répande sur nous et sur nos frères absents. Puissions-nous (louer) dans cette grande solennité ».

Je n'ai pas grand espoir que ces avances produisent d'autre effet que celui de convaincre le gouvernement qu'il ne tient pas à nous qu'il ne soit respecté. Nous donnons constamment la leçon et l'exemple. Quant à nos insoumis, il semble qu'ils s'étudient à lui concilier des ennemis. Je ne sais quelle figure vont faire une quantité de jeunes gens de cette commune, séducteurs et séduits qui se sont rangés parmi les rebelles, à dessein de nous combattre. Leur général, Bourmont, qui vient de mettre bas les armes, protègera bien leur rentrée dans les foyers, mais les affranchira-t-il des reproches que leur nouvelle opposition leur attirera, tôt ou tard, de leurs pères et mères, dont quelques-uns ont publiquement méprisé les avis[29] ?

J'attends des nouvelles du curé de Selles que je sais avoir été bien reçu et qui a été l'occasion de la réunion d'un grand nombre de citoyens. Le curé de Muides est parti, hier, pour Mondoubleau, qui lui avait demandé [une] quinzaine pour lui préparer un sort honnête[30]. Dès que j'aurai du positif sur ces deux curés, je vous en communiquerai. Vous avez promis de vous intéresser à Mr Mourioux, je vous fais passer sa pétition pour le ministre de la Guerre, copie de l'acte de la commune de St Dyé en sa faveur, la lettre qu'il vous écrit[31]. Je crois que ce serait servir la chose publique que de généraliser l'exemption de la réquisition, en faveur du peu de prêtres qui ont constamment prouvé leur fidélité à leur ministre sous l'égide des lois.

Je ne sais, pour le moment, la résidence du c[itoy]en Dumans), la Terreur des Chouans ayant dominé dans ses environs.

---

29 Comme on le voit, d'après ce passage, l'agitation royaliste est loin d'être apaisée dans toute la région de l'Ouest, en cette première année du Consulat. Bourmont Louis, Auguste, Victor de Ghaisne (comte de) avait pris, en tant que commandant en chef, la tête de l'insurrection royaliste, laquelle avait atteint le Maine, le Perche, le pays chartrain et le Vendômois. Après le 18 Brumaire, il accepte, toutefois, de signer (le 4 février 1800) une paix à des conditions assez honorables. La suite de sa carrière connaîtra de nombreuses péripéties. Le ralliement de certains jeunes hommes à sa cause s'était étendu, comme on le voit, à la région de Blois.

30 Le curé de Selles[sur-Cher] est le citoyen Hartel, transfuge du diocèse de Troyes, très apprécié de Grégoire et que nous avons souvent rencontré dans ce tome. Le curé de Muides est, depuis l'an VIII, le citoyen Coudray, déjà évoqué, sur lequel nous avons peu de renseignements et le curé de Mondoubleau doit être, à cette époque, le citoyen Delabrosse.

31 Ce passage fait référence à la lettre précédente (GR 4759) et confirme donc l'existence de la pétition en faveur de Morioux.

Je vous apprendrai que le citoyen Métivier, notre collègue, résidant chez le citoyen Boucher, va se prêter à seconder le curé de St Nicolas[32].

Tous nos collègues jouissent d'une assez bonne santé.

Je vous prie de croire qu'on ne peut être avec plus de dévouement que je le suis et avec respect

Votre premier vicaire.

Dupont.

GR 4761 ms
(56369)

Noirot Claude[33]
À Grégoire Henri,
Évêque de Blois et membr
du Corps législatif

Vendôme, 16 Ventôse an 8
[7 mars 1800]

Benedicite

Citoyen représentant et très illustre Prélat,

Je profite de l'occasion du citoyen Barbereau, percepteur des contributions, pour vous faire tenir la présente et interrompre un moment vos occupations. Il m'a toujours été très doux de m'entretenir avec mon évêque, qui est notre véritable père et notre consolation, notre soutien et notre force dans nos tribulations et nos persécutions. Si je lisais un de vos ouvrages, dans un temps d'affliction et d'abattement, le style mâle et vigoureux ranimait mon courage et ma force. J'espère, avec l'aide de Dieu, ne jamais dévier et rester toujours fidèle, comme je l'ai été jusqu'à présent, toujours soumis aux lois de mon pays et du gouvernement, toujours attaché à la Constitution et à ma religion qui

32 Nous avons déjà mentionné Dumans René (un des jeunes prêtres ordonné par Grégoire) dans le tome II (GR 1695, p. 241, n. 201). Devenu curé de Renay, dans le Vendômois, il se trouve particulièrement exposé aux incursions des chouans. François Métivier (à ne pas confondre avec Claude), curé de la Madeleine-Villefrouin, déjà rencontré, s'était fait remarquer par la fermeté de ses positions, lors de la persécution de l'an II. Lorsque le Conseil épiscopal fut reconstitué en 1795, il en devint le sixième membre.

33 Nous avons publié, dans le tome II (GR 2173, p. 23 et GR 4731, p. 278) deux notes assez détaillées sur ce prêtre, ex-moine bénédictin et exerçant, durant la Terreur, la profession de médecin à Vendôme. Il fait partie des fidèles du clergé grégorien.

me l'ordonne. Car c'est la religion, cette religion toute sainte, qui me rend patriote par devoir, ami de l'ordre et de la paix par devoir. Il faut espérer que le nouveau gouvernement nous procurera, par sa force et sa solidité, l'objet de nos vœux les plus ardents, ce qui sera le plus digne fruit de sa sagesse. À tous les saluts du S[aint] Sacrement je prie pour la République et ceux qui la gouvernent. Je vis, avec la plus grande satisfaction, dans la liste des législateurs, votre nom. J'y reconnus la justice rendue au mérite et la confiance due aux talents. Les vertus les plus pures éclairées par le flambeau sacré de la religion ne pouvaient pas rester cachées sous le boisseau[34].

Jusqu'à présent j'ai gardé le silence sur la mauvaise volonté des administrations à entraver le culte, ne voulant point permettre qu'on abattît le mur qui entrave un collatéral de l'église de la Trinité, malgré les ordres du ministre. Nous nous adressons derechef à vous pour obtenir l'ordre qu'il soit, sous peu, abattu, d'autant plus qu'il n'a jamais été utile à rien, ni servi, car, du temps de la Haute Cour, ce prétendu chemin de contre-ronde n'a jamais servi. En outre, il n'y a plus, aujourd'hui, de fermeture à la Haute Cour, l'administration municipale ayant coupé les fermetures pour faire une rue qui, de la place, va au plan qui est une promenade et tout le monde passe le long des cachots pour s'aller promener ; en second lieu, la dite administration a fait ôter toutes les barrières en planches pour en faire faire un théâtre. Il faudrait que l'ordre de l'abattre ou la permission fût envoyée directement aux commissaires de l'église nommés par les paroissiens à mon adresse, nous la ferions exécuter sur-le-champ, après l'avoir communiquée à l'administration[35]. Je serais charmé, en mon particulier, que ce mur fût abattu, afin de rendre plus d'aisance pour les

34 Cette longue profession de foi consonne bien avec tous les idéaux proclamés par Grégoire lui-même : soumission aux lois, amour de la République, discret plaidoyer pour le principe du mérite substitué au privilège de la naissance. Cette profession ne se réduit pas à un banal slogan, mais repose sur une réflexion personnelle, nourrie par la lecture des œuvres de Grégoire. La formule désormais officielle de la prière pour la République, à laquelle fait allusion Noirot, et qui est chantée aux offices liturgiques, date de l'établissement de la première République en 1792 (dû, comme on le sait, à Grégoire) : « *Domine salvam fac rempublicam et exaudi nos in die qua invocaverimus Te* ». (« Seigneur, conserve l'État – ou République – et exauce-nous le jour où nous t'aurons invoqué. »).

35 Ces installations insolites, édifiées à l'intérieur de l'église de la Trinité à Vendôme, constituent visiblement un héritage du tribunal érigé pour le procès de G. Babeuf. Un chemin d'accès, ceinturé par un mur, avait donc été édifié dans un des collatéraux du sanctuaire. Une étude topographique plus poussée serait nécessaire pour bien saisir la portée de ce dispositif sur le terrain, mais elle déborderait notre propos. On comprend, toutefois fort bien, que si un

processions et que cet édifice fût dans son entier lorsque, si vous venez à Blois, vous favoriserez de la même grâce Vendôme.

Car je me flatte que si vous venez à Blois cet été, vous favoriserez de la même grâce Vendôme. Je vous offre mon logement et des œufs au lait que je tâcherai d'accompagner d'autres choses[36]….

Je finis en vous assurant du respect, de la considération et de l'attachement inviolable qu'aura, toute sa vie, Très vénérable pasteur, Votre soumis et sincère coopérateur et concitoyen

Noirot, curé de la Trinité de Vendôme.

GR 4763 ms

Guillet François, Gervais
à Grégoire Henri

Lundi de Pâques 1800
[14 avril 1800]

Répondu

Très cher et vénérable prélat,

Puisqu'une occasion favorable pour Paris se présente aujourd'hui pour vous donner des nouvelles de l'arrondissement de Mondoubleau, permettez-moi d'en profiter et d'interrompre un instant vos grandes occupations pour vous marquer comment tout s'y passe, ainsi qu'aux environs.

D'abord plusieurs prêtres des îles d'Oléron et de Ré sont arrivés, surtout Mr Quesnot de Sargé, d'heureuse mémoire. Il n'a rien perdu, malgré son long et rude séminaire, ni de son embonpoint ni de sa façon de parler[37]. Je crois qu'ils manieront [?] nos plus cruels ennemis et ne changeront jamais de sentiments à notre égard. Que Dieu les bénisse !

---

collatéral est inutilisable, les processions à l'intérieur de l'édifice (car elles sont théoriquement prohibées à l'extérieur) ne puissent pas se dérouler normalement.

36 Ce passage témoigne non seulement de l'excellence des rapports liant ce curé et son évêque, mais de la simplicité de leur mode de vie. Nous manquons d'éléments d'information pour savoir si, au cours de son séjour de cinq semaines dans le Loir-et-Cher (du 25 août au 8 octobre 1800), Grégoire aura eu le temps d'honorer de sa visite le curé de Vendôme.

37 Ce passage fait allusion, sans doute, à un retour collectif de prêtres déportés. Dans l'affaire des détenus de Rochefort, en 1794, on sait le rôle déterminant qu'a joué Grégoire

Le pauvre Peroton [Perreton], qui était autrefois mon voisin d'Atrapé [?], végète chez sa pauvre mère, il n'est point à craindre[38]. Ils ne font rien, ni les uns ni les autres et attendent sûrement qu'un ange descende du ciel pour ranimer l'eau de la piscine salutaire de l'église afin qu'ils y descendent les uns après les autres pour les purifier.

Mondoubleau est tranquille ainsi que nos autres cantons, excepté des scélérats qui commettent encore plusieurs vols de tous les côtés. Le curé de Muides ne viendra point mais on m'assure que le desservant de Villiers, Mr Brisard, un bénédictin, doit y venir après la pâque[39]. C'est un bon prêtre quoiqu'il soit m*inus habens* en état avec Mr Maître [Mathurin ? Martin ?], ancien curé d'Oigny, je ne dis pas de faire beaucoup de bien, car il y a trop d'athées, mais toujours d'y entretenir la paix et la tranquillité[40].

Savigny, mon canton, est toujours sans prêtre. C'est ce qui me désole, rapport à son immensité et à la quantité d'honorables habitants pleins de religion qui l'habitent. Je reçois tous ceux qui s'adressent à moi comme mes enfants et également ceux des autres paroisses qui n'ont point de pasteurs et baptise leurs enfants. Imaginez-vous, mon cher prélat, que depuis que nos églises ont été rouvertes, voilà plus de douze cents baptêmes que je fais de tous les côtés. Eh ! que deviendront leurs extraits de baptême par la suite ? J'ai beau leur dire de m'apporter l'extrait du registre de leur enregistrement, ils n'en font rien. Il faut une loi, mon cher évêque, pour les y forcer et elle est absolument nécessaire dans les circonstances actuelles[41].

---

pour leur libération. Depuis cette époque on a continué à déporter vers la Guyane les réfractaires et les rétractés, arrêtés par la police. Cela avait été notamment le cas pour Nusse, mentionné dans le tome I (p. 87). Or l'état récapitulatif de J. Gallerand (18, p. &4) nous apprend que Quesnot Jean-Louis, curé de Sargé (paroisse de Saint-Cyr), avait rétracté ses serments, le 13 juillet 1795. C'est cette démarche, vraisemblablement, qui lui avait valu arrestation et déportation.

38 Compte tenu des aléas dus à l'orthographe, ce nom, mal transcrit, pourrait se rapporter à Perreton Jean, originaire du département de l'Aisne, où il desservait la paroisse de Sermoize et qui fut installé en 1791 curé de la localité du Temple, dans le canton de Mondoubleau.

39 Nous avons déjà cité Thibault Jean-Baptiste, curé de Muides, assermenté puis rétracté. En l'an VIII, il est remplacé, en principe, par le citoyen Coudray. Quant au desservant de Villiers, Brisard [ou Brizard] Aignan, nous avons publié plusieurs lettres de lui dans le tome II (p. 258 et 280). C'est effectivement un ancien bénédictin de la Congrégation de Saint-Maur.

40 Le nom de ce prêtre est, en partie, indéchiffrable. La désignation d'ancien curé d'Oigny devrait correspondre au citoyen Martin Mathurin dont nous avons parlé précédemment et qui, retiré à Mondoubleau, y assurait quelques services pastoraux.

41 Depuis la reprise du culte, la question de la tenue des registres de catholicité (procès-verbaux de tous les actes sacramentels) se pose avec acuité. Le fait d'en rédiger pouvait, en outre, passer, aux yeux d'une administration tâtillonne, pour une activité suspecte. Il semble

Je crois que Mr Legrand, votre collègue et votre ami, n'aura rien de la succession de M[r] son frère. Il a chargé de sa procuration un trop mauvais régisseur, qui mange et dissipe tout. Cependant, il devait lui revenir un effet assez….. environ 600 francs. On ne parle plus aujourd'hui du différend. Ce qui l'a perdu entièrement, c'est un testament en faveur d'une salope de sa paroisse[42].

Il nous aurait fallu, pour le jour de Pâques, une de vos grandes églises de Paris pour contenir le peuple. Beaucoup d'empressement pour les messes, fêtes et dimanches et une négligence outrée pour les sacrements. Cependant, comme il m'en vient de toutes parts pour la Pâque, j'en aurai encore une petite bande. J'ai également annoncé que je recevrais pour la première Communion les enfants de toutes les paroisses qui sont sans pasteurs, ce qui va, comme l'année passée, m'en procurer un grand nombre. Enfin, mon cher prélat, je continuerai de faire le bien, tant que Dieu me donnera la force et le talent, sous vos auspices[43]. Hélas ! De grâce, si vous avez quelques connaissances auprès de notre respectable préfet, faites donc en sorte qu'il nous donne un maire qui ait de la religion. Car bien sûrement s'il n'est pas comme il faut, je quitte le ministère. Excusez mon griffonnage, le commissionnaire me presse pour partir. Je l'ai prié de vous dire toutes choses respectueuses de ma part. Il n'a plus qu'un enfant de reste qu'il serait bien aise de ravoir pour le soulager dans son extrême vieillesse. Je lui ai promis que vous en prierais. J'ai l'honneur d'être tous les jours avec le même respect et la même soumission

Votre affectionné Serviteur,

Guillet, archiprêtre d'Épuisay.

Si vous aviez quelques nouvelles à faire passer par le porteur, vous m'obligeriez.

---

même, d'après la correspondance de Grégoire avec d'autres départements, encore inédite, que plusieurs prêtres ont été, à cette époque, inquiétés à ce propos. La loi sur la liberté des cultes n'avait pas réglé tous les problèmes ni abordé tous les aspects de la pratique religieuse.

42 Le Grand Pierre, Théodore, Louis, souvent rencontré dans cette correspondance, est, selon ce même correspondant, décédé assez récemment. Il figurait, en effet, comme un des prêtres blésois particulièrement estimé de Grégoire. Nous ignorons la nature du problème testamentaire évoqué ici.

43 Ce tableau de la pratique religieuse populaire ressemble à beaucoup d'autres, dont cette correspondance renvoie l'écho. Il nous paraît difficile, tant les témoignages sont concordants, de le taxer d'exagération.

GR 4762 ms
(56370)

Chenu, Ange, Gabriel

Cette lettre de Chenu que nous présentons ici est un document incomplet. Le manuscrit, conservé à la bibliothèque de Port-Royal ne comporte, on ne sait pourquoi, qu'un seul feuillet. La deuxième partie de la missive nous reste donc inconnue. La mention de la main de Grégoire « À voir en confession » signifie, très vraisemblablement, qu'il désirait utiliser ce témoignage pour un article dans les *Annales de la religion*, par exemple, ou dans un autre écrit.

à Grégoire Henri

Blois, 25 Germinal an 8
Rép[ondu] [15 avril 1800]
À voir en confession.

Estimable Prélat,

J'apprends aujourd'hui par le Cit[oyen] Boucher que vous nous donnez l'espérance de venir faire une visite dans votre diocèse. Je m'empresse de vous témoigner toute la joie que me cause cette heureuse nouvelle. Votre arrivée comblera de satisfaction tous les fidèles et pasteurs qui vous sont attachés. Je souhaite bien sincèrement que votre promesse se réalise le plus tôt possible. Votre présence ranimera et vos prêtres et vos diocésains qui ont vu, avec peine, que des circonstances impérieuses vous aient tenu depuis longtemps loin d'eux[44].

Souffrez que je vous informe d'un événement qui fait grand bruit dans la paroisse St Nicolas. Un homme qui ne manquait point aux offices, lorsqu'il jouissait de sa santé, retenu pendant plusieurs mois, dans son lit par les douleurs et la maladie, n'a pas voulu se confesser à l'article de la mort, malgré bien des visites que je lui ai faites pour le décider à remplir son devoir, avant de paraître devant son Juge. Il m'a dit ne pas connaître la nécessité de la confession. D'après cet aveu qui m'a étrangement surpris (car je le croyais bon et vrai chrétien), j'ai mis tout en œuvre pour le retirer de son égarement, tout a été inutile ; je

44 Cette espérance se trouvera parfaitement fondée, puisque Grégoire s'apprête – après bien des hésitations – à effectuer un nouveau séjour à Blois, à l'occasion du futur synode diocésain.

lui ai refusé les prières de la sépulture, puisque, de fait, il renonçait à la religion, ne reconnaissait point le sacrement de pénitence. Les impies, les dissidents ont vomi et vomissent encore des imprécations contre lui. Rien n'a pu me décider à faire les prières de la sépulture, parce que rien ne doit me faire transiger avec mon devoir[45].

Un de mes confrères a refusé de diriger une personne parce qu'elle lisait les *Réflexions morales* du père Quesnel. Elle s'est adressée à moi : je n'ai pas cru devoir la refuser, parce qu'elle se permettait la lecture d'un livre qui, je crois, n'a été condamné que par l'esprit de cabale et d'injustice et malgré les protestations de l'auteur lui-même. Bien plus, la personne m'a promis que, s'il parvenait un nouveau jugement de l'Église, mais bien canonique, elle se priverait de lire ce livre qui, je pense, ne peut servir qu'à nourrir la foi vraiment évangélique. Je vous demande votre avis sur cet article[46].

Le dimanche du Bon Pasteur, je fais faire la première Communion des enfants. Ils ne sont pas en aussi grand nombre que l'an passé. Je serai même obligé d'en renvoyer quelques-uns que j'avais déjà reçus à l'examen. Comme j'exige des pères et mères qu'ils m'informent de la conduite extérieure de leurs enfants, ne pouvant juger que de leur science et de leur sagesse en ma présence, il m'est parvenu des renseignements qui me forceront à en remettre plusieurs, comme je l'ai déjà fait, les années précédentes[47].

---

45 Le cas se révèle intéressant, si on le rapporte au contexte de l'époque. Sous l'Ancien Régime, la sépulture chrétienne n'était octroyée qu'aux fidèles catholiques, décédés après avoir reçu l'Extrême-Onction (qui incluait habituellement la confession des péchés). C'était la procédure habituellement suivie, hormis les cas exceptionnels. La Révolution et notamment le Décret sur la liberté des cultes, aboutissant à la séparation de l'Église et de l'État (21 février 1795, sous l'impulsion de Grégoire) avaient profondément modifié la situation. On ne pouvait donc refuser l'inhumation dans un cimetière chrétien. En revanche, les cérémonies dans l'église et la bénédiction de la tombe pouvaient, dans certains cas, être refusées. Le passage de la lettre souffre, toutefois, d'un manque d'explicitation. Chenu a-t-il refusé seulement les prières auprès de la tombe ou l'ensemble de la liturgie funéraire ?

46 Ce passage révèle clairement à quel courant théologique se rattachait Chenu. L'ouvrage de Pasquier Quesnel : *Réflexions morales sur le Nouveau Testament* (1671) avait engendré un véritable séisme politico-religieux, aboutissant à la condamnation de l'ouvrage par la bulle *Unigenitus* (1713). Celle-ci avait divisé les fidèles et le clergé en « acceptants » et en « appelants ». Ces derniers la refusaient en réclamant la tenue d'un concile œcuménique, seul susceptible de trancher sur une question de foi. Comme l'appel ne fut jamais reçu, ils pouvaient arguer du manque de validité de la condamnation.C'est visiblement la position de Chenu et, comme nous l'avons montré dans notre étude : *Lettres inédites sur l'Augustinus* (Cl. Garnier, 2015), elle était largement partagée par Grégoire.

47 Passage qui nous documente, de manière intéressante, sur la pratique pastorale des curés de ce temps. La « première communion » a lieu au seuil de l'adolescence (12-13 ans) et au terme d'une formation catéchistique. La réforme de Pie X n'a pas encore été promulguée

Peut-être que le nombre des communiants ne sera pas aussi grand que l'année dernière. On ne connaît plus les chrétiens que par le nom. Ils ne veulent de la religion que ce qui ne contrarie point leurs passions. [Cela ?] est très alarmant. Cependant, le nombre de mes adhérents ne diminue pas, au contraire, je vois souvent des figures nouvelles à l'église[48]. Ce Vendredi-Saint où j'ai prêché la Passion… (Le manuscrit s'arrête là).

GR 4764 ms

Dupont Claude
Au Citoyen Grégoire législateur — Blois, 13 Floréal, an 8
rue Neuve St Guillaume n° 1149 — [3 mai 1800]
à Paris.
(adresse rajoutée : Rue S. Dominique) — Rép[ondu]

Citoyen évêque,

Je vous aurais écrit plus tôt si je n'avais pas formé la résolution de vous donner des nouvelles de la paroisse de Selles, conduite par le citoyen Hartel. Ce prêtre, par son mérite, sa prudence et son zèle, forcera les mauvais chrétiens de lui rendre justice. Des dévotes de ce pays, imitatrices de celles de Blois, s'étudient à répandre sur lui les calomnies les plus recherchées. On a été jusqu'à lui imputer de n'être pas à jeûn lorsqu'il a célébré le Vendredi Saint et on en donnait pour preuve qu'il avait mis en sa bouche du pain à cacheter pour coller une affiche indiquant l'heure à laquelle il prêcherait la passion, ce qu'il a exécuté à la grande satisfaction des assistants[49].

On trouve à redire de ce qu'il bine à Selles[sur-Cher] et à Châtillon[sur-Cher] dont le curé est retiré pour cause d'infirmité. Trois prêtres réputés rétractés disent la messe en l'église de Selles ; il y a suffisamment de

---

et cette communion, célébrée avec une grande solennité, était vraiment, pour les enfants, la toute première. Elle revêtait ainsi, plus que de nos jours, la valeur d'un rite d'intégration sociale.

48 On devine, d'après ces paroles, que la division du clergé ne préoccupe pas, outre mesure, la conscience des fidèles, soucieux, avant tout, de conserver leurs rites et leur culte.

49 Ces informations comblent une lacune informative regrettable. En effet, la documentation nous manque, concernant le citoyen Hartel. Comme il s'est intégré tardivement dans le diocèse de Blois, après avoir quitté celui de Troyes, les archives de l'historien J. Gallerand mentionnent tout juste son nom. Sur le terrain, il semble justifier la haute opinion que professait Grégoire à son sujet.

messes et le curé fait une œuvre édifiante et salutaire de ne pas laisser une paroisse chrétienne sans secours, il désirerait que cette dernière paroisse pût être desservie par un prêtre, lequel serait, en même temps, à sa disposition et exercerait concurremment à Selles et dans les environs. Il m'a assuré qu'il tâcherait de faire réussir ce projet[50].

L'ex-déporté Froumy s'est établi à Meusnes, dont le curé s'est retiré et a fixé sa demeure à Selles. Les gens de la campagne séduits par les malveillants de Selles ont été faire leurs Pâques à Meusnes[51]. Des femmes vont s'y faire relever, d'autres s'y faire marier mais je crois que le zèle qu'a mis le c[itoy]en Hartel à instruire ses enfants et l'imposant de la première communion produiront un effet salutaire. Il se flatte que vous lui procurerez de l'encouragement en le visitant à votre prochain voyage à Blois.

Nous attendons les saintes huiles que vous voulez bien nous faire passer. Le temps de la distribution est venu et on s'empresse de nous les demander.

Nous ne nous apercevons pas qu'aucun réfractaire ou rétracté ait donné l'acte de garantie exigé par la loi. La proclamation de notre préfet ne laisse point ignorer qu'elle est un préalable à tout exercice du culte et au mépris de la loi et de la proclamation, le culte est exercé avec une publicité qui décourage les vrais amis de la patrie[52]. Comme il n'est encore aucune autorité organisée suivant la Constitution et que les motifs du refus des citoyens Besnier et Legros nommés par le premier Consul sont dans l'esprit de la grande majorité de nos messieurs, qu'ils ne veulent point être associés avec gens de mon espèce, je vous laisse à juger les disgrâces que l'on me prépare[53] ; mais je dois faire des sacrifices à ma patrie, je n'ai point hésité à accepter quoique sans fortune et j'ai

50 Nous rappelons que le verbe « biner » désigne, en langage ecclésiastique, le fait de célébrer successivement, le même dimanche, deux messes en raison du manque de prêtres. La paroisse de Châtillon-sur-Cher, dans le district de Saint-Aignan, avait été successivement administrée par Cartier François, assermenté, puis, semble-t-il, rétracté et par Delorme Alexis. Nous ignorons l'identité du prêtre âgé et infirme dont il est question dans le texte.

51 L'ancien curé de Meusnes, retiré du ministère, pourrait bien être Guillot Claude, assermenté, installé en 1792. Quant à Joseph Froumy, nous l'avons déjà rencontré. Rétracté et déporté, il s'était fixé, un moment, lors de son retour, à Selles-sur-Cher.

52 Ce passage montre que, sous le Consulat qui vient de commencer, les contrôles sur le clergé réfractaire ont tendance à se relâcher. L'exercice de leur culte devenu plus facile, rend plus compliquée, sur le terrain, la tâche des constitutionnels.

53 Les noms des refusants, cités dans ce passage, pourraient correspondre d'une part à Besnier Jean, curé de Lestiou, et d'autre part à Legros Jean-Dominique, ancien suppléant à la législative, juge au tribunal de Mer. Mais notre hypothèse reste très conjecturale.

envoyé, dans les vingt-quatre heures de la remise de ma commission, mon acceptation au c[itoy]en préfet et je ne doute point qu'il ne l'ait, sur-le-champ, fait parvenir au ministre de l'intérieur. Elle est du 17 courant. En voici la teneur :

Citoyen préfet : « Je vous accuse réception de votre lettre d'hier, ensemble de l'extrait d'ampliation du 5 courant par laquelle le premier Consul me nomme adjoint de Blois. Veuillez transmettre au premier Consul mon acceptation, en témoignage de mon respect pour ses ordres et de mon dévouement pour l'affermissement et la prospérité de la République. Sans fortune, je ne puis lui offrir que mon peu de talents et un zèle qui ne pourrait être altéré que par une impérieuse nécessité ».

J'ignore qui sera maire et premier adjoint. Le citoyen Beits [Beyts] m'avait témoigné qu'acceptant, je devais occuper la première place, je lui ai observé que ma qualité d'ecclésiastique ne me permettrait pas d'obtempérer, mais que, puisque le premier Consul m'avait honoré de sa confiance, je ne négligerais point de m'en montrer digne[54].

Depuis qu'on a su mon acceptation, la malveillance s'est manifestée et avant que je sois en place on m'a donné l'échantillon de ce qu'on me prépare. Depuis le 15, l'octroi municipal est en mouvement. Que fait-on ? On dit aux pauvres : « c'est la dernière fois que nous vous donnons. Allez trouver le citoyen Dupont, c'est lui qui est municipal, c'est à lui de vous partager l'argent que nous donnons à l'octroi » et c'est ainsi qu'en criant hautement contre cette nouvelle contribution on prépare les esprits à la révolte[55].

Cette tirade de Dupont montre à quel point les résistances, sur le terrain, aux nouvelles dispositions issues de la Constitution de l'an VIII restent vives.

54 Déjà membre de l'administration municipale, Dupont vient donc d'être promu premier adjoint au maire de Blois. Parallèlement, en l'absence de l'évêque, il dirige le Conseil épiscopal qui gouverne le diocèse. Ce mélange des genres pouvait, effectivement, paraître choquant et, d'autre part, lourd à assumer. En acceptant, l'intéressé va prêter le flanc aux critiques les plus vives. Il les prévoit mais sait aussi que ses responsabilités civiles vont lui faciliter la solution des nombreux problèmes pastoraux que le contexte historico-politique du moment ne cesse de voir renaître.

55 Les octrois, sous l'Ancien Régime, permettaient aux administrations municipales de percevoir des taxes sur les boissons, le bétail, le bois, le fourrage, les denrées alimentaires. Ils entraînaient fouilles et contrôles à l'entrée des villes. Très impopulaires, ils avaient été supprimés par la Constituante, puis rétablis progressivement en 1798, sous forme d'octrois municipaux. La somme recueillie devait être affectée essentiellement aux œuvres de bienfaisance et notamment aux hospices. Étant donné ses nouvelles fonctions, Dupont se voit chargé de gérer cette épineuse question et se trouve donc placé sous le

Quoi qu'il en soit, je ne perds point courage. Si j'ai deux collègues qui, comme moi, soient invariablement attachés à leur patrie, je trouverai avec eux les moyens d'utiliser nos services et de faire applaudir nos ennemis à notre choix. Si je ne suis pas bien secondé, quand j'aurai fait tout ce que j'aurai pu et dû faire, je trouverai en mon propre cœur ma récompense. Vous savez que je ne demande rien. C'est la cause de mon silence. Agréez mon respectueux dévouement.

P[remier] V[icaire] DUPONT.

GR 4765 ms

Dupont Claude
à Grégoire Henri

Blois, ce 28 Floréal an 8
[18 mai 1800]

Citoyen évêque,

Je vous fais passer un essai sur le collège de Pontlevoy, auquel vous vous intéressez. Un citoyen attaché au progrès et maintien de cet établissement a conçu ce projet. Le double du présent a été remis au citoyen préfet, lequel a promis de l'examiner, de vérifier les actes de vente et surtout l'acte de direction du collège pour, sur le tout, aviser comme tout doit tourner au profit du public et qu'il s'agit de faits d'aliénation à titre de confiance, on pense que le secret est utile dans la circonstance, pour ne point donner lieu à détournement des objets que le gouvernement jugerait devoir être revendiqués[56].

---

feu des récriminations futures et des critiques. Quant au citoyen Beytz, d'origine belge, il nous est connu, notamment par le témoignage de Dufort de Cheverny. Celui-ci, bien que d'opinion politique opposée, trace de lui un portrait élogieux. « Homme d'esprit et de talent, très fort sur les mathématiques » (*Mémoires*, II, p. 420), il est nommé, après le 18 Brumaire, préfet du Loir-et-Cher et réussit à équilibrer, habilement, semble-t-il, les partis opposés dans les nominations auxquelles il procède.

56 L'histoire du célèbre collège de Pontlevoy serait trop longue à écrire et déborderait notre propos. Pour comprendre ce passage, rappelons seulement quelques faits. À l'origine, l'édifice abrite une abbaye bénédictine. Vers la fin du XVIIIe siècle le gouvernement y ajoute une école militaire pour cadets pauvres de l'aristocratie (une des dix fondées en France par Louis XVI), puis il devient collège en 1791. C'est alors qu'un des anciens moines

Vous avez dû recevoir mes lettres relatives à la paroisse de Selles et au désir qu'on y a de vous y voir et de vous y entendre. S'il n'y a pas ici de juges éclairés, patriotes et fermes, je crains bien que nous n'ayons bien des disgrâces. Nos réfractaires et leurs soudoyés sont plus hardis que jamais. Est-ce l'esprit du gouvernement que les lois soient inexécutées à Blois ? J'attends avec empressement une notice à cet égard[57].

Respectueux dévouement. Dupont p[remier] v[icaire].

GR 2111 ms

Grégoire Henri

Au citoyen Boucher, vicaire épiscopal
près la Cathédrale à Blois
Loir et Cher

Paris, 28 Floréal an 8
[18 Mai 1800]

Cher coopérateur,

Depuis plusieurs jours j'ai chez moi les saintes huiles, mais comme il ne faut rien hasarder dans des envois de cette nature pour ne pas les exposer à la profanation, je n'ai pas cru devoir vous les adresser par les Messageries. Je pense qu'il est plus convenable que quelqu'un de sûr venant à Paris soit chargé de les prendre chez moi. Je ne sais pas encore

Chappotin Pierre-François va y jouer un rôle important. Devenu prêtre séculier, choisi par Grégoire comme vicaire épiscopal, puis professeur au Grand Séminaire, il s'orienta finalement vers l'enseignement et prit la direction du collège de Pontlevoy. En 1793, il y hébergea, en détention provisoire, les prêtres réfractaires au serment, puis, devenu abdicataire et rendu à la vie laïque, il se consacra, jusqu'à sa mort, avec plusieurs autres ex-prêtres, dont Augustin-Charles Taschereau (ex-bénédictin comme lui), à administrer le collège. Celui-ci subsista durant tout le XIXe siècle pour fermer ses portes au milieu du XXe siècle. Le passage de la lettre de Dupont semble traduire le désir de Grégoire de s'intéresser à cette institution et peut-être même de s'en porter acquéreur.

57 Nous avons déjà évoqué le problème – délicat – de la nomination d'un curé à Selles-sur-Cher. C'est finalement le citoyen Hartel, venu du diocèse de Troyes, qui devait y être installé, en l'an VIII, sur l'initiative de Grégoire.

ce que je dois remettre pour cet objet à la cathédrale. Jeudi prochain jour de l'Ascension je terminerai cet article[58].

À l'imprimerie chrétienne il a suffi d'avertir qu'on vous continuât les envois ainsi qu'à vos dames quand l'occasion se trouvera, vous y enverrez l'argent.

J'ai appris avec bien de la peine que vous étiez malade, et ensuite j'ai appris avec bien de la joie que votre santé était meilleure. Ménagez-la pour continuer à opérer le bien[59].

J'ai reçu des lettres de l'archiprêtre d'Épuisé [Épuisay] et du cit[oyen] Dupont, à qui je répondrai sans délai.

Le cit[oyen] Monrocq m'a également écrit pour m'annoncer sa sortie de Mer ; voyez à le placer comme vous en avez le projet dans une autre cure[60]. On me propose pour mon diocèse un ecclésiastique que je ne connais pas, qui est actuellement vers Coutances dans une paroisse désagréable ; il voudrait se rapprocher de sa sœur, femme estimable et pieuse qui demeure à Paris. J'ai ouï dire du bien de cet ecclésiastique : à la vérité c'est par sa sœur qui m'annonce sa disposition sans en être assuré par lui-même. Si vous avez quelque place vacante, sans cependant compter d'une manière positive sur la résolution de ce curé, je vous prie de me le marquer[61].

Et moi aussi je me réjouis de vous voir, ainsi que tous les membres du conseil. Recevez tous les assurances de mon attachement cordial.

+ Grégoire, Év[êque] de Blois.

---

58 Le clergé blésois n'a pas eu besoin, cette fois-ci, de recourir aux services du citoyen Suzor, évêque de Tours, comme en 1795, pour obtenir les saintes huiles. C'est Grégoire lui-même qui s'en est chargé, en accord sans doute avec l'évêque du lieu, c'est-à-dire de Paris. Se pose alors, d'après ce passage, le problème délicat du transport. La date de celui-ci étant fixée au jour de l'Ascension, cela correspond, d'après nos calculs, au 1er juin 1800.

59 Les problèmes de santé, éprouvés par François Boucher, le coopérateur et l'ami, commencent à se poser et ne vont pas tarder à devenir préoccupants.

60 Le caractère impétueux et imprévisible de Monrocq, curé de Mer, tend à poser des problèmes de plus en plus nombreux sur le plan local. Sa double fonction de curé et d'administrateur municipal ne simplifie pas toujours les situations. Il est en butte, en outre, depuis le début, à l'opposition du parti royaliste de la région et nous verrons que, par la suite, ses soucis ne cesseront de s'amplifier.

61 À ce niveau, très général, de l'information, nous ne voyons pas de quelle personne il peut s'agir.

GR 4766 ms

Boucher François
à Grégoire Henri

Blois, 28 Floréal, an 8
[18 mai 1800]

Respectable et très cher prélat,

Voici enfin le voiturier par eau, après lequel je soupirais depuis une quinzaine, c'est le nommé Charles Jacquet de cette ville, homme honnête et qui s'est chargé avec bien du plaisir de vos meubles et effets dont voici l'état. Il doit partir demain pour Paris et compte y arriver dans vingt jours au plus tard, si le vent lui est favorable ; je désire que le tout vous parvienne bien conditionné ; de mon côté je n'ai rien négligé, ni soins, ni dépenses pour remplir cet objet[62].

Je vous avais déjà prévenu que j'avais été forcé de donner deux de vos matelas pour le coucher des soldats qui étaient à Blois *sous le regard de Robespierre*. J'avais sacrifié pourtant les miens pour sauver les vôtres, tous m'ont été rendus dans un assez mauvais état et je me souviens d'avoir eu l'honneur de vous en écrire pour vous témoigner là-dessus mon juste mécontentement[63].

Restent encore vingt-quatre chaises couvertes en paille jaune, dix-huit chaises en paille rouge, deux tables à écrire en bois uni, trois tables à manger, dont une grande, deux pieds de table pliants, deux tables de nuit, une chaise d'aisance, une paillasse de balle d'avance, trois bois de lit, deux lits de sangle, onze cartons, une échelle double, une chaise en forme d'échelle, un poêle de faïence avec ses tuyaux, cinq pots de chambre ; une seille à eau, deux chaises de cuisine et un dévidoir.

---

62 Nous avons vu qu'à plusieurs reprises Grégoire a réclamé le renvoi à Paris d'objets, de livres et de meubles lui appartenant et qui étaient restés à Blois. À cette date, il ne peut certes pas prévoir qu'il ne reviendra plus jamais habiter sa ville épiscopale, mais ses déménagements successifs semblent inscrire dans les faits un éloignement progressif du pasteur à l'égard de son troupeau et rompre peu à peu les liens qui les rattachaient l'un à l'autre.

63 L'allusion vise, sans doute, une affaire ancienne : le passage de troupes républicaines ou la mobilisation d'un contingent de jeunes soldats blésois regroupés à Blois, en 1794, avant d'aller combattre aux frontières la coalition anglo-hollandaise, événement auquel nous avons déjà fait allusion.

Tous ces objets peuvent être vendus ici aussi avantageusement qu'à Paris et les frais de transport seront trop coûteux et absorberont une partie du prix. J'attends là-dessus votre décision pour m'y conformer[64]. Permettez-moi maintenant de vous parler de ce qui concerne votre diocèse ; le citoyen Monrocq a fait ses adieux aux citoyens de Mer, il y est encore cependant, mais j'ai lieu de craindre qu'il n'y reste pas longtemps, car je vois avec peine qu'il a perdu la confiance d'un grand nombre de cette cité[65]. D'un autre côté, le citoyen Morin, curé de la Madeleine de Vendôme, est sérieusement malade et si nous avons le malheur de le perdre, je ne sais qui pourra lui succéder[66] ; tous les curés du canton m'ont écrit pour me demander des saintes huiles ; il y a environ quinze jours que j'ai eu l'honneur de vous envoyer la boîte et les vases destinés pour les contenir, il me tarde de les recevoir pour en faire part à tous[67]. Dans ma dernière, je vous ai prié de vouloir bien faire remettre trente-trois livres au citoyen directeur de l'imprimerie chrétienne savoir 11 livres pour abonnement des *Annales* dont le semestre a commencé au premier mai prochain, à l'acquit de Mme Cousin Guérin, même somme pour la veuve citoyenne Buache et plus onze livres pour

---

64 Que dire de cette énumération d'objets utilitaires, sinon qu'elle ne renferme aucun objet de valeur et qu'elle correspond à tout ce que l'on pouvait trouver à l'époque dans un intérieur ordinaire ? Chaque élément est fonctionnel, y compris la seille à eau (« sorte de seau fait en boissellerie, sans cercles, avec une anse de bois » – *Littré*) et aucun n'évoque l'article de luxe ou le chef-d'œuvre artistique. La seule richesse mobilière de Grégoire consistait dans sa bibliothèque personnelle constituée de plus de 1 500 ouvrages et qu'il devra vendre au moins à deux reprises, se trouvant, alors, dans une situation financière difficile.

65 Nous savons déjà, par une lettre de Monrocq lui-même, publiée dans ce tome, qu'il se montrait désireux de s'investir dans la politique municipale, avec l'intention très honorable de mieux protéger la liberté de culte de ses paroissiens. Il se faisait l'écho, toutefois, de relations tendues et de certains différends survenus avec plusieurs responsables locaux. Nous verrons, par la suite, qu'il connaîtra aussi des démêlés avec certains de ses confrères. N'oublions pas, en outre, qu'il n'est pas natif du département, mais transfuge de celui de la Sarthe. Au demeurant, les lettres suivantes ne font pas mention de son départ de Mer. Il ne quittera le diocèse qu'après la démission de Grégoire en 1801.

66 Le curé en question est Morin Dominique, cité, à plusieurs reprises, dans cette correspondance notamment au tome II (p. 233 et 249). Initialement curé de Villerable, il avait, après la Terreur, accepté de prendre en charge La Madeleine de Vendôme.

67 L'exacte coïncidence de la date de cette lettre avec celle de Grégoire (GR 2111, p. 156) explique ce chassé-croisé de la demande et de la réponse. L'envoi des saintes huiles est considéré comme acquis, le 18 mai 1800, au moment même où Boucher les réclame. Ce dernier n'est pas encore au courant des dispositions prises par son évêque.

la citoyenne Ferrand rue Dangleterre, toutes ces dames me chargent de vous présenter leurs respectueux hommages et m'ont déjà remis cet argent qu'il me tarde de vous faire passer ainsi que vos déboursés pour les saintes huiles dont vous voudrez bien m'envoyer le montant. Vous voudrez bien aussi m'accuser la réception des meubles que je viens de faire embarquer et me croire pour la vie

Avec le plus sincère et le plus parfait
Dévouement,

Boucher, vic[aire] épisc[opal].

Oserai-je aussi vous prier d'agréer de ma part mille choses honnêtes pour M^{r} et Mme Dubois.

pour prix des deux grands paniers d'osier	4^{tte} (livres)
pour emballage …..	2^{tte} (livres)
pour frais de transport …..	3^{tte} (livres)
pour la lettre de voiture timbrée	1^{tte} (livre)
	10^{tte}

Vous avez eu la bonté de payer à l'acquit de ces dames trente-trois livres, c'est par conséquent 22 livres 18 sols que je vous envoie avec vos déboursés pour les saintes huiles, dont je vous prie de m'envoyer le montant[68].

68 Nous n'entrons pas ici dans le détail de ces menues opérations financières, sinon pour rappeler que le responsable de l'Imprimerie chrétienne est le citoyen Rebour, souvent cité dans cette correspondance mais difficile à identifier en tant que personne. Quant aux personnalités féminines évoquées ici, elles nous sont déjà connues comme formant la *Société des dames chrétiennes* fondée par un Grégoire très soucieux d'inclure les femmes dans l'action pastorale.

GR 2112 ms

Grégoire Henri

Au citoyen Boucher, vicaire épiscopal
près la Cathédrale, à Blois
Loir et Cher

Paris, 8 Prairial, an 8
[28 Mai 1800]

Cher coopérateur,

Au moment où cette lettre vous arrivera, vous aurez reçu la boîte des s[ain]tes huiles qui, conformément à votre lettre, vous a été adressée, il y a trois jours par les Messageries. Le cit[oyen] Évêque de Paris n'ayant rien voulu recevoir pour le prix, le tout se borne à 42 sols de port[69].

Le cit[oyen] Monrocq m'écrit une lettre par laquelle il demande que je lui écrive pour demander qu'il reste à Mer, que j'écrive aux marguilliers, etc, etc. J'ai cru devoir vous envoyer cette lettre ci-incluse, le conseil connaît mieux que moi les détails, les relations et la situation respective des habitants de Mer avec leur curé ; c'est d'après cela que le conseil jugera s'il doit écrire au cit[oyen] Monrocq et à ses fabriciens dans le sens qu'il réclame. Je vous prie de me dire quelle détermination le conseil aura prise à cet égard. Je me borne à écrire par le même courrier au citoyen Monrocq que, le conseil étant plus à portée de savoir le vrai point de vue de cette affaire que moi, je lui ai envoyé sa lettre pour statuer selon ce que sa sagesse lui indiquera[70].

Dans votre dernière lettre vous me parlez de deux lettres de Mme Buache à son neveu. Je ne connais pas ces lettres ; quoi qu'il en soit, son neveu

69 Cette information conclut l'affaire des saintes huiles et précise que Grégoire a eu recours, pour cela, aux bons offices de l'évêque de Paris, J.-B. Royer, le seul habilité, dans la capitale, à procéder à cette célébration.

70 Les démêlés de Monrocq avec ses paroissiens de Mer connaissent, on le voit, des péripéties et des rebondissements. Sans vouloir entrer dans les détails de l'affaire, nous observons un nouveau revirement dans l'attitude du curé de Mer. La lettre précédente (GR 2111, p. 157) nous laissait entrevoir sa décision de quitter son poste et celle-ci nous annonce son désir d'y rester. La position de Grégoire frappe par sa prudence et son caractère collégial. Le Conseil épiscopal représente, à ses yeux et en son absence, la véritable instance de gouvernement du diocèse. Même si la procédure reste fidèle aux normes canoniques, ne pourrait-on déceler, dans cette pratique générale, l'influence des thèses richéristes ?

avec qui je me suis encore trouvé hier à l'Institut se porte bien. Mes compliments affectueux à ces dames[71].

Veuillez bien vous informer si à Blois à *la Galère* ou à quelque autre auberge principale on aurait vu Mr de Lugo consul général d'Espagne à Paris, qui étant malade se rend à petites journées à Bordeaux. Je vous prie de lui dire, si vous le voyez, qu'à Bordeaux il recevra chez le consul espagnol des lettres de ses amis de Paris[72].

Marquez-moi si la boîte aux s[ain]tes huiles est arrivée, si les *Annales* parviennent à ces dames, car j'ai bien recommandé cette commission.

Mille remerciements pour l'envoi des meubles que nous attendons. Je vous dois de l'argent et surtout beaucoup de reconnaissance. Si le tout n'est pas encore emballé, Mme Dubois, qui vous salue, vous prie de joindre à l'envoi 3 saladiers, 2 pots à l'eau, deux hachoirs, un couperet, les cruches à l'eau et à l'huile ; sinon ce sera pour un autre envoi avec divers objets.

---

71 Nous avons déjà évoqué la possibilité d'une parenté entre la citoyenne Buache, une des fidèles de l'Église constitutionnelle, membre de la *Société des dames* chrétiennes, et le géographe Jean-Nicolas Buache, neveu de Philippe, collaborateur de Grégoire au C.I.P. C'est avec celui-ci que Buache se concerte pour supprimer la fleur de lys, indiquant le Nord sur les cartes, c'est avec Grégoire, Besson et Mathieu qu'il est chargé en outre de constituer un groupe d'études concernant les travaux de Desmarest. Enfin, ils font, tous deux, partie du Bureau des Longitudes ainsi que de l'Institut. (P.V. du C.I.P., Table générale, Fasc. I, p. 113-114). Nous avons de bonnes raisons de croire que l'allusion de la lettre vise cette personne.

72 *La Galère* était, durant tout le XVIIe siècle et même par delà, une des auberges les plus réputées de la ville de Blois où sont descendus notamment le duc de Bourgogne et Philippe V d'Espagne. À l'époque de Grégoire, elle commençait à décliner. Le bâtiment subsiste encore à l'heure actuelle. Quant au consul José de Lugo y Molina (1754-1837), c'est une personnalité très connue de l'époque. Né en Espagne et doté d'une solide formation littéraire, il est d'abord député des Canaries à Londres en 1793, puis nommé vice-consul à Paris, le 25 octobre 1794. En fait, il accepte un poste au consulat de Dunkerque puis, après un séjour à Londres, il obtient sa mutation pour Paris le 16 juin 1798, y exerçant la charge d'« agente general de la nacion espagnola en Francia con residencia en Paris ». Son train de vie et certaines de ses prises de position finissent par irriter le gouvernement français, d'autant plus qu'il désapprouve publiquement le coup d'État du 18 Brumaire. Talleyrand lui intime l'ordre de quitter le territoire, le 17 décembre 1799. Malgré ses tentatives de justification, il doit obtempérer, mais se met en route seulement début mars 1800, dans l'intention, d'abord, de gagner Bagnères de Bigorre où il s'était marié peu auparavant. (Informations recueillies dans *Les diplomates du XVIIIe siècle* de Didier Ozanam-Casa Velasquez. Maison des pays ibériques Madrid-Bordeaux, 1998). C'est donc, vraisemblablement, dans ce trajet vers le Sud-Ouest qu'il dut effectuer une halte à Blois. Le point le plus curieux de ce passage est que Grégoire ne souffle mot des circonstances politiques particulières dans lesquelles s'est déroulé le voyage.

On avait dit notre brave métropolitain mort ; je reçois de lui une lettre intéressante dont je vous parlerai dans une autre lettre[73].

J'embrasse l'estimable cit[oyen] Boucher et tous les membres du conseil avec effusion de cœur.

+ Grégoire, Év[êque] de Blois.

GR 4768 ms

Boucher François
à Grégoire Henri

Blois, 12 Prairial, l'an 8
[1er juin 1800]

Respectable et très cher prélat,

Voici la réponse de votre conseil au citoyen Monrocq ; pour mieux vous mettre à portée d'en juger, je vous en envoie tout le contenu :

« Citoyen,

Nous avons reçu, le 8 courant, une lettre de notre évêque à laquelle était jointe celle que vous lui avez écrite, le trente dernier ; il nous invite à vous répondre sur les différents articles qu'elle contient et à lui faire part de la détermination que nous avons prise à cet égard : nous lui faisons passer le duplicata de cette réponse que nous vous transmettons et à laquelle nous nous sommes résolus pour satisfaire au désir de notre évêque et aux devoirs que nous imposent les nouvelles marques de confiance et d'estime dont il continue de nous honorer[74].

[...] Par votre lettre du 29 Germinal vous nous marquiez que malgré mille considérations les plus puissantes vous auriez cédé aux vues de Mr l'évêque et du préfet, que vous seriez resté à Mer, si on vous y avait

73 L'allusion ne peut viser que l'évêque de Bourges Dufraisse Michel, Joseph, ex-jésuite, déjà rencontré dans cette correspondance (t. II, p. 75, 106, 152). Il avait été élu au siège de Bourges sur l'initiative de Grégoire, dont il était devenu, ainsi le métropolitain. Nous rappelons que la correspondance entre les deux hommes a été éditée en 1963 (voir bibliographie). En fait, Dufraisse ne décèdera qu'en 1802, à Bourges.

74 La formule particulièrement solennelle et précise veut signifier à Monrocq que c'est bien sur le mandat explicitement confié par l'évêque à son Conseil que cette réponse lui est communiquée et qu'il doit considérer la décision prise comme canoniquement fondée.

procuré les moyens d'exister [...]. Vous ajoutiez que vous ne sortiriez pas, d'ici à quelques mois, de cette paroisse que vous quittiez, mais que vous cessiez, le 30 Germinal, toutes les fonctions religieuses [...]. Vous nous observiez que la place que vous occupiez était scabreuse et qu'il y faudra un prêtre qui réunisse les lumières à la prudence et à la circonspection[75].....

Nous nous attendions que vous enverriez à votre évêque ou à nous votre démission pour pourvoir à votre remplacement et nous nous serions conformés au dernier avis que vous donniez, instruits par votre discours de première communion et de rénovation des vœux du baptême, que vous aviez notifié solennellement à vos paroissiens que vous cessiez d'être leur pasteur ; votre lettre du 30 Floréal à notre évêque nous apprenant que les habitants de Mer représentés par leurs marguilliers ne se donnent point la peine de pourvoir à votre remplacement : nous en tirons la conséquence que les fidèles de cette paroisse ont regardé votre démission et par suite la cessation de vos fonctions spirituelles (ce que vous n'avez pas fait ou écrit sans une autorisation ministérielle) comme un abandon authentique de votre sollicitude pastorale à leur égard et nous vous déclarons que si, dans cet état de choses, la majorité des fidèles de Mer formait [formulait] auprès de nous la demande d'un prêtre pour occuper votre place vacante par le fait de votre part et par le droit de la Cour [? ?], nous ne croirions pas pouvoir, sans nous compromettre, nous dispenser d'y obtempérer [...][76].

---

75 Cette lettre du 25 Germinal ne nous est pas parvenue et il nous faudra attendre l'année 1801 pour croiser à nouveau la plume de Monrocq. En raisonnant déductivement, nous nous hasardons à formuler l'hypothèse suivante : c'est vraisemblablement en raison de problèmes financiers (sa candidature à l'administration évoquée dans une précédente lettre aurait-elle échoué ?), que Monrocq, à bout de ressources et aussi de patience, prend la décision unilatérale de cesser d'exercer le ministère paroissial, tout en restant sur place et sans donner sa démission. Il place ainsi, par cette grève inopinée, les autorités diocésaines devant le fait accompli et met en demeure ses paroissiens de réagir.

76 Là encore cette lettre du 30 Floréal fait défaut aux archives. Certes, Monrocq n'a pas respecté les normes canoniques et préféré le coup de force. Les membres du Conseil veulent, néanmoins, lui faire comprendre qu'une demande de remplacement effectuée par les marguilliers, au nom des paroissiens, et s'appuyant sur son absentéisme, revêtirait, à leurs yeux, la même valeur qu'une démission formulée par lui. Rappelons ici que les marguilliers désignent trois membres du Conseil de fabrique (ou fabriciens) qui composent un bureau, avec président, secrétaire et trésorier, chargés « de dresser le budget de la fabrique, de préparer les affaires qui doivent être portées au conseil, d'exécuter

Personne autre que vous, citoyen, ne nous semble pouvoir faire avec avantage auprès des fidèles de Mer les démarches que vous sollicitiez de notre évêque, et il n'est aucun de nous qui n'eût profité de l'occasion de la solennité de la première communion pour la faire [...].

Quand les marguilliers de nos paroisses ne nous paraissent pas s'acquitter des obligations qu'ils ont à remplir au nom des fidèles qui leur ont donné les témoignages publics de leur confiance, nous annonçons au prône de notre messe paroissiale une assemblée générale des fidèles et nous leur faisons des observations. Il en serait de même si les marguilliers avaient à faire quelques observations à notre sujet, nous convoquerions, sur leur demande, une assemblée générale, nous nous expliquerions avec franchise et la conciliation et un meilleur ordre de choses seraient toujours, n'en doutons point, le fruit de ces explications fraternelles... Nous désirons que vous puissiez vous ménager ce moyen conciliateur et qu'il obtienne tout effet que vous pouvez en attendre et que nous vous souhaitons bien sincèrement comme vos chefs dans l'ordre religieux et de vrais disciples d'une religion conciliable avec le bien public et les lois de l'état ; observation que nous avons recueillie dans une lettre de vous aux prêtres de votre arrondissement et que nous saurons toujours faire reconnaître lorsque l'occasion s'en présentera[77].

Nous ne pouvons qu'applaudir au zèle du citoyen Hême, ci-devant curé de Lorges, lequel, ayant été votre coopérateur à Mer, a eu, sous ces deux rapports, notre confiance, se serait sans doute abstenu de dire deux messes si, en attendant que votre remplacement eût pu avoir lieu canoniquement, vous eussiez, par vous-même, procuré l'audition d'une messe ; lui seul est dans le cas de provoquer l'assemblée dont nous vous

ses délibérations et de diriger l'administration journalière de la paroisse » (*Littré*, art. marguillier). Il est un peu surprenant de constater que cette structure administrative ait survécu à la Révolution et fonctionne à Mer, comme avant.

77 Cette tirade vise à administrer à Monrocq un petit cours de démocratie participative. Lui qui affichait des sentiments de ferveur républicaine se voit rappeler ses principes fondamentaux. Si un conflit surgit entre les marguilliers et le curé, il importe, en effet, de convoquer une assemblée générale des paroissiens, afin de déterminer les torts, de préciser les droits de chacun et de prendre une décision. Nous ne saurions affirmer que les conseils de fabrique fonctionnaient sur ce modèle, sous l'Ancien Régime, mais la Constitution civile du clergé avait élargi considérablement les droits des assemblées générales de paroissiens, au point de les constituer en corps électoral, dès qu'il s'agissait de choisir le curé. Démissionnaire de fait ou de droit, Monrocq déclencherait immédiatement la procédure électorale destinée à le remplacer.

parlons et nous ne doutons point qu'il ne se prête à vous concilier, avec les fidèles de la paroisse de Mer, une explication qui réunisse les pasteurs et les brebis sous tous les rapports que la religion et l'intérêt de la chose publique peuvent comporter ; veuillez témoigner au citoyen Hême combien nous serions satisfaits d'apprendre qu'il voulût bien coopérer à cette bonne œuvre, nous le saluons, ainsi que vous, avec cette affection fraternelle qui doit caractériser les vrais ministres de Jésus-Christ[78] ».

La dite signée des citoyens Dupont, Vallon, vic. épisc., Vallon, curé de Vienne, Métivier vic. épisc., et Boucher ; M^r^ le curé de St Nicolas n'ayant pu se trouver à la délibération du Conseil, pense, comme tous les membres, que le citoyen Monrocq peut seul se réconcilier les esprits qu'il a achevé d'indisposer en cessant toutes fonctions ministérielles[79].

GR 4767 ms

Boucher François
à Grégoire Henri

Blois, 18 Prairial, l'an 8
[7 juin 1800]

Respectable et très cher prélat,

J'ai reçu assez à temps les saintes huiles que j'ai fait passer tout aussitôt à tous les pasteurs de votre diocèse et je vous en fais mes sincères remerciements[80].

La réponse de votre conseil au citoyen Monrocq lui fera peut-être sentir ses torts, car je ne saurais vous dissimuler qu'il en a de réels ; ce qu'il avance sur le compte du citoyen Hem [Hême], ancien curé

78 Ce passage délivre un double message. Le Conseil veut faire entendre à Monrocq qu'il dispose, sur place, d'un suppléant en la personne de Hême (celui-là même qui faisait l'objet de ses critiques) et qu'il est tout disposé à lui confier les pouvoirs nécessaires. En même temps, il lui rappelle que la situation n'est pas irréversible, s'il accepte de se plier aux procédures canoniques.

79 Le document s'achève là, sans formule de conclusion. Il constitue, semble-t-il, un ajout justificatif à la lettre précédente, datée, elle aussi, du 12 Prairial.

80 Les saintes huiles sont requises, en effet, pour l'administration du baptême, de la confirmation, de l'extrême-onction (ou sacrement des malades) et de l'ordination sacerdotale. Elles se révèlent donc d'un usage courant et chaque curé doit en détenir sa part.

de Lorges, est absolument sans fondement ; c'est un ecclésiastique de bonnes mœurs qui a été, longtemps, comme nous, soumis aux lois et qui n'exerce à Mer que sous votre autorité ; s'il y dit aujourd'hui deux messes, ce n'est que par nécessité et pour obliger les citoyens de Mer, dont il ne réclame aucune rétribution[81] ; Monrocq a sans doute beaucoup d'esprit, mais, malheureusement, il n'a pas celui de gouverner, dans le civil comme dans le spirituel, il a beaucoup à se reprocher, mais, pour peu qu'il le veuille, il peut encore tout réparer.

Je me suis acquitté de votre commission, en tâchant de découvrir Mr de Lugo, consul général d'Espagne : malheureusement il est déjà passé après m'avoir privé de l'honneur de le voir.

Ces dames de la société chrétienne vous présentent leurs respectueux hommages et vous remercient de vos peines pour leur procurer l'envoi des *Annales* qu'elles reçoivent exactement ; oserais-je vous prier de dire mille choses honnêtes à M^r^ et Madame Dubois et de me croire avec la plus tendre affection et le plus profond respect.

Boucher, vic[aire] Épisc[opal].

GR 4769 ms

Pioche François-Marie[82]
à Grégoire Henri

St Aignan, 1er Juillet 1800

rép[ondu]

Monsieur l'évêque,

Depuis longtemps, on me berce du doux espoir de vous voir dans nos contrées... Ce motif a été celui de l'interruption de ma correspondance.

---

81 Nous avons déjà évoqué, très brièvement, la personnalité de Hême Étienne (t. II, p. 234, n. 181). Nous savons de lui très peu de choses sinon qu'il fut curé assermenté de Lorges, qu'il se serait, un temps, rétracté, puis repenti. Il peut donc, en ce cas, se déclarer « soumis aux lois ». Comme nous ne possédons pas la lettre de Monrocq à Grégoire à laquelle celui-ci a fait précédemment allusion, nous ignorons la nature des reproches qu'il formule à l'égard de Hême.

82 Concernant ce correspondant de Grégoire, voir les nombreuses notes consacrées à lui dans le tome I et le tome II (notamment t. I, p. 87-88, n. 58).

Les citoyens estimables que vous avez fait entrer dans les nouvelles places vous ont fait agréer leur reconnaissance ; vous avez dû croire que je n'étais pas étranger à un sentiment que j'ai fait naître dans leurs cœurs.

J'ai parcouru quelques paroisses, notamment celle de Pouillé ou Lorge [?] (Loreux ?) : le zèle et la bonne harmonie régnaient. On n'y connaît aucun dissident... Tous les paroissiens sont assidus aux offices religieux et participent aux sacrements[83].

Je n'ai dû avoir aucune relation avec le curé de Mareuil parce que, quoique marié, il continue les fonctions du ministère[84].

La cure d'Angé est remplie par le citoyen Labatte, ex-bénédictin... Cette qualité jointe à un zèle soutenu me le rend doublement cher[85]. Meusnes a pour curé Fournier (?), qui l'était précédemment à Selles[86]. Le citoyen Hartel n'a pas manqué de vous donner des renseignements à son égard[87].

Je n'ai pas vu le cit[oyen] Suter (?), curé à Lisle ou Dyé ?, depuis son retour de l'île de Ré. Il m'accuse de ne l'avoir pas suivi dans son malheur, tandis que vous m'êtes témoin que j'ai sollicité votre protection pour lui. Il s'est vanté d'avoir rétracté tous les serments faits en ajoutant

83 Le curé de Pouillé est, en 1791, Dubier Charles-Jacques, qui apparaît peu dans cette correspondance. Abdicataire en 1794, il est considéré comme rétracté par J. Gallerand. D'après cet historien, il aurait, cependant, béni le mariage de son confrère Louis-Pierre Lambert dont il est question dans la note suivante.

84 Le curé de Mareuil est Lambert Louis-Pierre, originaire du diocèse de Tours. Son itinéraire se révèle quelque peu surprenant. Comme indiqué dans la note précédente, il épouse, le 18 Brumaire an II à l'âge de 47 ans, sa gouvernante Madeleine Mauvi, âgée elle-même de 39 ans. Il n'en continue pas moins à exercer toutes les fonctions curiales à la paroisse de Mareuil jusqu'au Concordat. Il réclame alors au cardinal Caprara la dispense de ses vœux et se re-marie religieusement en 1803. Il figure ainsi, parmi les six prêtres mariés, recensés par l'historien J. Gallerand (LCST, p. 578) qui, en dépit des interdictions formelles, émanant de l'Église constitutionnelle et de Grégoire en particulier, ont continué imperturbablement l'exercice du ministère et, sans que cela soulève une particulière opposition de la part des fidèles. J. Gallerand cite un extrait de la lettre de Lambert au Cardinal Caprara, très révélatrice de son état d'esprit. (J. Gallerand, LCST, p. 539).

85 La paroisse d'Angé, dans le doyenné de Saint-Aignan, a d'abord été desservie par le curé assermenté Macé Charles, Pascal, puis à partir de l'an VIII par l'ex-bénédictin Labatte.

86 Le premier curé de Meusnes jusqu'en l'an V est le prêtre assermenté Guillot Claude. Par ailleurs un certain Fournier Michel, Jacques dessert en 1791 la paroisse de Danzé. Or, l'historien J. Gallerand le situe au Canada en 1802 et nous ne trouvons pas le moindre indice de sa présence en l'an VIII, soit à Selles-sur-Cher, soit à Selles-Saint-Denis.

87 Nous avons signalé, dans les lettres précédentes, la présence à Selles-sur-Cher de Hartel, ci-devant vicaire épiscopal de Troyes.

que c'était l'unique bonheur qu'il avait eu, au lieu de son exil… Cette jactance pitoyable m'a fait pitié[88].

Buissonnier, à Noyers exerce, sans progrès religieux[89]…

J'ai procuré à l'église de St Romain les objets essentiels dont elle manquait… L'ancien curé tient beaucoup à l'ancienneté du diocèse d'Orléans…

Seigy n'est pas pourvu… La proximité de St Aignan fait affluer dans mon église tous les paroissiens[90]…

Le curé de Châtillon a quitté, vaincu par la faim et par les maladies… Le digne ecclésiastique ne sollicite que son entrée dans un hôpital… Il est, à St Aignan, à la charge d'un frère très mal aisé. Je me compte pour quelque chose dans les secours qu'il reçoit[91]…

Vous connaissez le schisme établi à Contres par la présence de deux curés qui exercent respectivement à des heures différentes[92].

Je surseois à vous donner des renseignements ultérieurs… Vous jugerez par vous-même de l'état des choses quand vous comblerez nos désirs par votre présence…

Je laisse au c[itoyen] Rouet-Trinquart[93], ex-président de l'administration et aujourd'hui maire de St Aignan, le soin de vous en faire la description…

---

88 Les noms étant très mal orthographiés, nous risquons l'hypothèse qu'il pourrait s'agir de Surbled René, curé de Lisle, arrêté et incarcéré plusieurs fois pour ses refus de serment. Toutefois, nous ne retrouvons pas la trace d'une déportation à l'île de Ré, le concernant.

89 L'historien J. Gallerand mentionne dans son livre, très fugitivement, un curé Buissonnier qu'il dit engagé passionnément pour la cause de la Révolution en 1789 (LCST, p. 16), mais ne le situe pas localement et ne l'évoque plus par la suite. La cure de Noyers est desservie, quant à elle, jusqu'en l'an VIII par Jean-Baptiste Durozier et devient vacante à cette date, en raison du décès de celui-ci.

90 Sylvain Clivot administre la paroisse de Seigy jusqu'à la fin de 1792. Aucun titulaire n'est plus mentionné après cette date.

91 Le curé de Châtillon-sur-Cher en 1791 est Delorme Alexis, qui exerce jusqu'en 1792. Nous manquons d'informations quant à sa personne ou son action ultérieure et nous ignorons si un autre confrère a pu le remplacer à la tête de cette paroisse.

92 La paroisse de Contres fut longtemps administrée par Petit Claude, d'abord fidèle du clergé grégorien, dont nous avons publié plusieurs lettres dans les deux premiers tomes (voir les index) et une note circonstanciée dans le tome I (p. 72). À une date que nous ne pouvons déterminer, il se serait rétracté, avant de se retirer à Orléans. Il a dû, toutefois, se maintenir, un certain temps, sur place et provoquer le schisme local dont parle la lettre. Nous ignorons le nom du curé constitutionnel avec lequel il aurait été en concurrence.

93 Rouet-Trinquart, Claude, Parfait fut, effectivement, maire de Saint-Aignan de 1800 à 1815.

Il vous dira que la malveillance est grande... la calomnie horrible et la lâcheté insigne... Il vous dira que je suis calme, intègre et fervent... Son témoignage ne peut être équivoque... Il est le témoin assidu de ma conduite générale et privée.

Je ne sais si nous devons espérer la paix... Les succès étonnants de nos armées favorisent cet espoir... Mais la paix règnera-t-elle dans l'intérieur et surtout dans nos églises ?... Les prêtres rentrés, disent-ils, avec la palme du martyre, portent dans l'autre main le glaive de Rasso[94]...

Agréez l'assurance d'un attachement respectueux et imprescriptible.

Pioche.

GR 2115 ms

Grégoire Henri

Au citoyen Boucher vicaire épiscopal
près la cathédrale à Blois
Loir et Cher
Le Conseil épiscopal à Blois

Paris, 12 Messidor an 8
[1er Juillet 1800]

Chers coopérateurs,

Une lettre arrivée hier soir du cit[oyen] Monrocq m'apprend que les fidèles expriment avec empressement le vœu qu'il soit chanté un *Te Deum* en actions de grâces des victoires qui viennent de couronner la valeur de nos armées ; il me marque qu'il vous a demandé cette autorisation[95].

94 Nous optons pour cette lecture, non sans quelque hésitation. Rasso est un saint de l'Église catholique, originaire de la Bavière et ayant vécu au Xe siècle. Peu connu en France, il est surtout célèbre, en Allemagne, comme homme de guerre, vainqueur des Hongrois, et comme fondateur de monastère. Il est souvent représenté avec des attributs militaires et notamment une épée. Si cette interprétation est exacte, on ne peut qu'être étonné de l'érudition singulière de Pioche.

95 Petit écho peut-être, dans la région blésoise, des victoires remportées sur les Autrichiens par Bonaparte à Marengo (14 juin 1800). Les *Annales de la religion* proclament fièrement que le *Te Deum* à Paris fut suivi par plus de trente mille fidèles (t. XI, p. 168).

Peut-être à Blois aurez-vous déjà accompli cette cérémonie. J'avais pensé que pour tout le diocèse il serait bon de la placer le jour même de la fête de la Concorde, le lundi 14 Juillet et j'allais à cet égard livrer à la presse quelque chose que j'ai rédigé. Mais comme il est possible qu'en conséquence de la demande de Mer et d'autres paroisses vous ayez pris une détermination, ce que j'aurais imprimé serait arrivé d'une manière tardive et manquerait son but[96]. Cependant dans l'hypothèse que la chose ne soit pas faite, il me paraît que les mesures dictées par l'amour de la religion et de la République dans la circonstance actuelle seraient :

1° que le lundi 14 Juillet il sera chanté dans toutes les paroisses un *Te Deum* en actions de grâces des victoires remportées par les armées françaises et qui sont l'heureux présage de la paix politique que nous désirons tous et de l'union entre tous les Français.

2° On chantera à cette cérémonie les antiennes pour la République, pour la paix et pour les persécutions.

3° Le lendemain service pour les Guerriers morts en défendant la patrie.

4° Les dissidents seront invités à se rendre dans nos églises pour prendre part à cette cérémonie chrétienne.

5° Le dimanche précédent au prône de la messe paroissiale, il sera fait une instruction préparatoire aux offices qui auront lieu le lundi soir et le mardi matin.

Il me semble que ces différentes dispositions peuvent remplir le vœu de nos cœurs et celui de tous les bons citoyens[97].

---

96 En l'état actuel de nos informations, nous ne voyons pas à quel écrit précis renvoie cette allusion. Pour l'année 1800, les documents pastoraux et autres, émanant de l'évêque de Blois, sont assez nombreux, mais aucun n'évoque cette date ni cet événement précis. Il est possible qu'il soit resté à l'état de projet. Le passage fait mention également du 14 juillet. Cette date, rappelons-le, est doublement symbolique, puisqu'elle rappelle la prise de la Bastille en 1789 et la Fête de la Fédération en 1790. Durant la Révolution beaucoup de fêtes secondaires avaient été instituées (fondation de la République, fête des époux, de la jeunesse, de l'agriculture, de la liberté, des vieillards…). Dès les débuts du Concordat, Bonaparte en supprima un grand nombre pour ne garder que la commémoration du 14 juillet, baptisée officiellement « fête de la concorde ». C'est évidemment à cette dernière appellation que Grégoire fait référence.

97 On mesure, à travers cette série de dispositions, les objectifs chers à Grégoire, qui met, alors, tous ses espoirs dans le nouveau régime politique, le Consulat, auquel il s'est montré favorable. À cette époque, il est membre du Corps législatif et croit sincèrement aux chances de cette nouvelle institution politique qu'il considère comme une consolidation de la République. Par ailleurs, il espère que les victoires militaires de la campagne d'Italie aboutiront à une paix durable, y compris dans le domaine religieux. Un des soucis constants de l'Église constitutionnelle reste, en effet, la réconciliation des deux clergés, assermenté et insermenté.

Après demain je vous écrirai de nouveau sur divers autres objets tels que la convocation du synode diocésain, etc, etc.[98] Aujourd'hui je me borne à l'objet que je viens de vous exposer et sur lequel je vous invite à prendre la détermination que vous suggérera votre sagesse. Alors il serait important de la faire circuler rapidement dans tout le diocèse. Je vous embrasse, chers coopérateurs, avec les sentiments d'une estime sincère et d'un attachement le plus cordial.

+ H. Grégoire, Év[êque] de Blois.

GR 2116 ms

Grégoire Henri

Au citoyen Dupont, 1er vicaire épiscopal
Archidiacre, à Blois
Loir et Cher.

Paris, 16 Messidor an 8
[5 Juillet 1800]

Cher coopérateur,

Par le courrier de ce jour j'écris au conseil qui a déjà dû recevoir une autre lettre de moi il y a quatre jours. Je lui envoie l'acte de votre nomination comme archidiacre afin que par là même elle lui soit connue officiellement avant de vous être transmise. On se propose, à l'imprimerie chrétienne, de faire un tirage à part d'un opuscule qui comprendra les fonctions des archiprêtres, des archidiacres et des promoteurs. Alors je vous l'enverrai, en attendant je ne puis que vous indiquer la circulaire concernant les archidiacres que nous avons rédigée et qui se trouve dans les *Annales de la religion*. Au Synode votre nomination sera proclamée. J'écris au conseil, relativement à la tenue

98 Ces projets ne tardèrent pas à prendre forme. Le 20 juillet 1800 (1er Thermidor, an VIII), paraît, en effet, une *Convocation du synode du diocèse de Blois*, signée par Grégoire, *par la misérocorde divine et dans la communion du Saint-Siège apostolique, évêque de Blois*. Publiée par l'Imprimerie-librairie chrétienne, elle l'est, ensuite, dans les *Annales de la religion* de septembre 1800 (t. XI, p. 416-422).

du synode ; je désire recevoir incessamment sa réponse sur les objets mentionnés dans ma lettre[99].

Ne pouvant répondre à tout le monde, je vous prie : 1° de dire au cit[oyen] Chevalier Le Rond que j'ai envoyé sa pétition au ministre *sans apostille* car le règlement du Corps législatif le défend, et j'avoue que c'est moi surtout qui ai fait dans le temps tous mes efforts pour y faire insérer cet article. Certes, je sais que le citoyen Chevalier est un excellent républicain, ce qui malheureusement n'est pas commun aujourd'hui, mais vous voyez que je suis barré par le règlement. J'ai fait ce qu'il n'interdit pas en parlant à plusieurs personnes qui peuvent influer sur la détermination du ministre ; et si celui-ci me consulte, comme je le désire, on peut être sûr que ma réponse sera conforme aux désirs du cit[oyen] Chevalier, que je salue.

2° Veuillez bien dire au cit[oyen] Amant[100] que, lors de mon voyage à Blois, nous parlerons du collège. Je désire bien qu'il prospère et je ferai tout ce qui dépendra de moi pour le seconder. En attendant, je voudrais savoir ce que vous désirez que je fasse du mémoire sur Pontlevoy ; faut-il le remettre au ministre de l'intérieur ?

3° Le cit[oyen] Genty de Villebarou m'a écrit pour que je fisse accélérer le paiement de la pension des cit[oyen]s Lebeau[101]. Toutes les démarches à cet égard sont inutiles. S'il y a des fonds au trésor public, on pourra, *sinon non.* Au surplus je n'aurais pas assez de mes journées en commençant le travail à minuit et finissant à minuit pour satisfaire à toutes les demandes des personnes qui me font *l'honneur* de me prendre pour leur *commissionnaire*, surtout les gens de Loir et Cher, dont certes je suis loin d'avoir à me louer[102]. Ceci ne concerne pas le cit[oyen] Genty en particulier, mais je l'applique à la généralité.

---

99 Ce passage officialise la promotion de Claude Dupont, jusque là premier vicaire épiscopal, au poste d'archidiacre. L'Église constitutionnelle décide, à ce moment-là, de raviver une fonction pastorale ancienne et traditionnelle, mais considérée plutôt comme honorifique. Aussi, elle fait paraître, sous l'impulsion de Grégoire, le 30 mars 1800, une *Instruction sur les archidiacres* signée de Desbois (Amiens), Grégoire (Blois), Wandelaincourt (Langres). À la date de cette lettre, elle a déjà été publiée dans les *Annales de la religion* (t. XI, p. 68-82).

100 Nous possédons peu de renseignements sur le citoyen Amant [Amand], sinon qu'il contribua avec Chappotin à la renaissance du collège de Pontlevoy.

101 Patronymes familiaux courants dans le Loir-et-Cher. Le nom du citoyen Genty intervient à plusieurs reprises dans cette correspondance.

102 Ce passage décrit, sans forcer beaucoup le trait, l'immensité des travaux de Grégoire qui prenait beaucoup sur son sommeil pour régler ses tâches administratives et pastorales.

Dieu veuille, cher coopérateur, vous faciliter le succès dans les fonctions d'archidiacre. Vous avez les talents et la piété ; plantons, arrosons, *Deus incrementum dabit*[103]. Je vous embrasse de tout mon cœur.

+ Grégoire, Év[êque] de Blois.

J'ignore votre nom de baptême, je le laisse en blanc dans l'acte de nomination.

GR 2117 ms

Grégoire Henri

Le Conseil épiscopal à Blois

Paris, 16 Messido an 8
[5 Juillet 1800]

Très chers coopérateurs,

L'embarras des affaires a reculé d'un courrier la lettre que je vous avais annoncée dans celle que je vous ai écrite il y a quatre jours relativement au *Te Deum* à chanter dans le diocèse[104].

La réponse que vous avez faite au cit[oyen] Monrocq d'après sa lettre que je vous avais transmise est une réponse extrêmement sage, et en la lisant je me suis félicité de vous avoir adressé sa missive[105].

J'ai cru devoir nommer Archidiacre le cit[oyen] Dupont, mais comme je ne suis pas sur les lieux, j'ai pensé que sa nomination devait lui être remise par la voie de mon conseil qui par là même en aura connaissance officielle. Certes, s'il y avait plusieurs archidiacres à nommer, j'aurais à donner cette marque de confiance à autant de personnes qu'il y a de

---

Ce n'est pas, en outre, la première fois qu'il laisse s'exhaler quelque amertume à l'égard de ses diocésains. Faut-il y voir la déception de n'avoir pas été réélu par eux, au Conseil des Cinq-Cents en 1798 ? Sa nomination, récente, au Corps législatif n'émanait pas des électeurs du Loir-et-Cher, mais du choix des 80 sénateurs, même si cette nomination avait été faite au titre du département du Loir-et-Cher.

103 Formule paulinienne : « Dieu donnera la croissance ».

104 Voir la lettre ci-dessus du 1er juillet 1800 (GR 2115, p. 170-171).

105 Le comportement de Monrocq continue de préoccuper le Conseil et l'évêque. Il nous prépare aussi à de nouveaux rebondissements.

membres composant mon conseil. Il m'est doux d'avoir à proclamer mes sentiments d'estime envers tous[106].

Je vous invite, mes chers coopérateurs, à m'envoyer au plus tôt vos observations sur l'époque à fixer pour la tenue de notre synode, sur les détails préliminaires et concomitants, et sur les matières à y traiter. Vous serez d'avis sans doute que nous y invitions tous les Ecclésiastiques, c'est ce qui s'est pratiqué à peu près partout : c'est le moyen de resserrer les liens entre tous les pasteurs. Chaque paroisse serait invitée à faire une collecte pour subvenir aux frais du synode, si cependant vous croyez cette mesure praticable ; veuillez bien me répondre le plus tôt possible sur ces divers articles, afin que je rédige de suite l'acte de convocation[107]. À moins qu'il n'y ait une convocation extraordinaire du corps législatif, je suis libre désormais et je pourrai me rendre à Blois à l'époque la plus opportune. Vous savez que le métropolitain désire que nous ouvrions le concile métropolitain le 14 7bre [septembre] jour de l'Exaltation Sainte Croix. Il faudra également au synode nommer un député pour y aller avec moi[108].

---

106 L'*Instruction sur les archidiacres* rédigée par les « évêques réunis » et publiée dans les *Annales de la religion* (t. XI, p. 68-82), après avoir rappelé le caractère antique et traditionnel du diaconat, souligne que l'archidiacre doit être considéré comme le premier d'entre les diacres. Elle énumère ensuite ses principales missions : « Assister l'évêque dans toutes les fonctions de son auguste ministère ; présider aux cérémonies de l'Église ; maintenir l'ordre et la décence pendant la célébration des divins offices ; assigner à chaque ministre subalterne son rang et ses fonctions ; publier les jeûnes et les fêtes ordonnées par l'Église ; annoncer aux fidèles la parole de Dieu [...] présider à l'éducation des clercs, surveiller leur conduite [...], présider à l'administration du temporel des églises [...], régler le contingent de chaque paroisse pour les dépenses générales [...], rendre un compte fidèle à l'évêque de l'état de son diocèse ; lui servir habituellement de secrétaire [...] l'accompagner dans ses visites [...] et remplir auprès de lui les fonctions de premier ministre... » (*op. cit.*, t. XI, p. 72-73). Ce titre d'archidiacre paraît remplacer dans l'esprit des évêques constitutionnels, un autre titre, lié à l'Église de l'Ancien Régime, celui de grand-vicaire (aujourd'hui : vicaire général). Cette différence terminologique serait à analyser plus profondément.

107 Le délai qu'évoque ici Grégoire est plutôt réduit. En effet, le synode, logiquement, doit se tenir avant le concile métropolitain de Bourges, lequel va commencer le 14 septembre, comme indiqué ci-dessus. Il reste donc peu de temps pour l'annoncer et le préparer. Il se tiendra, finalement, comme nous le préciserons par la suite, quelques jours seulement avant le concile, ce qui permettra à Grégoire de transiter de l'un à l'autre. L'acte de convocation du synode rédigé et signé par Henri Grégoire « par la miséricorde divine et dans la communion du Saint-Siège apostolique, évêque de Blois » et adressé « aux vénérables archiprêtres, archidiacres, curés, desservants, vicaires et autres pères de notre diocèse », paraîtra le 20 juillet 1800 (*Annales de la religion*, t. XI, p. 416-422).

108 Nous apprendrons, par la suite, que ce délégué, chargé d'accompagner Grégoire à Bourges sera Pioche François-Marie, qui avait assumé le même rôle, lors du Concile national de 1797.

Il serait bien important qu'avant la tenue du synode les archiprêtres visitassent les paroisses de leur arrondissement et que des conférences s'établissent entre les ecclésiastiques de chaque arrondissement. J'attends vos conseils sur ces divers articles. Concourons de tous nos efforts à tout ce qui peut procurer la gloire de Dieu et le salut des âmes c'est travailler au nôtre[109].

Je vous embrasse, mes chers coopérateurs, avec l'estime et l'attachement le plus cordial.

+ Grégoire, Év[êque] de Blois.

Gr 4770 ms

Boucher François
Au citoyen, citoyen Grégoire
membre du Corps législatif
et de l'Institut national, Rue
St Guillaume n° 1142
à Paris
(rajouté à la main : Rue Dominique)

Blois, 26 Messidor an 8
[15 juillet 1800]

Respectable et très cher prélat,

Nous avons reçu votre lettre du seize courant dans laquelle vous nous adressez la nomination du citoyen Dupont, notre coopérateur, en qualité d'archidiacre de notre diocèse. Nous en avons pris communication et la lui avons remise; il l'a reçue en vous témoignant qu'il ne l'acceptait que par obéissance. Quant à l'époque à laquelle peut être fixée la tenue de votre synode, nous estimons que ce pourrait être au primidi de fructidor, répondant au 19 Août, il n'y a point de fête en cette semaine et, la semaine suivante, commence la foire de Blois qui se termine quelques jours avant l'exaltation de la Sainte Croix, époque de la tenue du concile métropolitain[110].

---

109 Le caractère collégial et démocratique de cette préparation synodale est assez frappant. Les archiprêtres doivent se mettre à l'écoute des fidèles et les prêtres doivent débattre entre eux des problèmes du moment. Les délégués élus à tous ces niveaux doivent ensuite se rassembler à Blois, pour une réunion générale et rédiger leurs vœux et postulations pour l'avenir.

110 La convocation au synode diocésain de Blois sera publiée le 20 juillet 1800. Au moment où écrit Boucher, on en est encore à chercher la date idéale pour la tenue de cette assemblée.

Nous ne voyons pas d'inconvénients à ce que tous les ecclésiastiques soient invités à notre synode, mais ceux qui ont affecté, jusqu'à ce jour, d'exercer au mépris des lois civiles ne se rendront sûrement pas à votre invitation[111]. Les matières importantes à traiter au synode sont celles qui sont les plus propres à uniformiser la conduite des ministres, relativement aux mariages, à la célébration des fêtes et au jeûne dans les paroisses réunies au ci-devant diocèse de Blois, au mode d'introduction du ministère dans les paroisses et de leurs dessertes, aux moyens de pourvoir à leur subsistance et aux frais du culte, aux différentes règles de discipline consacrée[s] dans la seconde Lettre encyclique et par les décrets du Concile national et principalement à la révision des erreurs introduites ou renouvelées dans ces derniers temps.

Nous estimons qu'il conviendrait [de] nommer un député du diocèse au Concile métropolitain et qu'il pourrait résulter de la visite des arrondissements par les archiprêtres des notes et renseignements propres à rendre la tenue du synode[112].

Quant à la collecte, l'expérience que nous en avons faite à l'égard du concile ne nous donne pas de grandes espérances. Si vous croyez devoir, dans votre lettre de convocation, la proposer, vos curés qui n'ont pas eu jusqu'à ce jour le strict nécessaire, en feront, chacun, dans leur paroisse ce que leur zèle et leur dévouement à la conservation de la religion leur suggèrent[113].

Nous sommes tous avec le plus respectueux dévouement les membres composant votre conseil.

Métivier, Dupont (Archidiacre),
Chenu, curé de S. Nicolas, Boucher vicaire épisc[opal]
et secrétaire du conseil.

Les propositions qu'il présente ne seront pas suivies d'effet, puisque Grégoire laisse entendre dans une lettre ultérieure qu'il ne pourra être présent dans sa ville qu'à partir du 25 août.

111 Cette invitation leur sera pourtant adressée par Grégoire en personne dans sa *Convocation* : « Frères divisés, quittez vos oratoires clandestins et venez dans nos églises [...], nos voix vous y appellent, nos cœurs vous y attendent » (*op. cit.*, A.R. t. XI, p. 421). Cette invitation ne recueillera guère d'adhésion.

112 Toutes les suggestions et bien d'autres sont reprises et précisées dans la *Convocation* (AR, t. XI, p. 420).

113 L'observation finale de Boucher rejoint nombre de remarques que nous avons déjà émises. La situation matérielle des prêtres constitutionnels reste plus précaire que jamais et les populations en proie à la pauvreté et chargées d'impôts ne sont guère en mesure de les aider.

GR 2113 ms

Grégoire Henri

Paris, 2 Thermidor an 8
[21 Juillet 1800]

Le conseil épiscopal

Chers et estimables coopérateurs,

Je vois approcher avec attendrissement le moment où nous pourrons, s'il plaît à Dieu, nous revoir et nous encourager mutuellement. Si l'époque du 19 Août est absolument nécessaire pour l'ouverture du synode, fixons ce jour-là. Je vous avoue néanmoins que j'aurais désiré une époque plus rapprochée du concile métropolitain fixé à l'Exaltation [de la] S[ain]te Croix. Voici mes raisons : 1° En reculant le synode de 8 ou de 15 jours, nous aurions plus de temps pour préparer le tout et mûrir les décisions, car il faut qu'à l'avance nous organisions le travail en sorte que soit à Blois, soit dans les divers archiprêtrés, les conférences des pasteurs aient amené la discussion des divers objets au point de n'avoir plus que des résultats à décider en synode ; c'est le moyen d'y économiser le temps[114].

2° Du 19 Août au 14 7bre [Septembre] il y a encore bien du temps, et cet intervalle n'est guère le temps des visites épiscopales à raison des travaux champêtres.

---

114 Comme on le voit, à quelques semaines de l'ouverture du synode, la question de la date fait encore débat. Afin de la retarder, Grégoire ne met pas en avant des raisons de commodité personnelle, mais la nécessité d'assurer, dans de meilleures conditions, les travaux préparatoires. Nous possédons malheureusement peu de relations ou de récits concernant les assises, ainsi que le déroulement du synode lui-même, sinon le bref compte rendu publié par les *Annales de la religion* (t. XI, p. 491), intitulé *Détails sur le synode de Blois*. Plus tard paraîtront les *Actes du synode de Blois*, plus circonstanciés, et qui sont conservés dans les archives personnelles de Grégoire (B.P.R., Rév. 242). Nous y apprenons que son ouverture eut lieu, le 2 septembre, présidée par l'évêque lui-même, ce qui le rapproche beaucoup du concile métropolitain de Bourges qui commença le 14 septembre. L'écart entre les deux événements est donc réduit et c'est en se rendant à Bourges, dès la fin de l'assemblée synodale, que l'évêque de Blois s'est arrêté à Selles-sur-Cher, où le citoyen Hartel, dont nous avons parlé, l'attendait pour une grande cérémonie de confirmation. « Les fidèles y étaient accourus de toutes les paroisses voisines pour voir et entendre leur premier pasteur ; l'affluence était prodigieuse : tous l'ont comblé de bénédictions » (A.R., t. XI, p. 494). En l'absence d'un document plus précis, il semble raisonnable de penser que la date d'arrivée de Grégoire à Blois a dû se situer aux environs du 28 août. Ainsi se précisent les contours du troisième séjour de l'évêque dans son diocèse, séjour particulièrement bref, puisqu'il ne dura que quelques semaines.

3° Nous aurions plus de temps pour faire circuler la lettre de convocation dans tout le diocèse. D'après ces considérations voyez, mes vénérables coopérateurs, s'il ne serait pas possible de différer le synode au mardi 26 août, ou même au mardi suivant[115]. L'époque de la foire vous paraît-elle un obstacle ? Au reste je m'en réfère absolument sur cet objet à ce que définitivement vous déciderez.

– 2° Je pense que le synode durera environ 3 jours :qu'en pensez-vous[116] ?

– 3° Connaissez-vous d'autres synodes tenus à Blois que celui de 1730 où fut rédigé le recueil des ordonnances synodales, et connaissez-vous d'autres recueils de statuts que celui-là[117] ?

– 4° Pourriez-vous réunir des exemplaires des statuts, et les rituels des diocèses de Blois, Chartres, Orléans, Bourges, Tours et Le Mans, car il sera utile de pouvoir les compulser ?

– 5° J'ai laissé mon Pontifical chez le cit[oyen] Boucher ; en avez-vous d'autres en cas de besoin ?

– 6° Avez-vous un *Benedictional* du diocèse ? Je n'en ai jamais vu, et cependant le rituel le rappelle.

– 7° Y a-t-il dans la bibliothèque de Blois une collection des Conciles et des Pères et aura-t-on la facilité de les consulter ?

– 8° Parmi ces Pères a-t-on *Yves de Chartres* ? À l'avance je prierais le cit[oyen] Dupont de nous copier les trois bénédictions pour la tenue du Synode qui se trouvent dans le *Decretum* de cet auteur, partie cinquième, chapitre 247 et suivants.

– 9° Avez-vous les deux encycliques et les canons et décrets du Concile ?

– 10° Auriez-vous une occasion pour que je vous envoie les exemplaires de l'acte de convocation dès qu'il sera imprimé, ou faut-il le mettre à la diligence ?

– 11° La cathédrale est-elle encore encombrée ? En cas d'affirmative je n'y paraîtrais pas, j'irais à S[ain]t Nicolas[118].

---

115 Le mardi suivant le 26 août ne peut être que celui du 2 septembre. C'est finalement cette date qui sera retenue, comme nous l'indiquons dans la note précédente.

116 Ce fut sa durée effective, confirmée par le compte rendu cité plus haut : « Pendant les trois jours qu'a duré l'assemblée… » (*op. cit.*, p. 493), ces trois jours pleins sont donc les mardi 2, mercredi 3 et jeudi 4 septembre. Nous ne nous expliquons pas très bien cette numérotation particulière de Grégoire.

117 À cette troisième question et à toutes les autres, la lettre de Dupont du 25 juillet, reproduite dans ce tome (GR 4771, p. 51-52) apporte des réponses précises. Il est bon de s'y reporter.

118 Concernant cette question précise, il importe de relire avec attention la réponse circonstanciée que Dupont lui apporte dans la lettre précitée (GR 4771, p. 184). Il souligne, avec

– 12° S'il y a des paroisses qui désirent que leur évêque y aille confirmer, elles pourraient s'y préparer, mais il est dans l'ordre qu'à Blois surtout on s'y prépare.

Tels sont, chers coopérateurs, les divers articles sur lesquels je vous prie de me donner *le plus tôt possible* votre avis. Je vous prie également de préparer à l'avance de votre côté comme je le fais du mien tout ce que vous croirez propre à donner au synode la dignité, la sagesse, la maturité qui convient à une assemblée aussi respectable. Travaillons surtout sur les objets qui doivent y présenter matière à des décisions.

Je vous embrasse très tendrement.

+ Grégoire, Év[êque] de Blois.

GR 2114 ms

Grégoire Henri

Au citoyen Boucher, vicaire épiscopal
près la Cathédrale, à Blois
Loir et Cher
Pour le Conseil épiscopal

Paris, 6 Thermidor an 8
[25 Juillet 1800]

Cher coopérateur,

Aujourd'hui j'ai envoyé à l'imprimerie la circulaire pour la convocation du synode, et j'ai laissé en blanc la date de sa tenue. Je vois que nécessairement nous serons obligés de le reculer d'une quinzaine, en voici la raison. Un travail de haute importance pour la religion et pour l'église gallicane en particulier m'a été demandé *officiellement*. La confection de cet ouvrage et surtout la nécessité d'en

force, l'inconvénient que représentait l'ouverture du synode dans une autre église que la cathédrale. Même si le chœur reste encore en partie occupé (ce qui visiblement déplaît à Grégoire), le fait de déserter le siège officiel de sa charge épiscopale pourrait passer pour un abandon ou une démission aux yeux du clergé réfractaire. Symboliquement, il se marginaliserait aussi aux yeux de l'opinion publique. L'enjeu restait important, d'où l'insistance du Conseil épiscopal.

suivre les résultats exigent ma présence ici pendant quelque temps encore[119]. Cette anecdote n'est que pour nous et les autres membres du conseil ; je vous en donnerai les détails lorsque nous serons réunis. Je vous prie de me marquer par la première lettre que vous m'écrirez le nombre positif ou au moins approximatif des prêtres de mon diocèse soumis à l'autorité épiscopale[120].

Le cit[oyen] Pioche m'a marqué qu'à Contres le vénérable curé était tracassé par le rétracté Petit et que celui [ci] exerce à des heures différentes.

---

119 Ce passage apporte plusieurs précisions chronologiques qui ont leur importance. D'abord Grégoire annonce le report de la date fixée de son départ pour Blois. Nous savons désormais qu'il n'aura pas lieu avant la fin du mois d'août. D'autres éléments d'information directe et indirecte nous indiquent que ce départ se produisit, en réalité, le 25 août. L'ouverture du synode étant prévue le 2 septembre, on voit que le séjour de l'évêque à Blois précédant cet événement se limite à une semaine. Ce même texte nous apporte une autre information importante. Bien que le nom de Bonaparte ne soit pas cité et même si la plus extrême discrétion semble imposée à Grégoire, le « travail de haute importance, pour la religion et l'église gallicane » désigne, très vraisemblablement une consultation écrite demandée à lui-même par le premier Consul, avant de s'engager dans les pourparlers du Concordat, portant sur les affaires religieuses de France. C'est l'époque où Bonaparte rencontre régulièrement Grégoire et se plaît, semble-t-il, à écouter ses avis. Le fait est attesté par ce dernier dans ses *Mémoires* écrits en 1808 : « Sur son invitation, plusieurs fois, je m'étais rendu à la Malmaison ; et dans nos conversations prolongées au milieu de ses bosquets, nous avions amplement discuté les moyens de pacifier l'Église de France » (*Mémoires*, éd. Santé, p. 154). Un peu plus loin, il confirme la réalité de plusieurs compositions rédigées par lui et remises au premier Consul : « Il m'avait demandé et je lui avais rédigé, avec M.M. Desbois et Mauviel, plusieurs mémoires sur l'état actuel du clergé constitutionnel et de l'esprit religieux en France. Il parut frappé surtout d'un mémoire sur la manière de négocier avec Rome ». (*Ibidem*). Si nous ne sommes pas parvenu à identifier avec exactitude les premiers mémoires écrits en commun avec d'autres, le dernier a fait l'objet d'une publication dans le sixième volume de l'*Histoire des sectes*, grâce à Hippolyte Carnot, en 1845, c'est-à-dire longtemps après la mort de Grégoire. Il s'intitule en effet : *Mémoire sur la manière de négocier avec la cour de Rome pour faire cesser les troubles religieux de la France* (*op. cit.*, éd. du Miraval, 2006, p. 291). Il contient des conseils d'une grande fermeté à l'égard du pontificat romain et réclame finalement de celui-ci une reconnaissance pleine et entière des acquis de la Constitution civile du clergé. Émaillé de professions de foi républicaines et ponctué de rappels des idéaux démocratiques, il n'est pas certain, selon nous, qu'il ait recueilli de la part de Bonaparte une acceptation sans réserve. Au même moment, d'ailleurs, celui-ci conduit des pourparlers discrets avec le célèbre abbé Bernier, figure marquante et écoutée de l'insurrection chouanne, pièce centrale d'un futur accommodement avec ce mouvement. A. Gazier a raison de dire que c'est à partir de cette date que le premier Consul se livre à un double jeu et finit par s'appuyer sur les conseils de Bernier, favorable à un Concordat, négligeant et écartant ainsi définitivement les suggestions et propositions de Grégoire.

120 La réponse à cette question se trouve dans la lettre de Boucher du 6 août 1800 (GR 4772, p. 187).

Je désire être dans le cas d'exercer mes fonctions à Contres afin de ramener cette paroisse à l'unité[121].

Au reste c'est bon d'exposer ici mes intentions sur les visites que je serai dans le cas de faire. Que les paroissiens se concertent pour venir me chercher et me reconduire puisque je n'ai pas de voiture, et que ma santé ne me permet pas de longues courses à pied. En cela les paroissiens acquitteront un devoir et je suis dispensé de leur en avoir des obligations. Il n'en serait pas de même si des prévenances individuelles, remplaçant les paroissiens dans un acte de justice, me constituaient leur obligé par un acte de bienveillance auquel je répugne et que d'avance je refuse. D'ailleurs je ne puis ni ne dois dispenser mes diocésains de remplir ce qui est de devoir au lieu que je les dispense *tous* de me parler de leur attachement pour leur évêque, parce que je n'y crois pas[122].

J'apprends qu'à Mareuil le curé *marié* ose encore exercer. Y en a-t-il d'autres dans le même cas ? quel moyen entrevoyez-vous pour faire cesser ce scandale[123] ?

Vous avez dû recevoir il y a quatre jours des lettres de moi : j'invite le conseil à s'occuper d'établir des conférences sur les matières synodales. Je vous embrasse tous, chers coopérateurs, avec la plus tendre affection.

+ H. Grégoire, Év[êque] de Blois.

Le cit[oyen] Magnend faisant les fonctions de suisse à la cathédrale m'a écrit pour me prier de lui obtenir une réponse des maires et adjoints d'Oppenheim[124]. Je lui conseille de prendre un moyen qui probablement

---

121 Nous avons évoqué à plusieurs reprises le cas épineux de Claude Petit, dont la rétractation avait profondément divisé la paroisse de Contres. On mesure, par ce passage, la détermination de Grégoire en vue de faire cesser le schisme.

122 Ce passage empreint à la fois de sévérité et d'amertume mérite quelques remarques. Déjà, lors de son deuxième séjour à Blois, Grégoire se montrait préoccupé des distances à parcourir dans sa visite des paroisses et les célébrations de la confirmation. Le Conseil épiscopal l'avait rassuré à ce sujet lui confirmant qu'il bénéficierait d'un véhicule. La fin de la phrase laisse toutefois transparaître la permanence d'un ressentiment de l'auteur à l'égard de ses diocésains qu'on peut expliquer ainsi : en 1798, comme déjà mentionné, Grégoire n'a pas été réélu, par eux, au Conseil des Cinq-Cents, alors qu'il estimait s'être beaucoup dépensé à leur service et s'il continue de représenter le département au Corps législatif, c'est uniquement dû au choix des sénateurs qui l'ont formellement désigné. La déception éprouvée a laissé, on le voit, des traces durables.

123 Nous avons déjà rencontré Lambert Louis-Pierre, curé de Mareuil, exerçant le culte, quoique marié, et lui avons consacré une note détaillée dans la lettre GR 4769, p. 168, n. 84.

124 Le Suisse de la cathédrale n'est pas à confondre avec le sacristain Lorry, déjà rencontré. Nous manquons de renseignements concernant ce personnage.

sera plus efficace : c'est qu'il écrive de nouveau au maire en chargeant la lettre au bureau de Blois. Cette mesure, en assurant l'envoi de la lettre, obtiendra sans doute une réponse.

GR 4771 ms

Dupont Claude
Au citoyen Grégoire — Blois, ce 6 Thermidor an 8
Législateur, rue St Guillaume — [25 juillet 1800]
n° 1142
à Paris
rajout : rue Dominique — rép[ondu]

Citoyen évêque,

Nous avons reçu votre lettre en date du 2 et nous avons examiné les différents articles sur lesquels vous nous demandez réponse ; voici pour le présent ce que nous pouvons vous dire de positif[125].

L'époque pour la tenue du synode peut être fixée définitivement au mardi 2 Septembre.

Le 7, jour du dimanche, et de décade, fête de la Vierge célébrée jadis en Vienne, en raison du vœu de la ville pourrait l'être par vous en cette église.

Les conférences des pasteurs, aussitôt que votre lettre de convocation aura été transmise aux archiprêtres, pourront avoir lieu.

Le synode pourra sans inconvénient durer trois jours, chaque curé aura un temps suffisant pour retourner à son poste.

Il n'y a pas eu à Blois d'autre synode que celui de 1730, dont nous avons les statuts.

Nous pourrons nous procurer quelques rituels des diocèses qui font partie du vôtre, nous ne les croyons pas à la bibliothèque.

Nous ne connaissons d'autres statuts que ceux de M. de Thémines relativement aux fêtes, nous les aurons.

Le citoyen Boucher a votre pontifical, le rituel de Blois contient les bénédictions ordinaires et extraordinaires, nous pensons qu'il sera

125 Cette lettre doit être considérée comme la réponse point par point aux questions posées par Grégoire dans sa lettre précédente (GR 2113, 21 juillet 1800, p. 178).

facile de se procurer la collection des conciles et des pères pour les compulser.

Yves de Chartres est à la bibliothèque, les oraisons et bénédictions seront copiées selon vos désirs, elles sont à la partie 4e de l'auteur et avec à la 5e page 247. Il y avait erreur sur l'indication de la partie, à l'ouvrage même[126].

Les deux Encycliques, les canons et décrets du Concile sont entre nos mains. Le citoyen Boucher vous donnant l'adresse de la diligence, vous voudrez bien y adresser les exemplaires de la convocation, ils nous parviendront promptement et sûrement.

La cathédrale n'est nullement encombrée, la procession générale de la Fête-Dieu s'y est faite chaque année. Quoique le chœur ne soit point encore à notre disposition, l'office s'y fait très décemment.

Nous ne pouvons vous dissimuler que si vous préfériez une autre église pour y célébrer exclusivement, vous occasionneriez la retraite de nos paroissiens et par là même de leurs ministres. Ils en tireraient la conséquence que la religion a été sacrifiée aux considérations politiques, au lieu que nous n'avons cessé de leur recommander la patience, la prudence et la persévérance dans l'exercice de leur religion, dans un lieu où l'exercice des droits et devoirs civils, s'ils sont bien observés, est tout à fait conciliable avec les devoirs du chrétien, qui, par le motif de la religion, peut et doit sanctifier les devoirs qu'il a à remplir envers la patrie. Cette conduite même a été approuvée dans tous les diocèses dont les cathédrales ont eu cette double destination et si le cas arrivait, selon que vous le projetez, ni vous ni moi ne pourrions nous garantir des reproches des réfractaires[127].

---

126 Yves de Chartres (1040-1116) est un évêque et un théologien médiéval auquel aime se référer Grégoire. Dans son œuvre importante (traités, lettres), se détachent quelques insistances majeures qui devaient convenir à l'évêque de Blois, notamment la réflexion théologico-pastorale sur la Confirmation (*Le Décret*), les prérogatives et les limites du pontificat romain, la critique des investitures laïques pour la nomination des évêques, la validité des serments… etc… Yves de Chartres avait été, en outre, élu évêque de cette ville, à l'initiative du clergé et du peuple, puis confirmé dans sa charge par le pape Urbain II.

127 Ce long développement vise à balayer les dernières réticences de Grégoire quant à l'utilisation de la cathédrale, lors de ce troisième séjour. Certes, le sanctuaire n'est pas complètement débarrassé des objets qui l'encombrent, mais pour le clergé assermenté et pour l'évêque lui-même, l'enjeu est de taille. Il s'agit, en effet, de revendiquer et d'assumer la représentativité plénière, voire unique, de l'Église constitutionnelle dans le Loir-et-Cher. Le fait de ne pas occuper le siège épiscopal, lié à la cathédrale, pourrait être assimilé à une timidité craintive ou à une reculade coupable. Le clan des réfractaires

Nous avons la consolation de vous annoncer que plusieurs curés disposeront leurs paroissiens et ceux des paroisses abandonnées à recevoir la Confirmation ; nous aurons le soin de les inviter à vous instruire de leur dernière résolution, en vous accusant réception de la Lettre de convocation.

Nous préparerons tout ce qui sera convenable pour rendre la tenue du synode digne de son objet. Nous vous renouvelons l'assurance de notre zèle et de notre respectueux dévouement.

Les membres de votre Conseil

Métivier,
Chenu, curé de St Nicolas,
Dupont, 1e vic[aire] épisc[opal],
Boucher.

GR 2118 ms

Grégoire Henri

Le Conseil épiscopal

Paris, 16 Thermidor an 8
[4 Août 1800]

Chers coopérateurs,

Le cit[oyen] Brisson partant pour aller à Blois remplir son poste de juge au tribunal a bien voulu se charger de cent cinquante exemplaires de l'acte de convocation du synode[128]. Je désire savoir si ce nombre suffit, veuillez bien me répondre par le premier courrier, attendu que j'ai fait conserver la planche composée, et l'imprimerie désire savoir à quoi s'en tenir. Je les ferai tirer sur le champ et je vous les expédierai.

L'affaire est maintenant de les faire parvenir à tous les curés, vicaires et autres prêtres, car si un seul avait à se plaindre de ne pas avoir reçu la pastorale, cela exposerait à des désagréments. Il est des paroisses éloignées telles que Le Gault [du Perche], Chaumont et les voisines, Vouzon,

---

qui vient de se renforcer par la rentrée massive des prêtres émigrés, sous la caution d'une simple promesse de fidélité au régime, ne tarderait pas à en tirer profit.

128 Le citoyen Brisson, dont nous savons peu de choses, a exercé au début de la Révolution les fonctions de procureur-syndic à Blois. À ce titre il avait dû inviter l'évêque Thémines à quitter le territoire, par suite de son refus du serment.

etc ; celles-là surtout risquent de ne pas avoir l'acte de convocation si l'on ne prend des mesures efficaces. La sagesse et le zèle du conseil y pourvoiront, et sans doute des conférences s'établiront dans les divers arrondissements sur ce sujet. J'ai reçu ces jours derniers une lettre du respectable archiprêtre d'Épuisay, qui déjà se réjouit de venir au synode[129].

Il est incertain si je pourrai partir avant d'aujourd'hui en 3 semaines, 7 fructidor, 25 août, dans cette incertitude je vous prie de régler vous-mêmes les jours où il conviendra de donner la confirmation, d'officier dans les trois paroisses de Blois. Je m'en réfère à ce dont vous avez convenu, je vous prie seulement de vous rappeler que le dimanche 14 7bre [septembre] je dois être à Bourges[130].

Les réflexions que vous me faites sur la nécessité de célébrer à la cathédrale sont péremptoires, et j'y souscris.. Je vous prie seulement de me dire quels sont les obstacles qui empêchent que le culte ne s'exerce dans le chœur ; le préfet peut ordonner le déblai de ce qui s'oppose à cette faculté ; les actes civils de mariage, etc, ne peuvent-ils pas avoir lieu au collège ? Je vous invite, chers coopérateurs, à me donner un mot de réponse à cet égard[131].

Je suis charmé que vous vous occupiez de tout ce qui tient au synode. Si, comme je l'espère, cette assemblée a en tout le caractère qu'elle doit avoir, elle produira du bien dans tout le diocèse, et spécialement à Blois.

Il importe que notre correspondance soit active, que la vôtre avec les divers points du diocèse le soit pareillement. Votre zèle connu me tranquillise sur ces objets. Dites-moi, suggérez-moi tout ce que vous croyez utile de faire à l'avance. Nous allons tous au même but avec les mêmes intentions. Plus que jamais vous pouvez être sûrs, très sûrs que le culte soit protégé. J'aurai à vous communiquer sur cela bien des détails qu'une lettre ne comporte pas. Je vous embrasse tous cordialement.

+ Grégoire, Év[êque] de Blois. *Tournez*

Je vous prie d'envoyer la pastorale aux curés rétractés, etc. etc.

---

129 Il s'agit de Guillet François, Gervais souvent rencontré dans cette correspondance et fidèle du clergé grégorien.

130 Ces dates, encore approximatives, seront, pour l'essentiel, respectées et la confirmation administrée dans les paroisses concernées.

131 On voit, par ces remarques, que Grégoire ne se résigne pas à voir les églises encore occupées, même partiellement, par l'administration civile. Les assurances données par Dupont, dans sa précédente lettre, ne l'ont visiblement pas convaincu.

Hier nous avons sacré un évêque pour S[aint] Domingue, il partira dès qu'il sera possible de s'y rendre[132].

On a déjà élu les coadjuteurs pour deux des évêques très âgés de la métropole, Tours et Moulins[133].

J'ai appris que le préfet de Tours avait voulu tracasser le clergé pour la tenue du synode. Indigné de cet acte de tyrannie j'ai fait conseiller aux [membres du] clergé de Tours de dénoncer leur préfet au gouvernement et de dire que c'était par mon conseil. J'ai fait plus : j'en ai parlé au Premier Consul et au ministre de la police[134].

GR 4772 ms

Boucher François
à Grégoire Henri

Blois, 18 Thermidor an 8
[6 août 1800]

Respectable et très cher prélat,

Nous avons reçu vos deux dernières et nous nous empressons d'y répondre.

Le nombre positif ou au moins approximatif des prêtres soumis à votre autorité est de quatre-vingt-deux[135]. Nous n'avons qu'un prêtre

---

132 Originaire du diocèse de Coutances, Mauviel Guillaume (1757-1814) exerça d'abord les fonctions de curé de Noisy-le-Sec et de « secrétaire de l'Agence des Évêques réunis ». Collaborateur ordinaire de ceux-ci et de Grégoire en particulier, il avait su gagner l'estime de tous. Nommé évêque des Cayes (au sud de Saint-Domingue), il avait reçu l'ordination épiscopale, la veille de cette lettre, le 3 août 1800, à Notre-Dame de Paris.

133 L'évêque de Tours, Suzor Pierre, déjà rencontré dans cette correspondance, se trouvait, à cette époque, dans un état de santé déplorable. Frappé de paralysie, infirme, il réclamait, avec insistance, un successeur. Plusieurs prêtres pressentis, dont Lanjuinais, se désistèrent et on finit par élire un curé de Nantes, Hyacinthe Tardiveau, lequel ne tarda pas à démissionner. La situation du diocèse de Moulins se révélait plus problématique. Il s'agissait de remplacer Laurent François-Xavier (1744-1821), abdicataire et marié. Le choix se porta sur Butaud-Dupoux Antoine (1730-1802), lequel, très malade, devait démissionner en 1801. Nous ignorons le nom de son coadjuteur.

134 Cette déclaration montre qu'à l'époque la proximité de Grégoire avec le premier Consul, dont il était devenu le conseiller secret, lui conférait sur l'administration une autorité indirecte, qu'il espérait bien exercer en faveur du culte.

135 Les statistiques que présente Boucher, comme il l'a fait après la Terreur, se révèlent, en effet, souvent approximatives. D'après les lettres reçues et les nominations faites officiellement, il semblerait que l'effectif global du clergé grégorien avoisinât la centaine de membres.

acéphale qui exerce encore à Chailles et deux prêtres mariés en exercice, dont l'un à Meslan [Mesland] et l'autre à Mareuil[136]. Le citoyen Brisson a rempli parfaitement votre commission et nous a remis les cent cinquante exemplaires de l'acte de convocation du synode ; nous sommes en mesure pour [*sic*] les faire parvenir à tous les curés, vicaires et autres prêtres de votre diocèse, ainsi que tous les rétractés et dissidents ; maintenant cinquante autres pourront nous suffire.

Trois fois par semaine votre conseil s'assemble pour seconder en tout vos intentions. Comptez sur son zèle ainsi que sur son respectueux et inviolable attachement[137].

D'après les nouvelles marques de confiance que vous venez de nous donner, nous sentons la nécessité de votre présence à Paris encore pour quelque temps, mais si, absolument, vous ne pouvez venir avant le 5 Fructidor, 25 du présent mois, du moins qu'à cette époque nous ayons le bonheur de jouir ici de votre présence, qui sera également très nécessaire.

Il nous tarde déjà de vous embrasser bien tendrement et de vous dire de vive voix que nous sommes dans le plus parfait dévouement.

Les membres composant votre Conseil

(Signature illisible)

Chenu, curé de S. Nicolas	Métivier	Dupont
David, vicaire en Vienne	Boucher, vic[aire] épisc[opal]	Massion prêtre.

Le chœur de notre cathédrale n'est pas encore à notre disposition, mais il est probable que bientôt nous en serons les maîtres ; nos magistrats n'attendent que le dernier arrêté de la commission consulaire pour agir en conséquence ; effectivement si les mariages se font à la municipalité, comme par le passé et si le décadi ne doit plus concerner

136 Nous avons consacré à Dumont Jean-Baptiste, curé de Mesland, une note circonstanciée dans le tome I (p. 160, n. 112). Abdicataire et marié, il est un des six prêtres du diocèse à continuer, en dépit de cette anomalie, le ministère. Nous avons évoqué précédemment le curé de Mareuil, Lambert Louis-Pierre (GR 4769, p. 168, n. 84), qui se trouve dans une situation analogue.

137 Grâce à cette confidence, nous connaissons la périodicité des réunions du Conseil épiscopal, que nous estimions dans une note antérieure, de rythme hebdomadaire. Nous voyons, au contraire, que la fréquence en est beaucoup plus grande et même particulièrement soutenue. En l'absence de l'évêque, le diocèse semble parfaitement gouverné par cette instance collégiale.

que les fonctionnaires, dès lors, les temples décadaires se trouveront désertés et par suite, abandonnés ; s'il en est autrement, nous aurions soin de vous en instruire mais nous avons lieu de présumer que vendredi prochain sera le dernier jour où la municipalité tiendra sa session dans le chœur de notre église[138]. Quant à la Confirmation, nous pensons que vous ne pourrez la donner dans votre ville épiscopale qu'après le retour du concile métropolitain. Des circonstances impérieuses ne vous permettent pas de venir avant le 25 d'Août ; viendra ensuite la foire, de là les vendanges ; ainsi ce ne pourra être qu'après cette dernière récolte que nous pourrions y disposer les personnes qui voudront recevoir ce sacrement[139].

GR 4773 ms

Guillet François, Gervais
à Grégoire Henri

21 Thermidor an 8
[9 août 1800]

Cher et vénérable prélat,

Ah ! que j'aurais désiré votre précieuse présence le dimanche de la St Jean, pour donner à communier vous-même à environ 200 enfants que j'avais de toutes les communes. Non ! non ! jamais cérémonie n'a été aussi brillante et, je pense, aussi agréable à J[ésus] Ch[rist] ; comme le divin modèle j'ai été obligé de dire souvent à la multitude nombreuse qui m'environnait de toute part : « Laissez approcher les enfants de moi, car le Royaume des cieux est à eux ». Il fallait, de nos côtés, un coup aussi éclatant, à la fin de notre siècle, pour fermer la bouche à nos hérétiques et à nos réfractaires surtout qui font toujours leur possible

138 La cathédrale de Blois, comme beaucoup d'autres églises, cumule, à cette époque, plusieurs fonctions. Jusque-là, les mariages civils y étaient célébrés, les conseils municipaux s'y réunissaient et, tous les dix jours, s'y déroulait le culte décadaire. En ce début du Consulat, le contexte politico-religieux a changé et les indices se multiplient d'une remise aux autorités catholiques des édifices religieux.

139 Le programme éventuel du séjour de Grégoire à Blois que dessine Boucher semble correspondre à ce qui s'est passé réellement. Contrairement à ce qu'écrit A. Gazier, Grégoire n'est pas rentré directement à Paris, après le concile de Bourges, mais a fait un détour par la ville de Blois. (A. Gazier, *Histoire religieuse de la Révolution française*, p. 149).

pour empêcher le peuple de venir à nos messes et d'apporter même leurs enfants [à] baptiser[140].

Cette brillante cérémonie a été terminée par des pleurs de joie et d'applaudissements et tous s'en sont retournés, tant parents qu'enfants, dans leurs paroisses respectives en louant et bénissant Dieu. Je vous prie en grâce d'en témoigner votre reconnaissance à l'estimable curé de Mazangé, quand vous le verrez, qui a eu la complaisance de venir m'aider pour les confessions car, sans lui, je n'aurais pu entreprendre tant d'ouvrages[141].

Nous aurons donc le bonheur de vous posséder encore une fois dans nos communes respectives et, qui plus est, de nous trouver en synode. J'attends cet agréable moment avec impatience. Que j'aurai de choses intéressantes à vous communiquer, mon cher prélat ! Toujours, chez moi, la même affluence de monde. Les réfractaires ne veulent dire la messe que dans leurs chambres ou dans des granges. Je ne sais ce que signifie cet entêtement de leur part, malgré l'invitation honnête de notre nouveau pontife, ou, pour mieux dire, je prévois qu'ils ne voudront jamais nous pardonner de n'avoir pas voulu les suivre dans leurs égarements.

« Tant de fiel entre-t-il dans l'âme des dévots[142] ? ».

Le nouveau prieur de Mondoubleau fait l'impossible de plaire à sa paroisse. Je crois qu'il aura bien de la peine à gagner les esprits[143]. Nous avons tous deux l'ouvrage de l'arrondissement. C'est bien peu, mon cher évêque, pour tant de communes : « *Quid duo inter tanta*[144] » ? Je voudrais qu'il fût possible d'en trouver un troisième. Savigny c'est elle qui m'écrase, mais je pense que tant qu'un nommé Deneveu, qui y a fait tant de désordre lors de l'entrée des chouans dans nos cantons,

---

140 Ce témoignage ne paraît guère prêter à caution et témoigne de la vitalité de la foi religieuse à cette époque. Il confirme que l'Église constitutionnelle rencontre toujours l'adhésion populaire.

141 La cure de Mazangé, occupée d'abord par Lecomte Nicolas, abdicataire et marié, est administrée, à partir de l'an VIII, par Aubourg Claude (voir t. II, GR 4441, p. 195, n. 94).

142 Ce long développement sur le problème des réfractaires se conclut sur une citation de Boileau, tirée du *Lutrin* (chant 1er, 12e vers, Paris, Gallimard, 1966, Bibl. de la Pléiade, p. 195, n. 94).

143 À partir de l'an VIII, le desservant de Mondoubleau est un certain Jean-François Delabrosse, sur lequel nous possédons peu de renseignements.

144 « Quid duo inter tanta ? » « Que peuvent faire deux personnes au milieu de tant de travaux ? »

y demeurera, personne n'y voudra venir. Les honnêtes habitants m'ont pourtant prié de vous écrire en conséquence[145].

Auriez-vous la complaisance de me faire abonner pour les « Annales de la religion » pendant six mois ? Je vous promets de vous en remettre le montant lors de votre visite ou de le faire passer à votre conseil ; ce gracieux plaisir me donnera quelques moments de relâche et de satisfactions dans la circonstance actuelle. Onze francs ne me ruineront point encore. Vous savez mon adresse par Mondoubleau. J'ai l'honneur d'être toujours avec le même respect et le même attachement

Votre très humble et dévoué serviteur,

Guillet, votre archiprêtre.

Nous n'entendons point parler de nos pensions.

GR 4774 ms

Boucher François, vicaire épiscopal au citoyen, citoyen Grégoire, membre de l'Institut national et du Corps législatif, rue St Guillaume – n° 1142
À Paris
(ajout)
Rue Dominique, hôtel de Luynes
vis-à-vis le Jacobin.

Blois, 3 Fructidor an 8
[21 août 1800]

Respectable et très cher prélat,

Le citoyen Dupont, mon cher collègue, vient de me communiquer la lecture de votre dernière par laquelle vous lui annoncez l'époque de votre départ pour Blois. Comme ce sera lundi prochain, vous

145 Nous manquons d'informations concernant ce citoyen Deneveu. Une décision judiciaire de la Cour d'Orléans (9 janvier 1845) nous apprend qu'un « Deneveu père a fait donation entre vifs à son fils, le 3 mars 1838, de tous ses meubles et immeubles, s'en réservant l'usufruit. S'agirait-il de la même personne ? Selon d'autres sources, un citoyen De Neveu, habitant de Mondoubleau, appartiendrait à une famille d'opinions royalistes très prononcées et aurait contribué à organiser la chouannerie dans la région. (*Essai historique et statistique sur le canton de Mon..*, de P.D. de Beauvais de Saint-Paul, p. 246).

arriverez ici le lendemain de très bonne heure, vos appartements sont tous prêts et c'est avec le plus grand plaisir que je vous en fais les plus sincères hommages[146] ; de grâce ne différez pas plus longtemps ; votre présence ici nous sera très nécessaire, la convocation a été faite avec la plus scrupuleuse exactitude. Messieurs les archiprêtres de Vendôme, Montoire et Mondoubleau nous ont répondu d'une manière très satisfaisante ; Montrichard, Cellettes, Ménars et Mer et tous les autres archiprêtres ne négligeront rien également pour remplir vos vues[147], nous avons reçu les cinquante derniers exemplaires que nous vous avions demandés et déjà ils sont distribués en bonne partie ; je crois que votre séjour à Blois fera un très grand bien. Vous y êtes attendu comme le Messie par tous vos amis et j'ose me flatter que vous pourrez encore en compter un très bon nombre[148]. Quant à moi, j'aspire à ce premier moment où je pourrai vous dire de vive voix que je serai, toute ma vie, envers et contre tout, avec le plus respectueux dévouement,

Boucher, vic[aire] épisc[opal].

---

146 Ce passage contient de précieuses indications sur le voyage et l'arrivée de Grégoire à Blois. En 1796, il avait bénéficié d'une opération de co-voiturage avec le citoyen Roulet. Nous ignorons s'il a pu utiliser le même procédé, cette fois, ou recourir au service des diligences, mais la durée du trajet s'étendait sur une journée entière. Comme cette lettre le confirme, Grégoire, dans ses séjours à Blois, est hébergé par son confrère et ami François Boucher, dans la maison de ce dernier, située 6, Degrés Saint-Louis.

147 Si l'on se réfère aux élections de 1796 (voir le tome II), et en supposant que les titulaires des archiprêtrés n'aient pas changé entre temps, nous risquons pour Cellettes, le nom de Bellin, pour Ménars, celui de Macé (Augustin-Jean) pour Mer, celui de Monrocq. Pour Vendôme, sous toutes réserves, ce devrait être Noirot (ou Delalande), pour Montoire, Tabareau, pour Mondoubleau, Gillot, et pour Montrichard, Riffault. Ils jouent évidemment un rôle capital de porte-parole de leurs arrondissements aux sessions du synode.

148 La réticence verbale ne peut passer inaperçue. Le prestige de Grégoire, éloigné depuis plusieurs années, de son diocèse, ne correspond plus à l'adhésion unanime et enthousiaste de ses fidèles, qui avait marqué son arrivée, en 1791. Son crédit n'en reste pas moins important auprès d'une grande partie de la population.

GR 4775 ms

Dupont Claude
à Grégoire Henri

Blois, 4 Fructidor an 8
[22 août 1800]

Citoyen évêque,

J'ai l'honneur de vous accuser réception de votre lettre du 30 dernier; mon collègue Boucher vous a annoncé la réception des 50 exemplaires de la Convocation ; et nous lui avons fait faire la distribution[149].

Nous éprouverons une grande jouissance en vous possédant et nous nous flattons qu'elle sera partagée par les curés qui vous sont attachés.

J'ai obtenu de la municipalité provisoire un arrêté relatif à l'extraction des objets qui existaient dans le lieu du rassemblement décadaire ; je le porte ce soir au citoyen Corbigny pour avoir sa sanction, je l'en ai entretenu hier soir, qu'il a couché pour la première fois à l'évêché ; il m'a témoigné qu'il se prêterait à la chose et il m'a ajouté qu'il serait bien aise de vous voir et que dans le cas où vous ne vous remettriez pas, il vous rappellerait quelques circonstances qui vous feraient reconnaître réciproquement[150].

Nous avons fait la convocation des prêtres dissidents de Blois en la personne du citoyen Villain se disant et faisant dire curé de St Solenne, nous avons fait la comparaison de notre conduite avec ses principes

---

149 Le texte intégral de cette *Convocation* figure dans le tome 11 des *Annales de la religion* (p. 416-422). Après un rappel du caractère traditionnel de l'institution synodale, le document dispense encouragements et remerciements au clergé constitutionnel « que la séduction, les promesses, les menaces, les calomnies, les injures, la misère, les tourments n'ont point ébranlé ». Il loue la double fidélité de ces prêtres à la religion et à la République et énonce les huit points importants des débats à venir : déterminer le nombre exact des prêtres fidèles, pourvoir aux besoins des églises veuves, fixer les modalités d'introduction et de subsistance des pasteurs dans les paroisses, arrêter définitivement les démarcations des archiprêtrés, élire un député (et un suppléant) au futur concile métropolitain, rédiger une notice historique des événements survenus dans le diocèse depuis 1789, réaliser l'uniformité pastorale entre toutes les contrées du diocèse, préparer le programme des débats du futur concile métropolitain. Il se termine par une invitation pressante adressée aux dissidents de rejoindre les rangs du clergé soumis aux lois.

150 Le nom complet de Corbigny est Louis-Antoine Chicoilet baron de Corbigny. La Révolution a évidemment écourté son nom. C'est une personnalité importante de la région. Né en 1771, il succède le 10 août 1800 à Beyts, comme préfet du Loir-et-cher. Il prend très à cœur les intérêts de la ville et bien que Dufort de Cheverny blâme son goût du secret (*Mémoires* II, p. 423), il semble jouir de l'estime générale. Élu en 1806 au Corps législatif, il n'y siégea pas en réalité. Il meurt en 1811.

énoncés en une lettre qu'il m'avait écrite à la fin d'Avril 1791, pour se disculper d'une dénonciation qu'on vous avait faite contre lui. Disant alors la messe à la prison, nous avons lu cette lettre au prône des messes des trois paroisses[151]. Il est bien à présumer qu'aucun réfractaire ne se rendra à votre invitation. Le curé archiprêtre de Cellettes ayant convoqué le citoyen Meunier, dissident, exerçant de son aveu dans les oratoires clandestins, celui-ci lui a répondu par une lettre qu'il lui a adressée, laquelle nous ayant été communiquée, nous l'avons invité à en faire la copie[152] ; je vous l'adresse afin qu'à Paris vous puissiez donner une idée précise des principes des dissidents de Blois et du diocèse, dont le nombre accroît et se répand de plus en plus depuis l'annonce de la tenue du synode[153]. S'il importe à la tranquillité et à la sûreté du gouvernement que le culte soit exercé au su de presque tout le monde, sans qu'il soit fait de soumission de la part des prêtres et de celle des prêtants-chambres « *bene sit* » [tant mieux], au contraire, nous n'avons qu'à gémir, vu que la désobéissance impunie à une loi favorise la désobéissance à toute autre qui froisserait les intérêts personnels[154].

Je ne sais à quoi attribuer l'organisation municipale « *ad rem* » et non « *in re* ». Voilà quatre mois que j'ai donné au gouvernement des preuves de ma soumission, c'est la dixième année que je la renouvelle ; sur la liste

---

151 Nous avons consacré à Villain Jacques une note circonstanciée dans le tome I, p. 176. Nous rappelons que Grégoire avait, en 1795, effectué des démarches, auprès du Comité de Sûreté générale, afin de le faire libérer de son incarcération dans les prisons de Blois, au titre de réfractaire. Il semble qu'il ait obtenu satisfaction. Fidèle à l'obédience de Thémines, Villain exerce un culte quasi-clandestin dans la ville de Blois. Nous n'avons pu retrouver la lettre qu'il avait adressée à Dupont.

152 Le curé-archiprêtre de Cellettes devrait être, sous toutes réserves et comme nous l'avons indiqué dans une note précédente, Sylvain Bellin et le prêtre dissident est Meunier André, ancien professeur au Grand Séminaire de Blois. Il figurait, avec plusieurs de ses confrères, comme un des premiers réfractaires au serment. Il ne semble pas avoir émigré et J. Gallerand le dit « reclus », autrement dit vivant caché dans la région. Il ré-apparaîtra en 1802 et mourra, curé de Mer, en 1825.

153 Ce passage reflète assez fidèlement l'évolution des mentalités au cours de cette année 1800 et à la veille de la signature du Concordat. On n'ignore pas, en général, que des pourparlers sont en cours avec Rome, et les prêtres revenus d'émigration ou jusque là clandestins ne sont plus inquiétés. L'atmosphère est à la réconciliation des deux clergés, de l'aveu même des Constitutionnels. Dès lors, la surveillance, à l'égard du culte réfractaire, a tendance à se relâcher.

154 Dupont cible, ici, l'illégalité du culte réfractaire, théoriquement soumis à une promesse de soumission aux lois, mais n'est-ce pas déjà en pure perte ? Les « prêtres en chambre » donnent lieu à un calembour sans doute en vogue : « Les prêtants-chambres » (ceux qui prêtent leurs chambre pour le culte clandestin et se montrent ainsi complices des réfractaires).

que vous m'aviez demandée il eût été facile de trouver des sujets mieux disposés pour la chose publique que ceux qui ont été honorés du suffrage du premier et second conseil. Comme il y a un terme à tout, je vais prendre patience, bien disposé à ne point composer ni avec la loi ni avec ceux auxquels je serais adjoint, s'ils ne manifestaient des résolutions contraires[155].

S'il vous était possible de vous charger de quelques ouvrages relatifs aux fonctions municipales et à celles de commissaire de police, je vous en aurais obligation, attendu que je me suis fait un devoir de ne pas dépasser la limite.

Tous les membres du Conseil se joignent à moi pour vous donner le salut respectueux et vous assurer du dévouement le plus sincère.

Votre prem[ier] vic[aire],
Dupont.

GR 4776 ms

Chenu Ange, Gabriel
à Grégoire Henri
rép[ondu]

Blois, 24 Vendémiaire an 9
[16 octobre 1800]

Cher et estimable Prélat,

Il y a aujourd'hui huit jours que vous avez dû arriver à Paris et je n'ai point encore reçu de vos nouvelles, malgré la promesse que vous m'en avez faite[156]. Ce silence me cause de vives inquiétudes. Seriez-vous malade ? Ou y aurait-il quelque autre raison que je ne saurais prévoir ? Veuillez bien m'en informer le plus tôt possible, vous me procurerez une tranquillité dont je sens le plus grand besoin. On s'occupe de l'impression des statuts synodaux et de votre lettre pastorale. Nous espérons pouvoir

155 L'expression « *ad rem* » semble viser la direction vers laquelle s'oriente la politique de la municipalité que Dupont ne saisit pas bien. Quant à celle qui se déroule « *in re* » (c'est-à-dire dans l'exercice quotidien), il la comprend d'autant mieux qu'il en fait partie. Son inquiétude tient aussi au poste de maire-adjoint qu'il occupe, aux côtés d'un futur maire qui n'est pas encore, semble-t-il, désigné.

156 Cette indication se révèle extrêmement précieuse pour la mise au point de la datation. La lettre étant écrite le 16 octobre 1800, et le départ de Grégoire remontant à une huitaine, c'est donc aux environs du 8 octobre que celui-ci a dû quitter son diocèse pour regagner la capitale.

en faire la distribution avant la Toussaint. J'activerai le travail le plus qu'il me sera possible[157].

Le citoyen Boucher garde toujours le lit et son état ne cesse pas d'être inquiétant. Son chirurgien est enfin arrivé de sa campagne et promet bien de le voir tous les jours. Notre digne ami a eu plusieurs hémorragies depuis votre départ. Fasse le Ciel qu'il ne nous soit point enlevé, pour le bien général de notre diocèse[158].

Je vous fais passer une lettre du citoyen Claudinot, curé de Contres. Il vous donne des détails qui vous fourniront une nouvelle preuve *de la petitesse de Mr Petit.* Ce brave Claudinot voudrait bien que des mesures fussent prises pour réduire son adversaire à l'impossibilité de nuire[159].

Permettez que je m'informe de la santé de Mme Dubois. Est-elle mieux portante ? Je le désire bien sincèrement et lui souhaite un prompt rétablissement.

J'ose espérer une réponse de votre part, cher et bien-aimé évêque, et vous prie de compter sur l'inviolabilité de mon attachement.

Chenu, curé de St Nicolas.

P.S. J'ai fait transporter votre crosse chez moi. Elle est sous clef et vous pouvez être sûr qu'il ne lui arrivera aucun accident.

---

157 Les statuts synodaux sont la mise en application pratique des décrets du synode lui-même. Quant aux Actes du synode, ils sont conservés intégralement à la Bibliothèque de Port-Royal (Rév. 242-9), précédés de la *Lettre pastorale pour la publication des actes du synode diocésain tenu à Blois, les 2, 3 et 4 Septembre 1800 de N.S. J.C., an 9 de la république* (Rév. 242-3). Celle-ci commence par s'indigner contre deux libelles parus peu auparavant, l'un émanant des cercles jacobins, accusant Grégoire d'avoir notamment donné « le signal du massacre des prêtres mariés » (p. 3) et l'autre provenant du clan des réfractaires qui attaque violemment la Constitution civile du clergé. En quelques lignes, l'évêque défend les réformes de celle-ci, telles la mise en place des presbytères, l'élection des évêques et curés ; il réfute toute idée de schisme, contestant la validité des censures romaines et dénonce l'opportunisme et la duplicité de nombreux dissidents. Ainsi, dans les paroisses de Contres (curé : Claude Petit), et de Blois plusieurs rétractants récents sont venus signer à la municipalité une attestation certifiant qu'ils n'avaient jamais rétracté et cela uniquement en vue de percevoir leur pension (p. 13). Le texte prescrit enfin aux curés de publier les statuts synodaux au prône de la messe du dimanche suivant leur réception.

158 En dépit de rémissions temporaires, il ne semble pas que la santé de Boucher, collaborateur fidèle et ami très cher de Grégoire, s'améliore durablement.

159 Le cas déjà évoqué de Petit Claude, prêtre assermenté, dont les lettres publiées dans le tome I (p. 72-74, p. 122-124), attestaient naguère d'un réel attachement à Grégoire, continue de diviser la paroisse de Contres et d'embarrasser le curé constitutionnel Claudinot. Claude Petit figure parmi les rétractants opportunistes, dénoncés par Grégoire dans sa Lettre pastorale.

LES DEUX DERNIERS SÉJOURS À BLOIS
du 28 août au 14 septembre 1800
et du (25 ?) septembre au 8 octobre 1800

Cette lettre et toutes celles qui vont suivre émanant soit des curés blésois, soit de Grégoire lui-même, sont consécutives à la tenue du synode et aux sessions du concile métropolitain de Bourges. Le premier s'est tenu du 2 au 4 septembre et le second du 14 au 21 du même mois. Durant cette période, Grégoire communique essentiellement par voie orale avec ses diocésains et la correspondance marque donc une pause. Si l'on ne connaît pas la date exacte du départ de Grégoire pour Bourges, en compagnie du délégué élu Pioche François, Marie, on connaît encore moins celle de son retour à Paris. Est-il revenu directement dans la capitale, comme le croyait A. Gazier (« il était revenu en toute hâte à Paris, où l'attendait le vainqueur de Marengo[160] »), ou bien aurait-il fait un détour par sa ville épiscopale ? Un document issu des archives diocésaines semble confirmer cette dernière hypothèse. Dans un extrait du Registre de la cathédrale[161], nous lisons ceci : « Le cinq Octobre, an 1800 (13 Vendémiaire an 9 de la République), le citoyen François Lorry, âgé d'environ 19 ans, a reçu, dans l'église Saint-Nicolas, la confirmation et la tonsure, après un examen préalable, par nous soussigné évêque de Blois. + H. Grégoire, évêque de Blois ». Nous avons consacré à ce jeune candidat Lorry François une note circonstanciée dans le tome II (en GR 1739, p. 139). Après une adolescence mouvementée, ce fils aîné du sacristain de la cathédrale avait opéré une conversion morale complète et exprimé le désir de devenir prêtre. Son souhait sera exaucé en 1814. Le même document nous apprend aussi qu'en se rendant à Bourges, Grégoire s'était arrêté à Selles-sur-cher, paroisse desservie par « le vénérable curé Hartel », ancien vicaire général de Troyes, qu'il avait accueilli récemment dans le diocèse. Il y avait confirmé, dit encore le témoin, 1 000 personnes soigneusement préparées par le curé Hartel et y avait connu une « réception enthousiaste » (*op. cit.*, p ; 119). La lettre suivante de Chenu Ange, Gabriel (4776) nous informe qu'après cette étape à Blois, le retour de Grégoire à Paris dut s'effectuer aux alentours du 8 octobre. La totalité de ce troisième séjour de l'évêque dans son diocèse peut donc être évaluée à cinq ou six semaines.

160 A. Gazier, *Études sur la Révolution*, p. 149.
161 Archives diocésaines, Cahier I, Papiers Chesneau.

GR 4777 ms

Dupont Claude Blois, ce 3 Brumaire, an 9
à Grégoire Henri [25 octobre 1800]

Citoyen Évêque,

Nous avons reçu votre lettre du 24 Vendémiaire, à laquelle je réponds au nom de tous mes confrères, en vous assurant que votre éloignement nous a laissé des souvenirs bien déchirants, tant votre présence et votre enseignement profitaient à la religion[162].

Je vous apprendrai qu'aujourd'hui nous avons reçu une lettre du citoyen Biet, curé de Romorantin, lequel s'empresse de nous faire part que les murs du temple décadaire sont tombés et que la mairie les a abandonnés aux fidèles pour servir à leur réparation. Voilà l'effet de votre parole. Le citoyen Biet se loue beaucoup du zèle de la mairie, c'est un événement du meilleur augure[163].

La lettre pastorale est imprimée et les actes du synode qui l'accompagnent sont sous la presse. Nous espérons avoir le tout, avant la fin de la décade. Le curé de S. Nicolas et moi avons corrigé les épreuves et nous continuerons jusqu'à perfection.

Le citoyen Boucher est entre les mains du chirurgien, lequel est parvenu à l'établir en un état aussi satisfaisant qu'on peut le désirer pour le présent. Nous aurons la consolation, Dieu aidant, de le voir sous peu, en se ménageant, remplir les fonctions de secrétaire du presbytère ; il me charge de vous donner un témoignage de son respectueux dévouement et de sa sensibilité aux marques de votre souvenir[164]. Quant aux notes

---

162 Ces remerciements sincères apparaissent légèrement teintés de regrets. À plusieurs reprises, Dupont avait, toujours avec tact, déploré les trop longues absences de son évêque.

163 Biet Pierre-Mathieu, curé de Romorantin, est très présent dans cette correspondance (voir l'index du tome II). On peut déduire de ce passage le concernant qu'il a dû, vraisemblablement, cohabiter avec le culte décadaire, soit en dehors, soit au-dedans de son église, comme c'était le cas dans nombre de paroisses. La destinée de la théophilanthropie, condamnée sur l'initiative de Grégoire par le Concile de Bourges, allait bientôt connaître son épilogue. Après la signature du Concordat, les consuls leur interdiront officiellement l'accès aux édifices nationaux (29 Vendémiaire, an X – 21 octobre 1801), anticipant de quelques mois, une interdiction définitive du culte. Il est intéressant de noter que Grégoire n'approuva pas cette mesure autoritaire et coercitive, contraire à l'idée qu'il se faisait de la tolérance civile.

164 Les événements ultérieurs diront s'il s'agit d'une simple rémission ou d'une véritable guérison.

que vous nous avez fait passer, nous avons estimé qu'il serait plus facile de les insérer, au besoin, dans la Lettre pastorale de Carême, vu qu'il faudrait ajouter une autre feuille et que les frais sont déjà très dispendieux ; il pourrait en être de même de l'oraison pour la République.

Les nouvelles du jour sur les émigrés donnent le change aux propos occasionnés par la brochure. Les Chevaux andaloux qui arrivent demain à Blois prendront leur rang sur les émigrés à rentrer. Quelque autre événement secondera et à Blois on lui donnera la préférence, car tout ce qui est nouveau est à l'ordre du jour[165].

On répand, en ce jour, que le jeune citoyen de Contres diffamé en son acte de naissance se met en mesure pour réclamer justice.

La mort vient de nous enlever, après trois jours de maladie, le citoyen Petit, président du tribunal civil de cette ville ; deux jours auparavant, il me témoignait combien il a été privé de vous point trouver chaque fois qu'il s'est présenté pour vous saluer et il est mort, dit-en, en philosophe. Nous n'avons point été appelés ; c'est une perte civile, il était juge sans partialité, mais on n'a pas à Blois la justice de célébrer le mérite ; il n'est que le citoyen Lecomte, juge de paix et moi qui l'ayons accompagné au champ du repos. Il serait à désirer qu'on lui donnât un successeur patriote, éclairé et intègre. On dit que, le jour de son décès, plus de quarante lettres sont parties pour Paris. Je n'en suis pas surpris, on court plus l'argent que l'honneur à Blois[166].

---

165 Les conditions posées naguère au retour des émigrés s'assouplissent de plus en plus à cette date, leur retour restant subordonné à une simple promesse de soumission aux lois.

166 Le peu d'informations que nous possédons sur cette personne nous permet, cependant, de l'identifier comme étant le citoyen Petit de Thoisy, François, Pierre, président du tribunal criminel de Blois en 1792 et devenu président du tribunal civil en 1800, effectivement mort à son poste (*Histoire de Blois* par L. Bergevin, 1847, p. 344). L'expression « mort en philosophe » signifie simplement qu'il n'a pas reçu le sacrement des mourants et non pas accidentellement dans son cas précis, mais semble-t-il, par conviction. Quant au citoyen Lecomte, il s'agit, très vraisemblablement, de l'ex-curé de Mazangé, Lecomte Nicolas déjà rencontré dans cette correspondance (voir l'index du t. II). Abdicataire en l'an II, il se marie, à 37 ans, le 5 Floréal de la même année (24 avril 1794) avec Catherine Lesage, elle-même âgée de 38 ans. En l'an V, il devient sous-chef du bureau de la police du département, puis exerce différents emplois locaux, chez le receveur de Vendôme par exemple et chez l'agent des salpêtres à Blois. À la date de cette lettre il assume les fonctions de commissaire du gouvernement près le tribunal criminel du département, « juge de paix » selon les termes de Dufort de Cheverny, qui ne l'apprécie guère. Père d'un enfant, il obtient son indult de sécularisation en 1802. On peut noter ici l'attitude ouverte et accommodante de Dupont qui accompagne, naturellement, son ex-confrère à ces obsèques civiles.

Ayez, je vous prie, pour agréable l'assurance de mon respectueux dévouement et croyez qu'on ne peut être plus disposé que je le suis à vous en donner des preuves.

Dupont, archidiacre de Blois.

GR 2119 ms

Grégoire Henri
Au citoyen Dupont, archidiacre,
1er vicaire épiscopal à Blois.

Paris 18 Brumaire an 9
[9 9bre 1800] [Novembre]

Cher et estimable Archidiacre,

Votre lettre m'a donné des espérances consolantes pour la santé du cit[oyen] Boucher ; cette nouvelle m'a fait grand plaisir. L'essentiel est qu'il se ménage, de manière à ne pas éloigner l'époque de la guérison[167].

Dans mes notes je trouve la promesse de vous envoyer l'annuaire de l'an 7. Cet article avait été oublié lors de l'envoi fait dernièrement par l'entremise d'un cit[oyen] de S[aint] Aignan. Je répare aujourd'hui les torts de ma mémoire. Le cit[oyen] curé de Selles veut bien s'en charger[168].

J'attends avec une vive impatience notre synode imprimé. Le cit[oyen] Évêque de Bourges a envoyé ici il y a un mois cent exemplaires du concile. Croiriez-vous que le paquet est encore en route, heureusement nous en avions reçu un exemplaire par la poste et on va le réimprimer dans les *Annales*[169]. Sans doute il en aura aussi adressé au presbytère de Blois, puisque le concile et le synode doivent être publiés au prône dans toutes les paroisses ainsi que le concile national. À quoi servirait

---

167 La santé de Boucher reste un sujet de préoccupation constant de Grégoire qui ne cesse de s'en informer directement ou indirectement.

168 Nous n'avons pu trouver trace de ce document, qui devait comporter, sans doute, la mention complète des dates et événements religieux du diocèse de Blois.

169 Les Actes du Concile de Bourges, précédés d'une note explicative seront effectivement publiés intégralement dans le tome XII des *Annales de la religion* de la page 57 à la page 99.

de faire des lois, des règlements si on ne les connaissait pas et si on ne les exécutait pas. C'est au promoteur de concert avec le presbytère à y surveiller. Il y a longtemps que le cit[oyen] Cretet, membre du conseil d'État, a reçu les paquets que m'avait remis le cit[oyen] curé de Ménars : j'ignore si cette affaire est terminée, s'il faut des démarches ultérieures je les ferai[170].

S'occupe-t-on de l'impression de l'Ordo décrété par le synode[171] ?

S'occupe-t-on de la réorganisation du bureau de charité ? Je trouve sous ma main un opuscule analogue à ce genre d'institution, je vous l'enverrai.

Je recommande à votre zèle officieux les renseignements pour concourir à l'histoire du diocèse de Blois[172].

Salut, cher et estimable coopérateur, je vous embrasse comme je vous aime avec estime et attachement. Mêmes sentiments envers tout le presbytère.

+ H. Grégoire, Év[êque] de Blois.

---

170 Le membre du Conseil d'État auquel fait allusion Grégoire est Cretet Emmanuel (comte de Champmol, 1747-1809). Originaire de la ville de Dijon, il est élu le 24 Vendémiaire, an IV (16 octobre 1795), député de la Côte-d'Or au Conseil des Anciens. Il en assure, un temps, la présidence et s'y voit réélu le 25 Germinal, an VII (15 avril 1799). Il adhère, ensuite au Coup d'État du 18 Brumaire et est nommé successivement sénateur, conseiller d'État, commandeur de la Légion d'honneur. Il deviendra plus tard, gouverneur de la Banque de France, ministre de l'Intérieur et sera titré comte de Champmol. Par ailleurs, les Actes du synode de Blois (B.P.R., 242-9) nous apprennent que le promoteur, chargé de la rédaction finale et de la diffusion de ces Actes et élu à ce poste par l'assemblée fut Macé Augustin, Jean, curé de Ménars (à son sujet, on peut consulter l'index du tome II). Bien que la séparation de l'Église et de l'État soit, depuis 1795, entrée en vigueur, Grégoire tient, sans doute, à tenir informée l'autorité civile des événements religieux se déroulant sur le plan national.

171 L'ordo est une sorte de calendrier liturgique comportant les dates et modalités des grandes fêtes religieuses de l'Église universelle, mais incluant aussi celles qui sont particulières à tel diocèse. Il présente également à la vénération des fidèles non seulement les saints honorés dans le monde entier, mais aussi ceux qui le sont localement. L'ordo décrété par le synode correspond-il à l'*ordo blesensis* rédigé par Grégoire lui-même et dont l'unique manuscrit se trouve à la Bibliothèque de l'Arsenal (Ms 2165) ? Nous ne saurions toutefois nous prononcer ici avec certitude.

172 Grégoire avait déjà sollicité le concours de ses curés en vue de rédiger une histoire des persécutions subies par l'Église de Blois, durant la période révolutionnaire. Ce projet-ci qui paraît plus ample ne sera pas réalisé.

GR 2120 ms

Grégoire Henri
Au citoyen Boucher, membre du
presbytère à Blois
Loir et Cher

Paris, 18 Brumaire an 9
[9 9bre 1800] [Novembre]

Cher coopérateur,

J'apprends avec bien du plaisir que votre situation offre l'espérance ou même la certitude d'une prompte guérison. Personne n'y met plus d'intérêt que votre évêque, et les expressions par lesquelles je vous les témoignais étaient toujours au-dessous de la réalité. Veuillez bien me donner souvent de vos nouvelles[173].

J'ai écrit précédemment au cit[oyen] curé de S[aint] Nicolas et en même temps je lui ai transmis divers paquets et brochures pour différentes personnes. Je profite du départ du cit[oyen] Hartel, curé de Selles, pour envoyer de nouveau des opuscules dont sa complaisance veut bien se charger[174].

Vous m'avez observé qu'il serait sage de vendre le poêle déposé chez vous, et que le cit[oyen] Boilot [Boileau] pourrait faciliter cette vente. On peut également vendre quand on trouvera des occasions avantageuses les autres objets dont le transport ne pourrait pas facilement s'effectuer[175]. Au reste tout cela ne fait que causer des embarras à notre estimable ami, le cit cit[oyen] Boucher, que j'embrasse tendrement,

173 Ce passage atteste de la proximité et de l'amitié unissant les deux hommes. Boucher est non seulement le « cher coopérateur » mais celui qui offre l'hospitalité à Grégoire à chaque séjour de celui-ci à Blois.

174 Le curé de Saint-Nicolas, Chenu Ange, Gabriel est l'autre ami et confident de Grégoire, très présent dans cette correspondance. Quant au citoyen Hartel, ancien vicaire général de Troyes et devenu curé de Selles-sur-Cher, nous lui avons consacré plusieurs notes (voir l'index de ce tome).

175 Le détail concernant le poêle ne nous paraît pas tout à fait insignifiant. Nous supposons qu'il s'agit d'un poêle en faïence que Grégoire mentionne déjà, lors de son installation à l'évêché de Blois. Il doit correspondre à un modèle propre à son pays d'origine ou aux contrées germaniques qu'il a beaucoup fréquentées. D'usage peu courant dans les pays de Loire, il représentait un élément de confort et de progrès technique que Grégoire, en homme des Lumières, appréciait et préconisait.

c'est-à-dire comme je l'aime. Je n'oublierai jamais toute l'attention amicale qu'il met à ce qui me concerne, et dont il m'a donné de nouvelles preuves dans mon dernier voyage. Salut et embrassement à tous les membres du presbytère[176]. Salut de même aux cit[oyen]nes Boilot [Boileau], Camereau et à vos respectables dames. Je vous embrasse de nouveau[177].

+ Grégoire, Év[êque] de Blois.

Le synode, le concile métropolitain et le concile national devant être publiés et lus dans toutes les paroisses, les curés se mettront sans doute à portée de les faire avenir.

L'élection de tous les archiprêtres est-elle enfin consommée ?

Je recommande au presbytère la paroisse de Châtres, qui était venue me demander un curé. Au reste toutes les paroisses sont dignes de notre zèle, et notre devoir nous en fait une loi[178].

Sans doute Mr Métivier aura signifié aux paroissiens de S[ain]t Gervais de faire fermer le tabernacle et réparer l'Église[179].

GR 4778 ms

Chenu Ange, Gabriel
au citoyen Grégoire,
évêque de Blois, rue S[t]
Dominique, Fbg St Germain
Hôtel de Luynes
à Paris

rép[ondu]

Blois, 8 Frimaire an 9
[29 novembre 1800]

---

176 Cet éloge appuyé de Boucher François montre à quel point Grégoire lui était attaché. « L'attention amicale » dont il aurait fait preuve à l'égard de son évêque rappelle que, lors des deux précédents séjours de ce dernier, il lui offrait l'hospitalité dans son domicile privé, 6, Degrés Saint-Louis, non loin de la cathédrale.

177 Concernant ces deux citoyens, déjà rencontrés, voir l'index du présent tome.

178 Cette paroisse fut desservie au début de la Révolution par un ex-religieux Blesme Jean-Louis. À la date de cette lettre, le poste est vacant.

179 Métivier François (à ne pas confondre avec Claude, décédé en 1795) est une figure importante du clergé grégorien. Curé de La Madeleine Villefrouin et de Villexanton, il fait partie, après les troubles révolutionnaires, du nouveau conseil épiscopal et participe activement au synode de Blois.

Estimable prélat,

Je ne suis point en retard à votre égard. Vous avez dû recevoir deux lettres depuis votre départ. Dans la première était incluse celle du [citoy]en Claudinot, qui m'a témoigné dernièrement sa surprise de n'avoir point reçu de réponse de votre part. Dans la seconde, je vous ai marqué que je m'étais acquitté fidèlement de toutes les commissions dont vous m'aviez chargé ; j'ai pareillement porté tous les paquets que vous m'avez adressés par le citoyen Hartel. Veuillez bien m'accuser la réception de ces deux lettres[180].

Le c[itoyen] Morioux, curé de St Dyé, est encore inquiété comme réquisitionnaire. Il est venu me témoigner ses inquiétudes à ce sujet. J'ai fait toutes les démarches nécessaires pour l'obliger auprès de mes amis. Je lui ai obtenu un certificat des officiers de santé de notre hospice, qui, joint à d'autres pièces, lui donne droit à un congé absolu, d'après la réponse qui m'a été donnée aujourd'hui. Le préfet l'a reçu avec l'accueil le plus flatteur et lui a promis qu'il ne négligerait rien pour le tirer d'embarras[181].

Je viens de recevoir de la part des dissidents un catéchisme qui prouve combien le mensonge leur est familier. J'ignore quelle est l'âme charitable qui me l'a fait passer. Le billet qui me l'annonce est anonyme. Aussi n'ai-je pas pu témoigner ma reconnaissance.

Voici la copie de ce charmant billet :

« Comme voilà le moment, monsieur, où, sans doute, vous allez commencer le catéchisme à vos trop malheureux enfants ; permettez que je vous fasse passer une instruction que je viens de recevoir, qui pourra vous être utile ainsi qu'à eux ; je le désire bien, je vous assure, pour le salut de votre âme et celui de vos pauvres victimes qui sont infiniment plus à plaindre que vous, puisque, si vous êtes dans l'erreur, c'est que vous le voulez bien et que ces pauvres enfants n'y sont que parce que vous les y mettez.

180 Sauf erreur, nous possédons bien une lettre de Chenu à Grégoire, depuis le retour de celui-ci à Paris, mais non pas deux. Il s'agit de celle datée du 16 octobre 1800 et publiée ci-dessus en GR 4776, p. 195. Il n'y a pas lieu de trop s'étonner, car les aléas dus au fonctionnement irrégulier des courriers, à cette époque, ne sont pas rares.

181 Nous renvoyons à la lettre adressée par Morioux lui-même et publiée au début de ce tome. Il y formulait la même demande d'exemption du service armé. Grégoire, dans une suscription, assurait avoir fait la démarche auprès du ministre et réglé le problème. On voit qu'il n'en est rien et la succession des guerres napoléoniennes n'améliorera pas, dans le futur, cette situation. (Voir ce tome en GR 4759, p. 140).

Si vous en désirez une quantité, faites part de vos désirs, en en faisant la lecture dans la chaire de vérité[182]. »

Un exemplaire de ce catéchisme a été dénoncé et envoyé au préfet : je ne sais quel usage il en fera. Dans ce catéchisme, les prêtres catholiques donnent comme article de foi que Jésus-Christ n'est point avec l'Église constitutionnelle, parce qu'elle n'est point son ouvrage. Il ne l'assiste point de sa grâce, il ne l'éclaire point de son esprit, il n'y est, dans le sacrement de l'Eucharistie que contre son gré et comme s'il était entre les mains des Juifs qui l'insultaient et l'accablaient d'outrages. En parlant de l'élection des évêques et curés assermentés, ils disent que le roi ne nommait point mais présentait seulement le sujet. Ils ont l'impudence d'avancer que la Constitution civile du clergé ne reconnaissait point la primauté du pape, qu'elle établit la supériorité des prêtres sur les évêques ; qu'elle rejette la nécessité de la mission et de l'institution canonique ; qu'elle attribue à la puissance civile le droit de gouverner l'Église et de changer sa discipline. Dans ce charmant petit recueil on lit que les évêques assermentés peuvent confirmer, que la confirmation est bonne mais que ceux qui l'ont reçue doivent faire pénitence, etc. etc.[183]

J'ignore pourquoi je suis le seul à qui l'on fait de semblables envois. Je croyais savoir mon catéchisme, mais je me suis trompé, je vais l'étudier avec zèle, afin d'instruire ceux dont l'éducation chrétienne m'est confiée.

Agréez, je vous prie, l'expression de mon tendre et respectueux attachement.

Votre tout dévoué

Chenu, curé de St Nicolas.

P.S. Veuillez bien recevoir mes remerciements de l'ouvrage que vous m'avez envoyé sur la souveraineté du peuple. Je le lis avec plaisir. Plusieurs confrères voudraient le lire, marquez-moi s'il faut vous le renvoyer rapidement.

---

182 La propagande des réfractaires reprend de plus belle, à la faveur d'un contexte général qui porte à l'apaisement entre les partis. D'autre part, clandestins et émigrés sont de moins en moins inquiétés, sortent de leurs retraites et s'opposent ouvertement aux institutions républicaines en s'appuyant sur une partie de la population restée royaliste.

183 Ce résumé condense les thèmes développés couramment par les réfractaires et répandus dans le public. L'argumentaire n'a guère changé depuis les débuts de l'Église constitutionnelle en 1791 et consonne assez bien avec celui du libelle que prend la peine de réfuter Grégoire dans sa *Lettre pastorale pour la convocation du synode de Blois*, dont nous avons déjà parlé. Nous n'avons pu retrouver le « Catéchisme » des dissidents, évoqué dans ces lignes.

GR 2121 ms

Grégoire Henri

Le presbytère de Blois

Paris, 20 Frimaire an 9
[11 X^{bre} 1800] [Décembre]

Chers et estimables coopérateurs,

J'attendais pour vous écrire la réception des actes du synode qu'enfin j'ai reçus hier par l'entremise du cit[oyen] Buache. Je vous invite à corriger et faire corriger sans délai dans les divers exemplaires quelques fautes importantes :

p. 12 : il est dit *les évêques dépendants de l'archevêque de Strasbourg*, or Strasbourg n'eut jamais d'archevêques, comme tout le monde sait ; il s'agit des Évêques dépendants de l'archevêché de Saltzbourg et c'est ce que porte mon manuscrit[184] ;

p. 60 : en haut, il y a une phrase dont la rédaction vicieuse peut prêter aux plaisanteries des libertins par l'équivoque, et l'on doit toujours éviter même de fournir aliment aux imaginations dépravées[185] ;

p. 70 : on lit *aux messes publiques*, il fallait dire *solennelles*, toutes les messes sont publiques[186].

Je vous prie, chers coopérateurs, de tenir la main à ce que chaque curé certifie l'archiprêtre de la publication des actes du synode du concile métropolitain et du concile national. Vous aurez sans doute demandé à Bourges une collection d'exemplaires du concile métropolitain. Où en est-on à cet égard, ainsi que sur la publication du concile national[187] ?

---

184 Effectivement, l'erreur figure à la page 12 du manuscrit (B.P.R. Rév. 242). On peut rappeler, ici, que la Constitution civile du clergé avait, de toutes façons, supprimé le titre d'archevêque, au profit de celui d'évêque métropolitain.

185 L'interprétation éventuellement « vicieuse » pourrait être celle concernant la seconde phrase des *Actes du synode*, à la page 60 : « Le sacrement est valide dès que le ministre a fait l'action et prononcé les paroles qui la constituent » (B.P.R., Rév. 242, p. 60).

186 On peut lire en effet, à l'article V de la page 70 : « Aux messes publiques, on lira la collecte, la secrète et la post-communion pour la République » (B.P.R., Rév. 242, p. 70).

187 Les *Actes du concile métropolitain de Bourges* auquel Grégoire participa de manière active, ont été publiés assez rapidement et sont toujours consultables dans les *Annales de la religion*, tome XII, p. 56 et suivantes.

Tenons fortement la main à ce que toutes les dispositions de l'autorité législative ecclésiastique soient exécutées.

Avez-vous envoyé les actes du synode à Tours, à Poitiers, et à Bourges ? Veuillez bien me répondre sans délai à cet égard, afin que je sache à quels évêques de la métropole je dois en adresser des exemplaires.

Je pense que le presbytère aura fait circuler dans le diocèse la traduction promise du prône en français.

Tous les archiprêtres et leurs suppléants sont-il nommés[188] ?

De toutes parts nous recevons les témoignages les plus flatteurs sur le concile de Bourges inséré dans les *Annales*. Depuis longtemps je presse le cit[oyen] Évêque d'Amiens d'imprimer l'article des promoteurs dont il s'est chargé. Il va imprimer celui des coadjuteurs que j'ai rédigé[189].

Nos séances ecclésiastiques sont devenues depuis mon retour plus fréquentes et plus nombreuses à raison des affaires et des événements, car nous ne négligeons rien de ce qui peut concourir aux devoirs sacrés dont nous sommes chargés.

Une oppression de poitrine avec crachement de sang m'a condamné à garder le lit pendant huit jours. Dieu merci je me trouve beaucoup mieux et à peu près guéri. Mais notre estimable citoyen Boucher, dans quel état se trouve-t-il ? Il nous intéresse tous et certes il est bien digne de notre sollicitude[190]. À la distance où nous sommes il est une multitude de détails ecclésiastiques que je ne puis vous communiquer mais l'essentiel se trouve dans les *Annales*, et ma correspondance particulière y suppléera. Donnez-moi, chers coopérateurs, des nouvelles du diocèse, des succès qui résultent de vos travaux, des peines que vous éprouvez. Encourageons-nous mutuellement et cimentons par l'échange réciproque de prières et de tendresse les sentiments qui nous unissent en Jésus-Christ. Je vous embrasse de tout mon cœur.

+ Grégoire, Év[êque] de Blois.

---

188 La liste des archiprêtres, fort longue, figure dans les *Actes du synode de Blois* (B.P.R., Rév. 242).

189 L'évêque d'Amiens, déjà mentionné dans cette correspondance, est Desbois de Rochefort Éléonor-Marie (1749-1807). Grâce à sa fortune personnelle, il avait créé l'Imprimerie-librairie chrétienne, laquelle permettait la publication régulière des *Annales de la religion*. Il avait rejoint, très tôt, le groupe des « Évêques réunis » et s'était montré un de leurs fidèles collaborateurs.

190 Ces nouvelles précisions sur l'état de santé de Grégoire confirment l'hypothèse émise à son sujet par les contemporains et que nous avons déjà rapportée, selon laquelle il souffrait d'une bronchite chronique, ponctuée de crises aiguës.

J'ai remis moi-même au ministre de l'Intérieur une note concernant la demande du cit[oyen] Chanteloup. Ne pouvant répondre à tout le monde, je vous prie de le lui dire ainsi qu'au cit[oyen] Caillon, que je salue[191].

GR 4779 ms

Dupont Claude
à Grégoire Henri

Blois, ce 2 Nivôse an 9
[23 décembre 1800]

Citoyen évêque,

Nous avons reçu votre lettre datée du 20 dernier, et nous nous sommes ajournés en presbytère pour y répondre ; nous consignons dans les divers exemplaires les fautes que vous nous marquez y avoir reconnues[192].

Nous avons la confiance que les curés qui ont reçu les actes de notre synode nous accuseront la réception des dites lettres et leur lecture au prône ; quant aux exemplaires du concile métropolitain, il nous en est parvenu quatre par l'intermédiaire du citoyen Pioche ; nous ferons environ pour plus d'un tiers d'exemplaires à nos frais des actes synodaux, nous en garderons le *tout*, mais nos moyens pécuniaires et ceux des curés sont si peu abondants que nous ne pensons pas qu'on doive insister pour cette dépense [des lettres étrangères] ; nous tendrons la main à tout ce qui sera dans la classe des choses possibles[193].

Nous ne pouvons que profiter des occasions sûres pour faire passer les lettres pastorales aux évêques de l'arrondissement du Centre ; celles pour Bourges partent demain par occasion sûre ; nous profiterons de l'à-propos pour la traduction du prône en français[194].

---

191 Nous avons déjà rencontré le citoyen Caillon (voir les index) ; quant au citoyen Chanteloup, son nom apparaît fugitivement dans un *Arrêté concernant la désignation des écoles secondaires du département du Loir-et-Cher* (*Recueil des lois de la république*..., vol. X, p. 243). S'il s'agit de la même personne, la « demande » évoquée par Grégoire pourrait bien concerner l'ouverture d'une de ces écoles. Notre hypothèse reste conjecturale.

192 Voir la lettre de Grégoire du 20 Frimaire an IX (11 décembre 1800, GR 2121, p. 206) qui énumérait un certain nombre de fautes contenues dans les *Actes du synode de Blois*.

193 C'est une preuve nouvelle des difficultés financières, parfois insurmontables, rencontrées par le clergé constitutionnel.

194 Ce dernier membre de phrase nous a posé plusieurs problèmes de lecture. L'écriture de Claude Dupont n'est pas toujours aisément déchiffrable et nous proposons de lire le mot « à-propos » utilisé comme substantif. Il est d'un emploi rare et propre surtout

Les archiprêtres et suppléants sont presque tous nommés.

La lecture que nous avons prise de votre pastorale métropolitaine nous a préparés aux nouvelles que nous vous annonçons.

Lorsque le citoyen évêque d'Amiens aura imprimé l'article des promoteurs, nous vous serons obligés de nous en faire passer un exemplaire, afin que nous nous garantissions des erreurs que les *Annales* pourraient nous transmettre ou que le rédacteur pourrait y introduire contre le sens des auteurs.

Nos séances du presbytère sont fixées au décadi et nous nous ajournons au besoin.

Nous sommes on ne peut plus satisfaits que votre santé soit rétablie. La suppression des processions a fait sensation en Vienne ; à la cathédrale et à St Nicolas, nous avons instruit sur les changements opérés par le synode et nous obtiendrons par la persuasion l'exécution des actes synodaux ; Vienne, nous l'espérons, finira par nous imiter[195].

Nous ne croyons pas devoir vous laisser ignorer un événement qui intéresse le citoyen Vovard [Vovart], curé de Maves ; nous vous adressons sa lettre qu'il nous a écrite et nos observations sur icelle[196].

Nous sommes bien affligés de cette catastrophe qui compromet l'honneur du ministère, nos ennemis étant fort actifs, lorsqu'il s'agit des fautes des ministres constitutionnels ; nous ne nous chargerons d'aucune responsabilité, nous ferons toujours de notre mieux et nous maintiendrons autant qu'il sera en nous l'ordre présent et par le Concile et par les statuts synodaux.

---

au vocabulaire théâtral. Un à-propos dans une comédie de Molière était, dit le Littré, une « pièce qui se fait à l'occasion d'un anniversaire ou de toute autre circonstance ». Ici, Dupont semble l'employer dans le sens d'un intermède secondaire situé entre deux occupations plus importantes. Cette remarque reste une hypothèse de lecture.

195 Le problème des processions, à cette époque, se pose encore avec acuité. D'abord, d'après le décret sur la liberté des cultes de 1795, il était expressément interdit d'occuper l'espace public pour des manifestations religieuses. En outre, l'Église constitutionnelle et Grégoire, en particulier, se montraient très réservés à ce sujet, jugeant que ces dévotions relevaient, plus du folklore que d'une piété authentique. Au demeurant, dans le Loir-et-Cher, ces processions pouvaient durer des jours entiers, non exempts d'ailleurs de quelques débordements. Enfin, les *Actes du synode de Blois* comportaient la clause suivante : « Nul prêtre en fonctions ne pourra, de même, et sous n'importe quel prétexte, faire aucunes prières, processions et autres offices publics que ceux désignés dans le bref ou par le présent règlement, sans une permission expresse des supérieurs ecclésiastiques, obtenue par l'intermédiaire des archiprêtres » (*op. cit.*, BPR, 242-3, p. 74).

196 Le nom de Vovart est écrit soit avec un t final soit avec un d. Après consultation de plusieurs documents fiables, la finale « d » paraît la plus crédible.

Extrait de la séance
du 20 Frimaire, an 9. [11 décembre 1800]

A été mise sur le bureau une lettre, signée Vovard, prêtre, datée de Maves. Le 19, lecture prise de la dite lettre, il a été reconnu que le citoyen Vovard annonçait au presbytère que le citoy[en] préfet du département l'a condamné à sortir de la commune dans la huitaine pour avoir été accusé, devant lui, d'avoir ajouté à un certificat qu'il avait fait signer au maire de la commune et avoir rayé deux mots que le maire avait écrits au dit certificat, lequel avait pour objet de le faire nommer instituteur, ajoutant le dit Vovard qu'il avait, dans toute la sincérité de son cœur, avoué qu'il avait eu cette faiblesse, mais qu'en accédant au jugement du préfet, il invitait le presbytère à lui obtenir du dit préfet un plus long délai et jusqu'à ce qu'il eût trouvé une autre paroisse, il irait résider à Villexanton, ayant eu déjà de nous des pouvoirs pour la desserte de cette dernière paroisse.

Sur quoi, désirant rendre au dit Vovard le service qu'il réclame auprès du préfet, nous avons invité le c[itoy]en Dupont, l'un de nous, à lui porter sa réclamation, ce qu'il nous a promis de faire et nous avons suspendu la clôture de la présente séance jusqu'à son rapport[197].

Et le citoyen Dupont nous a rapporté avoir fait auprès du citoyen préfet les demandes promises, mais que le préfet lui a assuré qu'il ne se départirait point de sa décision, laquelle est que, lui, Vovard ait à se retirer à deux lieues de Maves et ce dans la huitaine d'icelle et que, faute par lui de ce faire, il y serait contraint par le maire, qui y serait autorisé.

D'après ce rapport, le presbytère considérant que s'il lui était douloureux d'apprendre que l'un de ses coopérateurs se soit oublié au point de provoquer un jugement administratif qui l'empêchait de résider et d'exercer le saint ministère dans une partie du diocèse du Loir-et-Cher, il ne serait pas moins contraire à l'honneur du ministère évangélique que ce même ministre en exerçât les fonctions dans toute l'étendue du

197 Visiblement, le curé Vovard a commis un faux-pas caractérisé en modifiant les termes d'un document administratif. La falsification peut paraître relativement mineure, mais nous éprouvons la même perplexité que celle avouée par Grégoire dans sa réponse à cette information : en quoi consiste exactement l'infraction, quels mots ont été ajoutés à l'acte administratif ? Grégoire lui-même, comme nous le verrons dans la lettre suivante, se pose quelques questions concernant la sévérité de la sanction. Mais il reproche aimablement à ses conseillers de lui laisser ignorer la nature précise du délit.

dit diocèse, où la connaissance du dit jugement ne peut manquer de s'étendre.

Considérant que l'aveu du c[itoyen] Vovard est un hommage rendu à la vérité, que le presbytère eût pu faire valoir s'il en eût été prévenu, à l'effet de lui concilier soit de la part du maire de la commune de Maves soit de celle du c[itoy]en préfet une décision d'autant moins disgracieuse qu'elle eût été moins publique[198].

Considérant enfin qu'avec la meilleure volonté et la charité la plus religieuse, le presbytère ne pourrait, sans se compromettre prononcer dans un tel état de choses sans en référer à l'évêque

arrête que le présent [document] et la lettre du c[itoy]en Vovard lui seront adressés pour y statuer.

Les soussignés, à l'exception du curé de S[aint-]Nicolas, obligé de se retirer pour cause de ministère vous assurent de leur respectueux dévouement, ainsi qu'à l'intérêt de la religion.

Dupont, présid[en]t du presbytère,
Massion prêtre, Métivier prêtre, Boucher secrétaire.

P.S. Ci-inclus est la lettre que le C[itoyen]-curé de S[aint-]Nicolas nous a écrite avant son départ[199].

La jambe de notre confrère Boucher ainsi que sa santé sont assez [guéries ?] pour la saison.

GR 4780 ms

Chenu Ange, Gabriel
au Citoyen Grégoire
rue St Dominique
Faubourg St Germain,
Hôtel de Luynes
PARIS

Blois, 2 Nivôse, an 9
[23 décembre 1800]
De la main de Grégoire :
Prière de la publier.

198 C'est donc vers une décision particulièrement grave que semble s'orienter le conseil épiscopal : l'interdiction faite au citoyen Vovard (qui a avoué sa faute) d'exercer le ministère presbytéral dans toute l'étendue du diocèse. Cette décision peut se révéler temporaire, mais elle place la paroisse de Maves dans une situation difficile.

199 Cette lettre annoncée par Dupont, est, vraisemblablement celle qui suit, datée elle aussi, du 23 décembre 1800 (GR 4780).

Cher et estimable prélat,

Tous les paquets que vous m'avez envoyés par le citoyen Hartel ont été fidèlement remis à leur adresse. Le curé de St Dyé a dû vous écrire en vous faisant passer l'argent des livres que vous avez eu la bonté de lui acheter[200]. Le préfet, à qui j'ai remis le paquet que vous lui adressiez, m'a chargé de vous présenter l'expression de sa reconnaissance ; il m'a même dit qu'il vous écrirait incessamment.

J'ignore les motifs du changement d'administrateurs de nos hospices. Le préfet tient une conduite qu'il n'est pas facile à expliquer.

Nos dissidents font leurs fonctions avec la plus parfaite sécurité. Sont-ils soutenus, je dirais même plus, autorisés dans leur conduite anti-civique ? Je serais tenté de le croire. Le nombre de leurs adhérents grossit et nous perdons quelques-uns des nôtres. La suppression des processions par le synode cause une grande rumeur dans nos paroisses. Il y a eu beaucoup de bruit en Vienne et ce bruit n'a été apaisé que par les promesses de continuer les processions du St Sacrement, le 1er dimanche du mois. Je suis bien décidé à me conformer aux règlements tracés par le synode ; mais cette fermeté dans la ligne de mon devoir me causera sûrement bien du désagrément[201].

Le vin de Chambon n'est pas très excellent, cette année, le prix est de cinquante à soixante francs. Le citoyen Camereau, qui vous présente l'assurance de son respect ainsi que sa famille m'a assuré que celui des Groix se vendait 80 francs. Il donnerait le sien pour 75 frs, parce qu'il

---

200 Le curé de Saint-Dyé est, rappelons-le, Morioux Denis, jeune prêtre, ordonné par Grégoire.

201 Nous renvoyons à la note 195 de la lettre de Dupont (GR 4779, p. 209) qui traite de ce problème des processions. Réglementées et par l'autorité civile et par l'autorité ecclésiastique, elles ont tendance à se raréfier. Toutefois, elles sont restées une expression importante de piété populaire et le petit vent de libéralisme qui souffle en ce début de Consulat encourage les fidèles à relancer leurs pratiques traditionnelles. La retenue observée dans ce domaine par l'Église constitutionnelle favorise évidemment la propagande des réfractaires et leur volonté d'emprise sur les populations. Ils ont beau jeu de dénigrer la faiblesse ou le reniement de leurs confrères soumis aux lois. Il faut dire que la procession de Vienne-les-Blois appartenait à la plus ancienne tradition locale. Elle se déroulait, une fois par an, dans la vile, passant de la rive droite à la rive gauche de la Loire. Elle avait été rehaussée en 1631 par un vœu officiel des échevins, en remerciement de la cessation d'une épidémie de peste et dédiée à Notre-Dame des Aydes. Elle restait un marqueur très fort de l'identité blésoise et il semble que sa suppression soit due à une décision du préfet de l'époque, Corbigny (que nous avons déjà évoqué). Il est intéressant de noter que cette procession, un moment suspendue, vient de reprendre au XXIe siècle.

ne le regarde pas comme étant de la 1re qualité. Il y en a à moindre prix, mais il n'est pas couru pour la qualité[202].

Toujours des troubles à Contres. Le citoyen Petit ne quitte pas prise. Le maire est pour Mr Claudinot, qui a obtenu de lui la permission de chanter la messe de minuit et le pauvre Petit est libre de se livrer au sommeil. Les habitants et le curé de cette grande commune espèrent que vous pourrez prendre des mesures pour rétablir la tranquillité[203].

Le prône n'est point traduit en français. J'en ai parlé à différents curés et les ai engagés de [*sic*] se conformer à vos désirs. J'ai eu une conversation avec le promoteur à cet égard et s'il est absolument nécessaire pour l'uniformité, nous nous concerterons tous deux pour la traduction. Nous n'avons rien tant à cœur que de seconder vos vœux.

Le curé de Fougères m'a fait passer un boisseau de pruneaux. Dès que j'aurai une occasion sûre, je vous les adresserai ; si vous achetez du vin, je pourrai vous les envoyer par le chartier [charretier] qui vous les voiturera[204].

Votre santé est-elle bien rétablie ? Avez-vous soin de votre poitrine ? Travaillez-vous à vous conserver pour la religion, pour votre troupeau, pour tous vos prêtres qui vous sont tendrement attachés ?

Le catéchisme qui m'a été envoyé par les *bons catholiques* et dont je vous ai parlé dans ma dernière, est-il connu à Paris ? Il se vend maintenant à Blois.

Je vous prie, digne prélat, de compter sur mon estime et mon entier dévouement.

Chenu, prêtre, curé de St Nicolas.

---

202 Pour le citoyen Camereau, déjà rencontré, nous renvoyons à l'index de ce tome. Le vin de Chambon-sur-Cisse était, en effet, renommé et subsiste toujours puisqu'il entre dans la composition de plusieurs crus d'appellation contrôlée, comme le Touraine, le Crémant de Loire et le Rosé de Loire. Les Groix, en revanche, désignent un petit hameau viticole, dont la réputation est bien moindre. Appelé désormais Les Grouëts, il a cessé pratiquement de produire du vin, aux environs des années 1950.

203 Nous avons déjà évoqué le problème posé par le curé Petit Claude, d'abord fidèle partisan de Grégoire, auteur de plusieurs lettres publiées dans le tome I (p. 72-74, p. 123-124) et qui s'est, par la suite, rétracté. Assimilé désormais aux membres du clergé réfractaire, il prétend continuer à assumer sa charge curiale. En ce début de Consulat, les autorités civiles peinent –ou répugnent – à faire observer la loi. Pour le curé Claudinot, voir, notamment, l'index du tome II.

204 Le curé de Fougères-sur-Bièvre doit être, à l'époque, Leleu Étienne-François, déjà mentionné au tome II. D'abord vicaire à Pontlevoy, il dessert, ensuite, cette paroisse, laissée vacante par la mort de son premier titulaire, Charles Lubin, en 1793.

GR 2122 ms

Grégoire Henri
Au citoyen Boucher, membre du presbytère
du diocèse de Blois, vicaire épiscopal
près la cathédrale à Blois.
Loir et Cher
Le presbytère de Blois

Paris, 10 Nivôse an 9
[31 X^bre 1800] [Décembre]

Très chers coopérateurs,

Nos dernières lettres se sont croisées, j'étais affligé d'être privé de vos nouvelles quand vos dernières dépêches sont venues me consoler. Il serait très déplacé que vous fussiez dupes pour les frais qu'on exigé les actes synodaux ; ainsi il faut absolument obvier à cet inconvénient ; il y a pour cela deux moyens : 1° aux quatre temps de chaque année doivent être faites dans toutes les paroisses des collectes pour les dépenses diocésaines, etc. Il faudra prélever sur le produit de ces collectes pour faire face aux dépenses d'impression.

2° Je vous prierai de m'en envoyer encore une douzaine d'exemplaires que je paierai ; et enfin, si quelqu'un était dans le cas de supporter à mon dommage des frais de ce genre, je m'en chargerais[205].

Dans le n° des *Annales* qui part peut-être aujourd'hui, vous trouverez l'article des coadjuteurs ; le cit[oyen] Évêque d'Amiens que je presse depuis longtemps me promet que sans délai nous aurons celui des promoteurs.

Je viens à l'article du curé de Maves. Le presbytère s'en réfère à ma décision, mais comment pourrais-je décider ne connaissant pas le fait qui a provoqué le jugement administratif du préfet ; car remarquez, chers

205 Ce passage nous renseigne avec un peu plus de précision sur les ressources pécuniaires dont pouvait bénéficier le clergé constitutionnel, par ailleurs souvent mis aux abois sur cette question. La coutume des quêtes (ou collectes) effectuées au cours des offices et qui perdure jusqu'à nos jours, permettait de satisfaire aux besoins les plus pressants du culte. Aux quêtes ordinaires venaient s'ajouter les quêtes exceptionnelles, comme celles auxquelles fait allusion Grégoire. À une époque plus récente, sera institué un impôt volontaire appelé denier du culte ou de l'Église. À la date de cette lettre et après la nationalisation des biens de l'Église, en 1791, la pratique régulière des dons et leur encadrement financier n'étaient pas encore parfaitement réglementés.

coopérateurs, que vous ne spécifiez en aucune manière le délit dont est accusé le cit[oyen] Vovard. Faites mieux, vous connaissez le fait, à la distance où je suis les choses peuvent se nuancer de manière à ce que je ne saisirais qu'imparfaitement les détails, décidez vous-mêmes ; je m'en réfère à votre sagesse, et voyez si le cit[oyen] Vovard est dans le cas de rentrer dans l'exercice des fonctions ministérielles. Je vous l'avoue, il m'a paru étrange qu'une autorité administrative subordonnée puisse ou prétende pouvoir ostraciser un citoyen quelconque d'une portion du territoire français. Je le répète, je m'en réfère à vous[206].

J'espère que les curés se mettront à portée de se procurer les deux conciles pour en faire la lecture et surtout pour en suivre les dispositions. C'est par ce concours unanime de tous les pasteurs que le bien s'opérera efficacement.

Je fais les plus sincères souhaits pour la guérison de l'estimable collègue Boucher, et les plus sincères pour tous mes chers coopérateurs, que j'embrasse tendrement.

+ H. Grégoire, Év[êque] de Blois.

206 Comme nous l'avons signalé plus haut, l'évêque de Blois ignore la nature du délit commis par le curé Vovard Casimir et le degré de gravité de la falsification qu'il a opérée sur un acte administratif. Il avoue donc son impossibilité de trancher ce point. En revanche, sa critique voilée de la décision du préfet nous rappelle qu'à cette époque, il est membre du Corps législatif et donc capable d'apprécier la légalité des actes juridiques de ce type. Le préfet peut interdire à Vovard l'exercice du ministère à Maves, mais a-t-il le pouvoir d'étendre cette interdiction à tout le département ?

BIBLIOGRAPHIE

ŒUVRES DE L'ABBÉ GRÉGOIRE PRINCIPALEMENT UTILISÉES ICI

GRÉGOIRE, Henri (Abbé), *Histoire des sectes*, 6 volumes, Enghien, éd. du Miraval, 2006, Introduction et présentation J. Dubray. [1re éd. : Paris, Beaudoin Frères, 1828].

GRÉGOIRE, Henri (Abbé), *Lettre à Richelieu*, B.P.R., (bibliothèque de Port-Royal), Rév. 249.

GRÉGOIRE, Henri (Abbé), *Mémoires*, Paris, Éd. Santé, 1989. [1re éd.. : Ambr. Dupont, 1837].

GRÉGOIRE, Henri (Abbé), *Éloge de la poésie*, par M. Grégoire. Discours qui a remporté le prix des belles-lettres, au jugement de M.M. de la Société royale des sciences et belles-lettres de Nancy, en l'année MDCCLXXIII, Frères Lesure, (Nancy 1773), Paris, Baudouin, 1823..

GRÉGOIRE, Henri (Abbé), *Considérations sur le mariage et le divorce, adressées aux citoyens d'Haïti par M. Grégoire*, Paris, Baudouin, 1823.

GRÉGOIRE, Henri (Abbé), *De la littérature des Nègres, ou recherches sur leurs facultés intellectuelles, leurs qualités morales et leur littérature, suivies de notices sur la vie et les ouvrages de Nègres qui se sont distingués dans les sciences, les lettres et les arts*, par M. Henri Grégoire, Paris, 1991, éditions Perrin, édition anastatique. (L.N.).

GRÉGOIRE, Henri (Abbé), *De la domesticité chez les peuples*, Paris, A. Egron, 1814, (D.C.P.).

GRÉGOIRE, Henri (Abbé), *De l'influence du christianisme sur la condition des femmes*, Paris, Baudouin, 1829.

GRÉGOIRE, Henri (Abbé), *De la noblesse de la peau*, (1826), Petite collection Atopia, Grenoble, éd.. J. Million, 1996, (N.P.).

GRÉGOIRE, Henri (Abbé), *Des garde-malades et de la nécessité d'établir pour elles des cours d'instruction*, par M.G., ancien évêque de Blois, Paris, Baudoin (s.d.).

GRÉGOIRE, Henri (Abbé), *Discours prononcé à Belleville, près Paris, par M. Grégoire, ancien évêque de Blois, à l'inhumation de J. Antoine MAUDRU, le 15 Sept. 1820*, Paris, Baudouin Frères, 1820.

GRÉGOIRE, Henri (Abbé), *Essai sur la régénération physique, morale et politique des Juifs, ouvrage couronné par la Société royale des sciences et des arts de Metz, le 23 août 1788, par M. Grégoire, curé du diocèse, actuellement de la même société*, Paris, Flammarion, coll. « Champs », 1988. (E.R.P.P.).

GRÉGOIRE, Henri (Abbé), *Essai historique sur l'état de l'agriculture en Europe au XVIe siècle, par le c. Grégoire. Extrait de la nouvelle édition du* Théâtre d'agriculture d'*Olivier de Serres...*, Paris, imprimerie de Mme Huzard, an XII. (E. Agr.).

GRÉGOIRE, Henri (Abbé), *Essai historique sur les libertés de l'Église gallicane*, Paris, Bureau du Censeur, 1818, B.P.R. Rév. 713 bis. (ELEG).

GRÉGOIRE, Henri (Abbé), *Histoire des sectes religieuses qui, depuis le commencement du siècle dernier jusqu'à l'époque actuelle, sont nées, se sont modifiées, se sont éteintes dans les quatre parties du monde*, par M. Grégoire, ancien évêque de Blois, Paris, Potey, 1810, 2 vol. Interdit puis rendu à l'auteur et réédité en 1814. (H.S.I.).

GRÉGOIRE, Henri (Abbé), *Histoire des confesseurs des empereurs, des rois et d'autres princes*, par M. Grégoire, Paris, Beaudouin frères, 1824. (H.C.E.).

GRÉGOIRE, Henri (Abbé), *Histoire du mariage des prêtres en France, particulièrement depuis 1789*, par M. Grégoire, Paris, Beaudouin frères, 1826. (H.M.P.).

GRÉGOIRE, Henri (Abbé), *Histoire de l'émigration ecclésiastique*, Paris, Vonet, 1840.

GRÉGOIRE, Henri (Abbé), *Révolte du clergé dissident*, Appendice au précédent. Même date, même édition.

GRÉGOIRE, Henri (Abbé), *Histoire des sectes*, 2e édition, corrigée et considérablement augmentée, Paris, Baudouin frères, 1828, t. 1-6. (Bibl. de St Sulpice, H.S. II).

GRÉGOIRE, Henri (Abbé), *Les ruines de Port-Royal des champs en 1801*, paru dans les *Annales de la religion*, n° 2, mai 1801, réimpression, Paris, ISSN, 1995. (R.P.R.). Introduction et notes par R. Hermon-Belot.

GRÉGOIRE, Henri (Abbé), *Lettre adressée à Sa Sainteté le Pape Pie VII, par les évêques de Blois et de Saint-Claude*, en date du 12 octobre 1801, 26 vendémiaire an X, in *Annales de la religion*, n° 12, octobre 1801.

GRÉGOIRE, Henri (Abbé), *Les ruines de Port-Royal des champs en 1809, année séculaire de la destruction de ce monastère, par M. Grégoire*, nouvelle édition considérablement augmentée, Paris, Levacher, 1809. (R.P.R.).

GRÉGOIRE, Henri (Abbé), Manuscrit 2165, Bibl. de l'Arsenal, *Supplément au bréviaire de Blois à l'usage de M. Grégoire, ancien sénateur, ancien évêque de ce siège.*

GRÉGOIRE, Henri (Abbé), *Oraison funèbre d'Antoine Pascal Hyacinthe SERMET, ancien Évêque métropolitain du Sud*, Toulouse, Vieusseux, 1809.

GRÉGOIRE, Henri (Abbé), *Promenade dans les* Vosges, Épinal, Éd. vosgiennes, 1895.

GRÉGOIRE, Henri (Abbé), *Révolte du clergé dissident contre le Concordat*, tome II des *Mémoires*, Paris, Vonet, 1840.

GRÉGOIRE, Henri (Abbé), Textes I, II, III, IV, V, VI, VII, VIII, IX, également présents dans EDHIS (*Discours parlementaires*), tirés de F.P. Bowman : *L'Abbé Grégoire, évêque des Lumières*, éd.. France-Empire, 1988.

GRÉGOIRE, Henri (Abbé), « Lettres à l'abbé Jennat » par H. Cosson, Revue trimestrielle *La Révolution française*, 1er trim. 1935, p. 70 à 90, Paris, Recueil Sirey.

GRÉGOIRE, Henri (Abbé), *Lettres inédites sur l'*Augustinus, éd. J. Dubray, Paris, Classiques Garnier, 2015.

ÉTUDES CONCERNANT L'ABBÉ GRÉGOIRE

BENOT, Yves, DORIGNY, Marcel, *Grégoire et la cause des Noirs*, Paris, Soc. Hist. Fr. d'Outre-mer, 2000.

BOWMAN, Franck-Paul, *L'Abbé Grégoire, évêque des Lumières*, Paris, France-Empire, 1988.

CARNOT, H., « Notice historique sur Grégoire » *in Mémoires de Grégoire*, Paris, éd. De la Santé, 1989, p. 199-330.

CERTEAU, (M. de), JULIA, D. et REVEL, J., *Une politique de la langue, la Révolution française et les patois : l'enquête de Grégoire*, Paris, Gallimard, 1975, Folio, Histoire, (2002).

CHOPELIN, Caroline et Paul, *L'obscurantisme et les Lumières. Itinéraire de l'abbé Grégoire, évêque révolutionnaire*, Paris, éd. du Vendémiaire, 2013, p. 52.

DEAN, Rodney, J., *L'Abbé Grégoire et l'Église constitutionnelle après la Terreur 1794-1797*, Paris, Picard, 2008.

DUBRAY, Jean, *Les fondements anthropologiques et l'art social dans l'œuvre de l'abbé Grégoire*, Lille, ANRT, 2005 (vol. I et vol. II).

DUBRAY, Jean, *La pensée de l'abbé Grégoire. Despotisme et liberté*, Oxford, Voltaire Foundation, 2008.

DUBRAY, Jean, « Grâce et libre-arbitre dans la pensée de l'abbé Grégoire », dans *L'abbé Grégoire et Port-Royal*, Paris, Nolin, 2010, p. 33-47.

DUFORT DE CHEVERNY, J., N., *Mémoires sur les règnes de Louis XV et Louis XVI et sous la Révolution*, Paris, Plon, 1886.

EZRAN, Maurice, *L'Abbé Grégoire, défenseur des Juifs et des Noirs*, Paris, L'Harmattan, 1992.

FAUCHON, Pierre, *L'Abbé Grégoire, prêtre-citoyen*, Tours, éditions de la Nouvelle république, 1989.
GAZIER, Augustin, *Études sur l'histoire religieuse de la Révolution française*, Paris, A. Colin, 1887.
HERMON-BELOT, Rita, *L'Abbé Grégoire, la politique et la vérité*, Paris, Le Seuil, 2000.
HERMON-BELOT, Rita, *L'Abbé Grégoire, la politique et la vérité*, thèse doctorat, Paris EHSS, 1999, t. 1 et t. 2.
HOURDIN, G., *L'Abbé Grégoire, évêque et démocrate*, Paris, Desclée De Brouwer, 1989.
PLONGERON, Bernard, *Dom Grappin, correspondant de l'abbé Grégoire (1796-1830)*, Paris, 1969.
PLONGERON, Bernard, *L'Abbé Grégoire ou l'Arche de la fraternité*, Letouzey et Ané, Paris, 1989 ;
PLONGERON, Bernard, « Grégoire » in *Dictionnaire d'histoire et géographie ecclésiastique*, Letouzey et Ané, Paris, 1987.
PLONGERON, Bernard, *L'abbé Grégoire et la république des savants*, CTHS, Paris, 2001.
VAUSSARD, Maurice, *Lettres à l'abbé Grégoire de l'ex-Jésuite M.J. Dufraisse, évêque – constitutionnel du Cher*, Paris, Letouzey et Ané, 1962.
VAUSSARD, Maurice, *De Ricci (Mgr Scipione) et Grégoire, correspondance 1796-1807*, Florence, Paris, Letouzey et Ané, 1963.

ÉTUDES GÉNÉRALES

ARDURA, Bernard, *Le Concordat entre Pie VII et Bonaparte*, Paris, Le Cerf, 2001.
AULARD, Alphonse, *Le christianisme et la Révolution française*, Paris, Rieder et Cie, 1925.
BADINTER, Elisabeth, *Correspondance inédite de Condorcet et Mme Suard*, Paris, Fayard, 1988.
BERGIER, Nicolas-Sylvestre, *Examen du matérialisme ou réfutation du système de la nature*, Paris, chez Humblot, 1771.
BERGIER, Nicolas-Sylvestre, *Le déisme réfuté par lui-même*, Paris, Humblot, 1788.
BERGIER, Nicolas-Sylvestre, *Un théologien au siècle des Lumières. Correspondance présentée par A. Jobert*, Lyon, Latreille, 1987.
BOSSUET, Jacques, Bénigne, *Panégyrique de saint François d'Assise.* [1re éd. : 1652. éd. XIXe, Paris, Vivès, 1863].
COTTRET, Bernard, *Le Christ des Lumières*, Paris, Le Cerf, 1990.
COTTRET, Bernard, *Jansénisme et puritanisme*, sous la direction de B. et M. Cottret, Paris, Nolin, 2002.

COTTRET, Monique, *Jansénisme et Lumières*, Paris, Albin Michel, 1998.

COTTRET, Monique, *Jansénisme et puritanisme*, (sous la direction de B. et M. Cottret), Paris, Nolin, 2002.

COTTRET, Monique, *Histoire du jansénisme*, Paris, Perrin, 2016.

DALE, Kenneth, van KLEY, *Les origines religieuses de la Révolution française*, Paris, Le Seuil, 2002.

DARNTON, Robert, *Pour les Lumières*, P. universit. de Bordeaux, 2002.

DEAN, Rodney, J., *L'Assemblée constituante et la Réforme ecclésiastique 1790*, Paris, éd. R. Dean, 2014.

DUFORT DE CHEVERNY, J.N., *Mémoires sur les règnes de Louis XV et Louis XVI et sur la Révolution*, t. I et t. II, Paris, Plon, 1886.

EHRARD, Jean, *L'idée de nature en France, dans la première moitié du* XVIIIe *siècle*, Paris, A. Michel, 1994.

GALLERAND, Jules, *Les cultes sous la Terreur en Loir-et-Cher*, Grde Impr. de Blois, 1929.

GODECHOT, Jacques, *Les institutions de la France sous la Révolution et l'Empire*, Paris, P.U.F., 1968.

GOLDMANN, Lucien, *Le dieu caché*, Paris, Gallimard, Bibliothèque des idées, 1959.

GUSDORF, Georges, *La conscience révolutionnaire. Les idéologues*, Paris, Payot, 1978.

HAZARD, Paul, *La Pensée européenne au* XVIIIe *siècle de Montesquieu à Lessing*, vol. 1 et 2,, Paris, Boivin, 1946.

HERMON-BELOT, Rita, *L'émancipation des Juifs en France*, P.U.F., « Que sais-je ? », 1999.

LEBRUN, Jacques, *Le pur amour de Platon à Lacan*, Paris, Le Seuil, 2002.

LE GUERN, Michel, *Pascal et Arnauld*, Paris, H. Champion, 2003.

LE MAISTRE DE SACY, *La Bible*, Paris, Laffont, coll. Bouquins, 1990. [1re éd. : Amsterdam, D. Elzevier, 1667].

MAIRE, Catherine, *De la cause de Dieu à la cause de la nation*, Paris, Gallimard, 1998.

MAISTRE, Joseph de, *Œuvres*, Paris, Laffont, coll. Bouquins, 2007. Principalement : *Les Soirées de Saint Petersbourg*. [1re éd. Paris, Librairie grecque, latine et française, 1821].

PELLETIER, Gérard, *La théologie et la politique du Saint-Siège devant la Révolution française – 1789-1799*, Thèse de doctorat en histoire des religions et anthropologie religieuse et en théologie, vol. I et II, Paris IV, I.C.P., 2000.

PISANI, Paul, *Répertoire biographique de l'épiscopat constitutionnel*, Paris, Picard, 1907.

RICHARDT, Aimé, *Le Jansénisme*, De Jansénius à la mort de Louis XIV, Fr. X. de Guibert, Paris, 2002.

SAINTE-BEUVE, Charles-Augustin, *Port-Royal*, 1re éd., Paris, L. Hachette, 1867, reprise par Ph. Sellier, Paris, R. Laffont, Coll. Bouquins, 2004.

SELLIER, Philippe, *Pascal et saint Augustin*, Paris, A. Michel, 1995.

SELLIER, Philippe, *Port-Royal et la littérature*, vol. I, Paris, H. Champion, 1999.

SELLIER, Philippe, *Port-Royal et la littérature*, vol. II, Paris, H. Champion, 2000.

TAVENEAUX, René, *Le Jansénisme en Lorraine*, Paris, Vrin, 1960. *Jansénisme et Politique*, A. Colin, Collection U, Paris, 1965.

TAVENEAUX, René, *La vie quotidienne des jansénistes*, Paris, Hachette, 1973.

THOMAS D'AQUIN, (saint), *Somme théologique*, Ia et IIa pars., Paris, Revue des jeunes, 1930.

TULARD, Jean, FAYARD, Jean-François, FIERRO, Alfred, *Histoire et dictionnaire de la Révolution française*, Paris, R. Laffont, 1987.

JOURNAUX ET PÉRIODIQUES

« Les Annales de la religion », 1795-1804, 18 vol. (BPR).

« La Chronique religieuse », 1804-1838, 6 volumes (BPR).

SOURCES UTILISÉES

Archives départementales de Blois :
Les liasses L.323 – L.166.

Archives diocésaines de Blois :
18.Z-13 : Papiers Develle
I.D7A – ID7B – ID7C : Papiers Chesneau
Cartons 16, 17 et 18 : Papiers Gallerand.

Bibliothèque de Port-Royal – Manuscrits extraits des cartons du Loir-et-Cher :
GR 2172 à 2203 (Lettres de Grégoire).
GR 1696 à 1740 (Lettres des curés et autres correspondants).
En tout : 85 lettres, dont 40 de Grégoire, déchiffrées et classées chronologiquement.

Bibliothèque de l'Arsenal – Fonds Grégoire :

– *Essai d'une bibliographie des œuvres de l'abbé Grégoire*, par S. Posener (exemplaire
dactylographié, 1946), Bibl. Arsenal, Ms 14045.

1 – MS 14605 f.1 : Papiers et documents divers.
MS 13588 : *id.*
MS F 206 : Mémoire contre Mme Dubois.

2 – MS 6339 : Papiers abbé Grégoire. Brouillons de lettres et de discours.

3 – MS 2164 : Supplément au calendrier liturgique de Blois.

4 – MS 15049 : Lettres écrites et reçues par Grégoire.

Dictionnaire topographique, historique, biographique, généalogique et héraldique du Vendômois et de l'arrondissement de Vendôme, par Raoul de Saint-Venant, (Bruxelles, éd. Culture et Civilisation, 2 vol., 1978).

INDEX DES NOMS PROPRES

INDEX DES THÈMES

TABLE DES MATIÈRES

IMPRIM'VERT®

Achevé d'imprimer par Corlet Numéric,
Z.A. Charles Tellier, Condé-en-Normandie (Calvados), en août 2019
N° d'impression : 159882 - dépôt légal : août 2019
Imprimé en France